Gisela Erler

Demokratie in stürmischen Zeiten

Gisela Erler

Demokratie in stürmischen Zeiten

Für eine Politik des Gehörtwerdens

Politische Erinnerungen

HERDER

FREIBURG · BASEL · WIEN

Umschlaggestaltung: wunderlichundweigand, Schwäbisch Hall
Umschlagmotiv: © picture alliance / SZ Photo | Friedrich Bungert

Satz: Carsten Klein, Torgau
Herstellung: GGP Media GmbH, Pößneck

Printed in Germany

ISBN Print: 978-3-451-39668-7
ISBN E-Book (EPUB): 978-3-451-83279-6

Inhalt

»Hinter jedem Buch steckt mehr, als sein Autor weiß, weil es seine Ursprünge und Wurzeln in dessen innerstem Erleben hat, in jenem Netz aus Erfahrungen, Wünschen, Interessen, Ängsten, Hingaben, Rebellionen und Sehnsüchten, deren er sich nur zum Teil bewusst ist, weil klare Zonen der Oberfläche, aber auch weit zurückliegende oder versunkene seiner Persönlichkeit darin verwickelt sind.«

Claudio Magris

Einleitung

Falls Sie von mir ein Handbuch über gute Methoden der Bürgerbeteiligung erwarten, liebe Leserin, lieber Leser, so muss ich Sie enttäuschen. Das gibt es schon in hoher Qualität. Ich möchte Sie stattdessen in die mentale Entwicklungsgeschichte dieses Konzepts einführen. Es geht dabei auch um meine eigene Entwicklung von diffus linksfeministischen Ursprüngen hin zu einer liberalökologischen Haltung. Um politische Erinnerung, aber auch um einen Debattenbeitrag zur Zukunft der Demokratie.

Es ist nicht nur die übliche Geschichte von Jugendradikalität hin zur Mäßigung oder Resignation im Alter. Vielmehr bewegte mich schon seit meiner Zeit in der Studenten- und Frauenbewegung der große Gegensatz zwischen meinen eigenen Vorstellungen und dem, was unsere Nachbarn, unsere Verwandtschaft, meine früheren Klassenkameradinnen dachten und was die Wahlurnen immer wieder unbarmherzig ans Tageslicht brachten.

War das, was wir dachten, alles gänzlich falsch? Im Rückblick keineswegs – von der Kritik am Vietnamkrieg, am unverfrorenen Weiterwirken nationalsozialistischer Richter und hoher Beamter in Deutschland, an der griechischen Diktatur, an der Lage der Palästinenser in Israel über die Benachteiligung der Frauen bis hin zur Entdeckung der ökologischen Krise unserer Welt, das war nicht falsch. Aber weitgehend daneben lagen die meisten unserer politischen Lösungsvorstellungen, die mit der parlamentarischen Demokratie nicht sehr viel zu tun hatten.

Diese Kluft zwischen Problemwahrnehmung und einer politischen Lösung, ohne dabei alle Visionen aufzugeben, ist auch heute wieder bestimmend für viele Debatten, gerade rund um den Klimawandel. Mir ging und geht es seit Jahrzehnten darum, wie diese Polarität, bei ganz konkreten Fragen des Zusammenlebens, in der Arbeitswelt oder in der großen Politik überbrückt werden kann.

Die meisten Menschen außerhalb der politisch engagierten Szenen, mit denen ich in all diesen Jahrzehnten zusammenkam, hatten im Kern das Gefühl, die Welt und die Demokratie bei uns seien doch einigermaßen in Ordnung. Zu viel Diskussion über das Verhältnis von Frauen und Männern sei anstrengend, der Klassenkampf vorüber, die Migration kein großes Problem – wenn es nicht zu viele Ausländer gäbe. Die Wiedervereinigung sei gelungen, wenn auch mit einigen Schönheitsfehlern, das Leben recht angenehm, Urlaub inklusive. Die Demokratie bei uns funktioniere jedenfalls eher mehr als weniger. Ganz im Unterschied zu vielen anderen Ländern auf der Welt.

Diese Wahrnehmungen waren ja auch nicht falsch – zumindest in Westdeutschland vor 1989. Deutschland hatte sich nach 1945 vom Krieg erholt und war reich geworden, bot vielen Menschen einen Platz an der Sonne und sogar im eigenen Häuschen. Es waren eher kleine aufmüpfige Gruppen, die diesen Konsens seit den 1960er Jahren infrage stellten – ausgehend von Jugendlichen und Frauen – und auf die dunklen Seiten der Gesellschaft hinwiesen.

Das Thema Umweltzerstörung war dabei schon sehr früh sehr vielen Menschen auch in der »Normalbevölkerung« bewusst. Es gab gerade bei der älteren, kriegserfahrenen Generation (noch) ein Unbehagen gegenüber der wachsenden Verschwendung, dem Massenkonsum und der anscheinend unaufhaltsamen Einebnung von Landschaften und den Monokulturen, schon bevor der Klimawandel breit diskutiert wurde.

Allerdings wurden die mahnenden Stimmen und Bedenken der älteren Generation, auch meiner Mutter Käthe Erler, damals von uns Jüngeren lange einfach ignoriert. Wir genossen das unbeschwerte Reisen in alle Welt, die Freiheit von Fast Food und Autobahn, das Leben mit der Plastiktüte. Sparsamkeit war keine Tugend, Nachhaltigkeit keine Lebensidee. Die Älteren fühlten sich demgegenüber oft ohnmächtig, waren dann aber doch bereit, für den Fortschritt und die angenehme neue Bequemlichkeit die Risiken der Umweltbelastung zu verdrängen. Es würde schon irgendwie gut gehen. Der Club of Rome und die neu entstehenden Grünen mit ihren Warnungen störten zwar dieses stillschweigende Einvernehmen, doch dauerte es Jahrzehnte, mehr als mein halbes Leben, bis daraus echter politischer Handlungsbedarf abgeleitet wurde. Eigentlich zu spät. Und bis sich plötzlich Krisen aneinanderreihten, die die Menschen scheinbar unerwartet trafen und heute zu einer verbreiteten ohnmächtigen Wut beitragen.

Nach alledem war es befreiend und wirklich beglückend für mich, in meinem Amt als Staatsrätin für Zivilgesellschaft und Bürgerbeteiligung in Baden-Württemberg in der Regierung von Winfried Kretschmann den konstruktiven Geist zu erleben, der in so vielen eher unpolitischen Menschen steckt – jenseits von Missgunst oder Wut.

Diese verschüttete Kraft gilt es freizusetzen für die Demokratie. Das ist möglich, wenn Menschen gründlich und sachlich mit den verschiedenen Seiten von strittigen Themen vertraut gemacht werden. Und darüber sprechen können, in einem geschützten Umfeld. Das gibt Selbstvertrauen und Urteilskraft. Das ist etwas völlig anderes als die normale Beschallung durch eine schwer verständliche und schrille Öffentlichkeit.

Dabei gilt es, die gegensätzlichen Positionen rund um strittige Themen gründlich und verständlich darzulegen. Etwa zu Wärmewende, Windkraft, Mobilfunkmasten, Gentechnik in der Landwirtschaft und Zuwanderung. Es geht um eine Bühne auch für durchaus Unpopuläres, denn die Erfahrung zeigt, dass Menschen bei kluger, intensiver Bürgerbeteiligung auch Veränderungen akzeptieren, die sie sonst vehement abgelehnt hätten, zum Beispiel in der Verkehrspolitik.

Positive Bürgerenergie im Dialog ist etwas anderes als Massenwut. Sie ist ein Überlebenselixier für die parlamentarische

Demokratie gerade in diesen schweren Zeiten. Sie denkt über die Kurzfristigkeit von Wahlperioden und über die engen Grenzen von Meinungsumfragen hinaus. Sie entwickelt konkrete Lösungsvorschläge. Und bleibt nicht stecken in abstrakten Visionen oder Fundamentalkritik. Das jedenfalls ist die Quintessenz meines politischen Erlebens und Handelns.

Ich schreibe dies für diejenigen, die in den vergangenen Jahren unsere spannende Entdeckungsreise in die Neubelebung der Demokratie miterlebt und mitgestaltet haben, in Baden-Württemberg und darüber hinaus. Für politische Aktivistinnen ebenso wie für Gemeinderäte. Für Ältere, die ähnliche Wege gegangen sind. Und ganz besonders für die Jungen, denen die Politik zu langsam ist. Für alle, die angesichts der großen Gräben und riesigen Probleme die Hoffnung und Fantasie verloren haben, wie richtige nächste Schritte gefunden und gegangen werden können. Aber auch für Leute, die einfach neugierig darauf sind, was mit der Politik des Gehörtwerdens eigentlich bezweckt wird und warum ich versucht habe, sie umzusetzen. Im Auftrag von Winfried Kretschmann, aber mit eigenen Akzenten und Fehlern.

Das Buch folgt meinem politischen Werdegang: aus einer bekannten sozialdemokratischen Familie stammend, über die Studentenbewegung, einen höchst kontroversen Mütterfeminismus hin zur Gruppe der ökolibertären Grünen, die schon zu Beginn der 1980er Jahre für eine Überwindung des zerstörerischen Industriezeitalters eintraten, allerdings nicht mit der Vision des Sozialismus, sondern mit der einer geordneten Marktwirtschaft. Das war zu jenen Zeiten im linken und grünen Umfeld höchst unpopulär und ist es dort teilweise heute noch immer oder wieder. Doch hier liegen die Wurzeln für die Politik des Gehörtwerdens, die Winfried Kretschmann 2011 postulierte und die dann im Bundesland Baden-Württemberg unter vielen Geburtswehen, nach äußerst zähem Klein-Klein zwischen Ministerien, Wirtschaft, Verwaltung, Kommunen und Bürgern schließlich doch

Gestalt annahm. Für die Umsetzung hatte Kretschmann mich in seine erste Koalition aus Grünen und SPD berufen. In diesem Ehrenamt mit Kabinettsrang erlernte ich mit zarten 65 Jahren das Alphabet der praktischen parlamentarischen Demokratie.

Wie die meisten Menschen hatte ich bis dahin keine konkreten Vorstellungen davon, welch mühselige Schritte es braucht, bis eine politische Idee in ein Gesetz gegossen ist, welche Hürden gemeistert und welche Kompromisse dabei unweigerlich geschmiedet werden müssen.

In diesem Amt und bei meinen vielfältigen neuen Begegnungen mit dem Bundesland, in dem ich aufgewachsen, aus dem ich aber mit 19 Jahren sozusagen geflüchtet war, begegnete ich auch dem Wirken meines sozialdemokratischen Vaters Fritz anders als zuvor. Mit ganz neuen Augen und neuem Respekt sah ich auf ihn, den früheren Berliner Beamten, den Widerstandskämpfer und politischen Häftling Hitlers, den als von den Franzosen eingesetzten Landrat in Biberach und den jungen SPD-Abgeordneten im Bundestag, der sich vehement gegen die Wiederbewaffnung der Bundesrepublik gesträubt hatte, um schließlich Wehrexperte der SPD zu werden – und der 1967 mit 53 Jahren viel zu früh starb.

13 Jahre nach unserem Regierungsantritt 2011 ist Baden-Württemberg unstrittig, aber weithin unbeachtet von der großen Öffentlichkeit das deutsche Bundesland mit der am weitesten entwickelten systematischen Bürgerbeteiligung. Das zahlt sich trotz des starken Zuwachses der AfD in Baden-Württemberg immer noch aus: messbar in einer überdurchschnittlich großen Demokratiezufriedenheit seiner Bürgerinnen und Bürger und sichtbar in der deutlichen Verminderung von Konflikten rund um Infrastrukturvorhaben.

Beteiligung im Dialog, insbesondere mit Bürgerräten auf der Basis von Zufallsauswahl, breitet sich in ganz Europa als veritable Welle aus. Gegenwärtig wird sie in Berlin und Brüssel institutionell verankert und mit den Entscheidungsprozessen der Politik verzahnt. Dazu haben wir mit unserer Arbeit in Baden-Württemberg erheblich beigetragen – obwohl wir die Methode keineswegs erfunden haben.

Das ist mehr, als ich anfänglich zu hoffen wagte. Es ist vielversprechend, weil erstmalig eine echte Verknüpfung solcher Beteiligungsformate mit der Politik, also mit Regierungen und Verwaltungen, stattfindet und so eine höhere Wirksamkeit als bei reinem Protest oder freischwebenden Debatten entsteht. Strukturierter Dialog verwandelt Protest oftmals in konstruktives Handeln aufseiten der politisch Verantwortlichen.

Nicht alle Konflikte lösen sich durch Dialoge auf, nicht jedes Infrastrukturvorhaben wird allgemein akzeptiert. Die Spannung zwischen Markt und Staat verschwindet nicht, so wenig wie der Kapitalismus oder irgendein Nachbarschaftsstreit. Der Klimawandel wird nicht gestoppt, der Krieg nicht beendet, die Flüchtlingskrise nicht aufgelöst durch Bürgerdialoge. Wenn die jungen Klimaaktivisten der Letzten Generation alle Hoffnungen auf einen Gesellschaftsrat setzen, so ist dies eindeutig übertrieben. Denn auch ein zufällig ausgeloster Gesellschaftsrat kann nicht die notwendigen Abstimmungsprozesse der Politik und der Parteien außer Kraft setzen. Er würde allerdings mit einiger Wahrscheinlichkeit zeigen, dass die Menschen in Deutschland durchaus zu mehr Veränderung bereit sind, als die Politik gemeinhin unterstellt. Und er würde ihnen erlauben, polemische Argumente etwa gegenüber Wärmepumpen oder einem Tempolimit sachlich zu entkräften.

Für buchstäblich jedes strittige Thema lassen sich mit Menschen aus unterschiedlichsten Milieus gemeinsam sinnvolle Handlungsvorschläge für Parlament oder Regierung erarbeiten. Öfter als gedacht werden sie auch teilweise umgesetzt, denn sie genießen meist hohes öffentliches Ansehen über Parteigrenzen hinaus. Diese Methode hat nicht die öffentliche Dramatik des Volksentscheids, des »Alles oder nichts« – aber im demokratischen Rahmen entfaltet sie spürbare Wirkung.

Die wichtigste Erkenntnis dazu lautet: Es braucht weniger ein Umdenken in der Bevölkerung als vielmehr eine neue Haltung in Verwaltung und Politik. Viele Bürgerinnen und Bürger sind den Regierungen in ihrer Bereitschaft zu mutigen Veränderungen, gerade im Bereich der Klimapolitik, weit voraus, da sie langfristiger und nicht in Wahlperioden oder Mehrheiten denken (müssen). Die Beschränktheit des politischen Horizonts auf kurzfristiges Denken und Handeln ist inzwischen das größte Risiko für die Funktionsfähigkeit der Demokratie – und vielleicht sogar für die Bewohnbarkeit des Planeten.

Verwaltung und Politik brauchen eine Einstellung, die Expertenwissen nicht automatisch als überlegen betrachtet. Und die vor allem bereit ist, ihr Wissen umfassend zu teilen. Eine Haltung, die anerkennt, dass in anderen Meinungen richtige Erkenntnisse stecken können, die Vorschläge von Bürgerinnen tatsächlich aufgreift, wenn sie sinnvoll und machbar sind. Bürgerdialoge bieten einen geschützten Raum für grundsätzliche Diskussionen auf Faktenbasis – heutzutage eine Kostbarkeit. Moderne dialogische Beteiligung ist auch implizit feministisch, denn Frauen neigen im Durchschnitt eher als Männer zum Ausgleich als zur harten Abgrenzung. Sehr viele Frauen nehmen daher gar nicht erst an Debatten teil, die nur von Streit bestimmt sind.

Dialogische Beteiligungsformate werden oft verdächtigt, den Parlamentarismus zu schwächen: Das tun sie nicht, im Gegenteil. Sie beraten Parlamente und Regierungen gerade ohne verbindlichen Anspruch auf Umsetzung ihrer Ideen. Die zentrale Anforderung an Regierung und Parlament seitens der Bürgerdialoge ist vielmehr die inhaltliche Befassung mit den Themen. Und die ehrliche Antwort. Das meint die Politik des Gehörtwerdens. Sie heißt ja nicht Politik des Zuhörens und auch nicht »Politik der Entscheidung durch das Volk«. Genau darin liegt ihre Wirksamkeit. Denn gerade dies ermöglicht es den Verantwortlichen, eigene Denkblockaden zu überwinden.

Umgekehrt stehen Bürgerdialoge oft im Verdacht, sie wollten den Protest abwürgen und radikale Veränderungen im Keim ersticken – im Gegensatz zur direkten Demokratie. Bei einem Volksentscheid kann das Wahlvolk rechtlich bindende Entscheidungen treffen. Volksentscheide führen jedoch häufig zu extremer Polarisierung. Sie sind außerdem aufgrund ihres langen Vorlaufs nur selten anwendbar und damit keineswegs für jeden Konflikt geeignet. Sie können zwar durchaus befriedend wirken, sollten aber unbedingt mit umfassenden neutralen Informationen über die Medien und dialogorientierten Beteiligungsformaten vorbereitet werden. In Baden-Württemberg gibt es auf kommunaler Ebene inzwischen sehr erfolgreiche Kombinationen von Bürgerdialogen und nachfolgendem Bürgerentscheid, etwa bei Industrieansiedlungen. Dabei gelingt es oft, die Menschen vom Sinn eines Projekts zu überzeugen. Oft werden wichtige Anliegen berücksichtigt, die zu Beginn außer Acht geblieben waren, was die Größe, die Gestaltung oder die finanziellen Beteiligungen seitens der Kommune anbelangt.

In Berlin ist mit der Einführung eines bundesweiten Volksentscheids in näherer Zukunft ebenso wenig zu rechnen wie in Europa – nicht zuletzt aus Sorge vor populistischem Missbrauch. Wie das bekannteste Beispiel Brexit zeigt, wurde von Befürwortern skrupellos gelogen, nie ehrlich über die möglichen Risiken diskutiert, und es wurden nicht einhaltbare Versprechungen gemacht. Doch mit zufallsbasierten Bürgerräten wird auch auf Bundesebene eine neue bürgernahe Säule in den Entscheidungsprozess eingebaut, der die Politik vor vermeidbaren Fehlern bewahren kann.

Gute Beteiligung setzt eine aktive Zivilgesellschaft, Protest und Kritik voraus. Denn gerade aus der Unzufriedenheit und dem Engagement der bunten Zivilgesellschaft speisen sich viele Themen für demokratische Weiterentwicklung. Dabei kann es ebenso um die Planung fahrradfreundlicher Kommunen gehen wie um Sterbehilfe, europäische Asylpolitik oder die Gesetzgebung zum heiklen Thema Gender und Transgender.

Dialogorientierte Bürgerbeteiligung erweitert und vertieft den öffentlichen Diskussionsraum und verbindet ihn mit dem politischen Entscheidungsprozess. In diesem Sinn ist sie immer positiv und immer nach vorn gerichtet. Gerade das wird ihr von vielen Seiten vorgeworfen, die unter Bürgerbeteiligung nur negative Kritik verstehen wollen. Der Publizist Henrik M. Broder verstieg sich dazu, Bürgerräte als eine Art Bürgerwehr im Sinn der Herrschenden zu bezeichnen. Doch vielleicht hat er sogar gar nicht unrecht, denn es geht um die Verteidigung der Demokratie gegen Hass, Hetze und Demagogie, aber auch gegen die Apathie.

Ich selbst habe lange Jahre gebraucht, diesen konkreten Zugang zur Politik zu finden, und bin überzeugt davon, dass er sehr wichtig für die Zukunft nicht nur Deutschlands, sondern Europas ist. Europa wird in Zukunft keine dominante Rolle mehr auf der Weltbühne spielen, selbst wenn es seinen Wohlstand wahren können sollte. Dies wird bewusst oder unbewusst von vielen als Kränkung erlebt. In Zukunft wird es in der Demokratie nicht mehr vor allem um die Verteilung von wachsendem Wohlstand gehen, sondern um den Umgang mit schwindenden Wohlstandshoffnungen, darum, für die Zukunft einschneidende Veränderungen durchzusetzen – im Konsens mit den Menschen.

In Deutschland wirkt der Niedergang des Verbrennungsmotors, dieses Augapfels des bisher so erfolgreichen Autolandes, als Bedrohung für das nationale Selbstbewusstsein. Nun schmilzt dieser Respekt buchstäblich in Wind und Sonne dahin. Dabei hatten viele unserer Landsleute schon mit dem Abschied von der D-Mark gerungen. Diese Kränkung lässt sich durchaus vergleichen mit dem Niedergang des britischen Imperiums oder dem Verlust der Kolonien in Frankreich. Für die Bevölkerung sind dies schmerzhafte, längst nicht abgeschlossene Prozesse. Europa wird seine Menschen intensiv einbeziehen müssen, wenn es nicht zerbrechen will an seinen inneren Widersprüchen oder den Sirenengesängen autoritärer, illiberaler und nationalistischer Illusionen.

Dies ist zumindest meine wichtigste Lernerfahrung aus den vergangenen Jahrzehnten. Meine politische Autobiografie schließt an das Denken meiner sozialdemokratischen Familie an. Diese war geprägt durch Krieg und Nationalsozialismus. Und den starken Wunsch meiner Eltern nach Versöhnung in Europa. Die Struktur der Europäischen Union ist im Werden und noch lange nicht fertig. Es gibt kein genaues Vorbild. Ich möchte nicht verschweigen, dass mir das Habsburgerreich zwar nicht als Modell vorschwebt, aber mit seiner Toleranz für Vielfalt doch eher als Inspiration dient als das rigide Preußen. Ein Gebilde aus vielen Kulturen und Nationen, das die Erdöl- und Erdgaswirtschaft hinter sich lässt, das lernen muss, mit den Belastungen einer neuen, vorwiegend selbst erzeugten Heißzeit zu leben, mit Stürmen, Fluten und Dürren, und das gleichzeitig nach und nach – endlich – Abschied nehmen muss von der Ausbeutung des Globalen Südens. Das auch lernen muss, sich militärisch gemeinsam zu verteidigen, das in der Migrationspolitik deutlichere Grenzen ziehen muss bei einer gleichzeitig wachsenden legalen Zuwanderung. Ein Europa, das gewiss kein Paradies sein wird, aber hoffentlich die parlamentarische Demokratie und sein weltweit herausragendes, wenngleich keineswegs perfektes Sozialstaatsprinzip bewahrt. Und zwar durch die und nicht trotz der konsequenten Beteiligung seiner Menschen.

Das wird den Kontinent von vielen anderen Weltregionen unterscheiden. Europa hat vor etwa 2500 Jahren in Athen die Demokratie erfunden. Sie währte mit Einschränkungen bis zum Ende der römischen Republik um Christi Geburt. Es folgte die Logik von Kaiserreich, Völkerwanderung, kriegerischen Wirren, Kreuzzügen, Christianisierung, mühseliger feudaler Staatsbildung. Die Demokratie war vergessen. Erst mehr als 1500 Jahre später, mit der Renaissance, der Aufklärung, mit der Amerika-

nischen und der Französischen Revolution, wurden die demokratischen Wurzeln wieder freigelegt und Schritt für Schritt
verwirklicht. Nach der relativ ruhigen Phase seit 1945 und den
globalen Umwälzungen seit 1989 muss es seine demokratischen
Wurzeln in einem völlig neuen Umfeld wieder kräftigen. Ohne
Kolonien, trotz Militärbündnissen weitgehend auf sich allein
gestellt. Wenn Europa es versäumt, die Menschen dabei mitzu-
nehmen, wird es einen hohen Preis zahlen, nämlich den erneuten
Verlust der Demokratie. Wie in vielen anderen Teilen der Welt.

Die kommenden sehr konkreten Veränderungen in der Lebens-
führung fordern und ärgern viele. Diese vielen aber sollten zu Partnern werden statt zu vermeintlichen Opfern dieser Anpassungen.
Demokratie ist kein Lieferservice, sondern sie erfordert Mitdenken
und Mitwirken ihrer Bürgerinnen und Bürger, wie Winfried Kretschmann formuliert. Sie ist kein Schlafwagen in eine bequeme Zukunft, sondern sie bedeutet Zumutungen. Dabei ist es wichtig zu
erkennen, wo die Hauptursachen für heranziehende Stürme liegen. Offensichtlich spielen die wenigen Supervermögenden und
die fossil orientierten Industrien sowie Finanzinvestoren dabei
eine erheblich größere Rolle als die vielen Geringverdienenden.
Jede Transformation kennt Gewinner und Verlierer, aber in einer
Demokratie müssen die Gewinne und Belastungen einigermaßen
fair verteilt werden. Darum zu ringen geht über Parlamente hinaus. Und dafür braucht es Dialog auf allen Ebenen.

Dies gilt heute so sehr, wo die Demokratie vielen kraft- und
hilflos erscheint. Selbst in Deutschland finden Gedanken wieder
Zuspruch, die historisch überwunden schienen. Extreme Parteien
und Persönlichkeiten machen Hoffnung auf einfache Lösungen
und finden Gehör, obwohl das Land durch seine Geschichte lange
dagegen gefeit schien. Die Sirenenklänge der Verführung reichen
vom Versprechen, dass der Klimawandel keine schlimmen Folgen
haben werde, bis hin zur groben Vertreibungsfantasie von Millionen Menschen. Kern ist dabei die Überwindung von eigenen

Ängsten durch harte Abgrenzung gegen ein Gegenüber, seien es Flüchtlinge, Klimaaktivisten oder queere Personen. Und die Bundesregierung, die 2021 hoffnungsvoll aufbrach mit dem Versprechen, ihre gegensätzlichen Auffassungen konstruktiv zu verknüpfen und gerade damit Antworten auf die verschiedenen Krisen zu entwickeln, zerfasert im Streit. Sie hinterlässt auch bei mir ein körperlich schmerzhaftes Vakuum an Führung und Orientierung – wiewohl sie Sachthemen durchaus erfolgreich voranbringt.

Dann, im Januar 2024, trat die Zivilgesellschaft auf den Plan, brach einen Bann. Menschen verteidigten zu Hunderttausenden auf den Marktplätzen friedlich nicht Einzelinteressen, sondern unsere freiheitliche Grundordnung als solche. Ein Gefühl der Erleichterung keimte in mir auf, dass das unausweichlich scheinende Abrutschen in sehr rechte Politik gestoppt werden könnte, dass die Demokratie auch weiterhin ihre Chance hat. Wenigstens in Europa.

Aber es eilt: Bis etwa 2016, bis zum Amtsantritt von Donald Trump in den USA, herrschte bei uns in der Politik der Wettstreit von Parteien, der sich in der Regel auf allgemein anerkannte Tatsachen stützte. Lügen galten als Skandale. Politiker wie mein Vater und die Gründergeneration der Bundesrepublik standen fest auf diesem Fundament. Auch Winfried Kretschmann meinte gegenüber wütenden Bürgern zu Beginn seiner Regierungszeit noch oft: „Zahlen kann man nicht anschreien." Er irrte sehr. Diese Zeiten sind vorbei. Viele Menschen stören sich gar nicht mehr an Unwahrheiten – im Gegenteil: je unwahrer, desto überzeugender! Eine rabiate Lust daran feiert Urstände im Umfeld rechtsradikaler Parteien. Wer erst einmal in diesem Denken angekommen ist, findet schwer zurück. Um dem entgegenzutreten, braucht es dringend neue Verbindungen der Demokratie mit den Menschen, neue Methoden. In Deutschland und der EU. Es eilt wirklich.

Berlin, im Januar 2024

Kapitel eins

65 rote Rosen – auf Spurensuche des Gehörtwerdens

Am 9. Mai 2011 feierte ich meinen 65. Geburtstag in Berlin – mein Mann hatte mir unerhörte 65 rote Rosen geschenkt – im Vorgriff auf etwas ruhigere Zeiten und schöne gemeinsame Reisen. Wir lebten in einer großen Jugendstilwohnung in Wilmersdorf, Nähe Ku'damm, und ließen gerade den Tag bei einem Glas Wein ausklingen, als Winfried Kretschmann anrief. Wir vermuteten einen Geburtstagsglückwunsch. Doch weit gefehlt.

Winfried Kretschmann hatte mit den Grünen in Baden-Württemberg bei der Landtagswahl im März genügend Stimmen erhalten, um mit der SPD die CDU/FDP-Regierung ablösen zu können. Jetzt war er gerade dabei, die erste grün geführte Landesregierung in Deutschland, ja europaweit zu bilden. Ich hatte dieses Ereignis zwar aus der Ferne verfolgt, vor allem das laute Donnergrollen des Konflikts um Stuttgart 21, aber ich hatte mich mit den tieferen Ursachen und der Vorgeschichte des Konflikts nicht näher beschäftigt. Denn noch war ich zumindest teilweise aktiv in die Geschäfte meines Unternehmens »Familienservice« eingebunden, obwohl ich die Geschäftsleitung bereits 2008 abgegeben hatte.

Winfried Kretschmann war auf der Suche nach einer Person für das Amt einer Staatsrätin in seiner Landesregierung. In dieser Form gibt es das nur in Baden-Württemberg, und zwar schon seit der Staatsgründung 1952. Ein Ehrenamt, verfassungsmäßig definiert, mit Stimmrecht im Kabinett. Bekleidet von einer Person des Vertrauens des jeweiligen Regierungschefs, die er selbst frei aussuchen kann. Auch das Thema für das Staatsratsamt bestimmt er persönlich. So hatte es zuvor beispielsweise eine Staatsrätin für Demografie und eine für interreligiösen Dialog gegeben. Für die neue Regierung sollte das Thema nun »Zivilgesellschaft und Bürgerbeteiligung« lauten, vor allem als Antwort auf die Konflikte rund um Stuttgart 21. Die Regierungsarbeit sollte insgesamt dem Motto einer Politik des Gehörtwerdens folgen, Bürgerbeteiligung ein Leitprinzip werden, insbesondere für die Planung von großen Infrastrukturvorhaben. Angestrebt wurde nicht zuletzt die Überwindung der Demokratiemüdigkeit vieler Menschen. Schließlich hatte mit Blick auf Stuttgart ein bekanntes Hamburger Nachrichtenmagazin erst kurz zuvor die Figur des »Wutbürgers« in die Welt gesetzt. Woher kam diese Wut? Und was ließ sich dagegen tun?

Darum ausgerechnet Gisela Erler

Winfried Kretschmann fragte mich also kurz vor seiner Vereidigung, ob ich das Amt der Staatsrätin für Zivilgesellschaft und Bürgerbeteiligung übernehmen wolle. Wie kam er dazu? Und warum habe ich das Amt gern angenommen?

Ich hatte nie ein Amt oder Mandat bei den Grünen bekleidet, obwohl ich sehr früh Mitglied geworden war, und zwar tief in Niederbayern zu Beginn der 1980er Jahre. Dort bildeten die Grünen nur eine kleine Gruppe von Außenseitern. Mein damaliger Lebensgefährte Achim Bergmann, mit dem Trikont-Schallplattenverlag Produzent linker und widerständiger Musik aus aller Welt, und ich hatten mit unseren Söhnen Daniel und Brendan im Hopfenanbaugebiet Holledau einen preisgünstigen alten Bauernhof mit viel Platz gemietet; wir pendelten zwischen München und dem Einödhof. Das Motiv war nicht allein Landromantik. Schon damals spielten bei Stadtflucht hohe Mietpreise eine wichtige Rolle, in München hätten wir uns eine ausreichend große Wohnung nicht leisten können. Wir waren also sozusagen Vorläufer einer halb ländlichen, halb urbanen Lebensweise, wie sie heute viel verbreiteter ist als damals.

Das Verhältnis zu unseren bäuerlichen Nachbarn war freundschaftlich, die Nachbarin kochte das Mittagessen für die Kinder, die gut in ihr Umfeld integriert waren. Es gab aber keinerlei Nachmittagsbetreuung für Schulkinder, und erst allmählich wurde deutlich, welchen Nachteil und welche Last das für die Kinder voll erwerbstätiger Eltern bedeutete. Hier waren die allermeisten Mütter Hausfrauen oder Bäuerinnen, konnten also die Kinder zum Fußball chauffieren und bei den Hausaufgaben beaufsichtigen. Eine gewisse kulturelle Fremdheit und ein deutliches Außenseitertum blieben für uns bestehen. Aber wir machten die Erfahrung, dass die Menschen auf dem Land ganz eigene Haltungen und Meinungen hatten. Der unbarmherzige Zwang zum »Wachsen oder Weichen« ihrer kleinen Höfe hatte sie zur Aufgabe der Viehwirtschaft bewogen. Der Hallertauer Hopfen war nun das Hauptprodukt, aber auch hier blies der Wind des Bierweltmarkts heftig. Ihr Wunsch nach einer moderneren und weniger beschwerlichen Zukunft machte sie skeptisch gegenüber den grünen Zukunftsverheißungen. Dabei betrieben sie auf ihren eigenen Gemüsebeete stolz biologischen Anbau.

Seit 1974, nach meiner aktivistischen Studentenzeit, den Jahren als erfolgreiche Verlegerin von Che Guevara und Mao Tse-tung sowie dem Studienabschluss in Soziologie und Germanistik, war ich Familienforscherin am Deutschen Jugendinstitut in München. Leidenschaftlich befasste ich mich dort nun statt mit der »Dritten Welt« und ihren Befreiungskriegen mit gesellschaftlichen Fragen in Deutschland rund um die Familien- und Frauenpolitik. Zunächst mit der wissenschaftlichen Begleitung des Modellprojekts »Tagesmütter«, später mit dem Aufbau von »Mütterzentren«. Beides waren damals in meinem politischen Umfeld provokante Themen. Kleinkindbetreuung und Erwerbstätigkeit von Müttern waren in Westdeutschland ein Tabu, die Wiedervereinigung noch weit, erst recht eine Kanzlerin aus dem Osten. Diese Themenwahl zeigte aber schon an, was meinen gesamten späteren politischen Lebenslauf kennzeichnen sollte: Bei vielen Fragen war ich zu konservativ für viele meiner linken, grünen und feministischen Freundinnen, die die Kinderbetreuung und Entlastung von Familien zuallererst als staatliche Aufgabe ansahen. Und zugleich zu links und fortschrittlich für viele konservative und manche grünen Menschen, die Kinderbetreuung vor allem als Aufgabe der Familien betrachteten, sprich der Mütter. So fand ich mich immer wieder in einer schwierigen politischen Mittlerposition, immer ein wenig daneben. Das gilt bis heute.

Genau auf dieser Position zwischen allen Stühlen beruhte auch meine politische Nähe zu Winfried Kretschmann. Und meine spontane Bereitschaft, ihn bei seiner Regierungsarbeit bestmöglich zu unterstützen.

Ein bahnbrechendes Manifest: Was ist ökolibertär?

Begegnet waren wir uns im Gesprächskreis der »Ökolibertären« zu Beginn der 1980er Jahre. In dieser kleinen Gruppe fanden einige bekannte Grüne wie Wolf-Dieter Hasenclever, Vorsitzender der ersten grünen Landtagsfraktion in Baden-Württemberg, Uschi Eid, später grüne Abgeordnete im Bundestag und Afrika-Beauftragte des Kanzlers Gerhard Schröder, Helga Trüpel, später Senatorin für Kultur und Integration in Bremen und Europaabgeordnete, zusammen. Aber auch Thomas Schmid, später Herausgeber der *Welt*, oder Hajo von Kracht, der später SAP-Manager wurde und Norbert Kölling, Schreinermeister und vorher Mitgründer der alternativen Münchner Stadtzeitung *Blatt*. Dazu eben Winfried Kretschmann, Achim Bergmann und ich. Eine bunte Mischung aus ziemlich unterschiedlichen Charakteren.

1984 veröffentlichte diese Gruppe das »Ökolibertäre Manifest«, einen Text, der Kretschmanns politischen Weg bis heute gut erklärt. Und aus dem verständlich wird, warum die Grünen mit ihm an der Spitze in Baden-Württemberg als einzigem Flächenland eine Art Volkspartei werden konnten, nachdem sie 1990 einmalig an der Fünf-Prozent-Hürde gescheitert waren.

Heute liest sich das »Ökolibertäre Manifest« geradezu prophetisch. Es ging davon aus, dass eine ökologische Politik nicht einfach ein beliebiges zusätzliches Themenfeld der Politik werden dürfe, sondern die Umgestaltung des ganzen wirtschaftlichen und gesellschaftlichen Lebens erfordere. So, wie es sich heute, vier Jahrzehnte später, drangvoll und in vieler Hinsicht zu spät bewahrheitet.

Das Thema Umweltzerstörung galt in diesem »Manifest« als in der Breite der Gesellschaft anschlussfähig, in verschiedenen Milieus, Parteien, Altersgruppen und sozialen Schichten. Emphatisch rief es die junge grüne Partei dazu auf, sich nicht auf ihre Urklientel zu beschränken und hinter der Logik von Parteifunktionären zu verschanzen, sich nicht vorurteilsbeladen von Menschen mit anderen Lebensentwürfen abzugrenzen, sondern Verbindungen in alle Richtungen zu entwickeln. Genau so, wie es einige Grüne, insbesondere Robert Habeck, 2021 für den Bundestagswahlkampf wieder versucht haben. Doch wandte sich die Gesamtpartei in diesem Wahlkampf leider verstärkt an ihr angestammtes Milieu und bezahlte das mit einem deutlich schlechteren Wahlergebnis, als zuvor allgemein für möglich gehalten worden war. Leider ist die Partei immer wieder versucht, als Milieupartei zu handeln, auch in der Transformationskrise – und erleidet dafür herbe Rückschläge.

Das »Ökolibertäre Manifest« ging davon aus, dass die ökologische Transformation im Rahmen der Marktwirtschaft erfolgen werde, müsse und könne. Einer Marktwirtschaft mit ordnungspolitischen Regeln – heute würden wir sagen: einer sozialökologischen Marktwirtschaft. Aber nicht einer Wirtschaft, die blind dem Markt vertraut.

Damals stand im Gegensatz dazu für viele Grüne noch eher eine Art ökosozialistische Vision im Raum – mit strengen Vorgaben für die Wirtschaft, vielen staatlichen Unternehmen, planwirtschaftlichen Elementen und streng pazifistisch ausgerichtet. Das »Manifest« hingegen ließ sich von der Überzeugung leiten, die private Wirtschaft könne und werde – unter den richtigen Rahmenbedingungen – die Transformation aktiv vorantreiben. Bis heute bestimmt diese Debatte die Frage, wie denn nun endlich der Absprung aus dem fossilen Zeitalter gelingen kann. Die Grünen in der heutigen Berliner Ampelregierung setzen zwar für die große Transformation auf eine stärkere staatliche Investition und Steuerung als in den vergangenen Jahrzehnten. Das Prinzip des Privateigentums tasten sie indessen nicht an. Sie vertrauen auf die Innovationskraft der Wirtschaft, selbst wenn von den fossilen Branchen der Energieproduktion und der Autoindustrie große Widerstände mobilisiert wurden und werden.

Dabei spielen Vertreter einer neuen Ökonomie wie Mariana Mazzucato eine maßgebliche Rolle. Staatliche Investitionen in Forschung und Entwicklung sind ihrer Auffassung nach entscheidend für den Erfolg von Unternehmen und für die Schaffung neuer Industrien. Die Vorstellung, dass der Staat eine passive Rolle spielen und nur intervenieren sollte, wenn der Markt versagt, sei falsch. Der Markt selbst werde durch politische Entscheidungen und Interventionen geformt und beeinflusst. Diese Einstellung liegt dem Konflikt zwischen Robert Habeck und Christian Lindner, also Grünen und FDP, in der Klimapolitik der Ampel zugrunde. Dabei agiert die FDP sehr stark zugunsten des reinen Markts, die SPD wiederum bremst vieles, da sie sich sehr darauf konzentriert, die einkommensschwächeren Teile der Bevölkerung durch den Erhalt bestehender Arbeitsplätze zu schützen, und dabei die Transformation hin zu neuen Industrien oftmals hintanstellt. Diese potenziell fruchtbare Spannung führt immer wieder zu wechselseitigen Blockaden. Sie wird in den nächsten Jahrzehnten nicht aufzulösen sein. Denn hinter dieser Spannung stehen nicht nur unterschiedliche Bewertungen der Fakten, sondern tiefenpsychologische Muster.

Neben der grundsätzlichen Orientierung an der Marktwirtschaft erklärte das »Ökolibertäre Manifest« scheinbar banale und selbstverständliche Dinge, die in der grünen Bewegung mit ihren außerparlamentarischen Wurzeln aber keineswegs selbstverständlich waren. Dass nämlich in der parlamentarischen Demokratie langwierige Aushandlungsprozesse und Kompromisse unerlässlich seien. Speziell in einer Demokratie, die keinen starken Präsidenten hat wie Frankreich und auch kein reines Mehrheitssystem wie Großbritannien. Und die zudem föderalistisch aufgebaut ist und aus 16 teils sehr unterschiedlichen Bundesländern besteht.

Die grüne Bewegung hatte den Einzug ins Bonner Parlament 1983 durchaus noch als zweischneidig erlebt. So gab es Kräfte, die eine tatkräftige Mitwirkung am Politikbetrieb und die Festlegung auf die liberale Demokratie als Verbrüderung mit dem verkrusteten und zur Lösung der Probleme unfähigen System betrachteten. Der Bundestag solle deshalb hauptsächlich als Bühne für Protest dienen und zur Entlarvung der Fehler im System – eine Position, die heute beträchtliche Teile der »Alternative für Deutschland« (AfD) einnehmen.

Antiparlamentarische Gefühle waren und sind in Deutschland nichts Neues. Heute existieren sie speziell im politisch rechten Spektrum, insbesondere bei der AfD. In der Weimarer Republik und der Zeit der '68er waren sie aber auch unter Linken verbreitet. Wie ich aus der Biografie meines Vaters Fritz Erler erfuhr, gab es in den 1950er Jahren noch etliche aktive Sozialdemokraten, die die Demokratie der Bundesrepublik nur für eine Übergangsform auf dem Weg zu einer sozialistischen Regierungsform hielten.

Alle Verfechter antiparlamentarischer Vorstellungen zugunsten eines Systemwechsels oder fundamentaler Änderungen bleiben aber bis heute die Antwort auf die Frage schuldig, wie denn diese Änderungen herbeigeführt werden sollen: durch Putsch oder Revolution? Gewalt? Durch den schleichenden Übergang zu einer Art Ökodiktatur – so, wie die Türkei oder Ungarn nach demokratischen Wahlen zu illiberalen Modellen umgeformt wurden? Diese Fragen werden auch heute in der politischen Debatte aufgeworfen. Auch und gerade von jungen Leuten, die für ein wichtiges politisches Thema brennen. Dass nur parlamentarische Mehrheiten politische Durchsetzungsmacht haben, muss gegenüber politischen Bewegungen immer wieder erläutert werden, denn das weckt immer aufs Neue ungläubiges Staunen und Abwehr. Dies bedeutet jedoch, so viel sei vorweggenommen, kein Votum meinerseits gegen politische Bewegungen. Im Gegenteil, sie sind notwendige Indikatoren von Missständen aller Art und ein wichtiger Motor für eine lebendige Demokratie. Ohne sie ist die Demokratie keine.

Doch immer wieder zerschellen die Kraft und die Ungeduld gerade demokratischer und ökologischer Bewegungen an den Mauern von Ministerien und Behörden, an den Zäunen der Industrieanlagen und Mauern der Schweinemästereien. Aber auch an der Trägheit parlamentarischer Prozeduren und Prozesse, ob kommunal, regional, national, EU-weit oder gar global. Es gilt aber, so damals die Einsicht der Ökolibertären, die Herzen und Hirne von Mehrheiten in der Bevölkerung zu sensibilisieren, sich keineswegs nur an einem engen Milieu zu orientieren, sondern die inneren Strukturen von Wirtschaft und Politik für die ökologische Transformation zu gewinnen.

Das ist heute so offensichtlich wie damals. Es bleibt aber ein zähes Ringen – mächtige fossile Interessen finden immer wieder

Wege, diesen Prozess zu verlangsamen und vor allem durch gezielt gesäte Zweifel infrage zu stellen. Die Wärmepumpe wird beispielsweise zu einer vermeintlich untauglichen höchst problematischen Erfindung erklärt, so als ob sie große Teile Skandinaviens nicht längst beheizte und in den USA und Japan nicht weitverbreitet wäre. Als Alternative zu dieser Technik wird vor allem Wasserstoff ins Feld geführt, der noch auf lange Sicht knapp und teuer bleiben wird. Viele Menschen irren so hin und her zwischen den Zweifeln an dem, was heute möglich, aber noch nicht perfekt ist, einerseits und den ständigen Meldungen über apokalyptische Hitze- und Dürrekatastrophen in aller Welt andererseits. Die Überzeugungskraft der schlechten Nachrichten für das eigene Handeln stößt an ihre Grenzen, denn die Gewöhnung an Krieg und Umweltkatastrophen scheint die subjektive Bereitschaft zu drastischen Veränderungen eher zu untergraben als zu fördern.

Für mich persönlich war bei den Ökolibertären nicht der Aspekt der Marktwirtschaft entscheidend, sondern das Libertäre. Allerdings nicht in dem Sinn, wie er in den USA gebräuchlich ist. Der Begriff war damals in Deutschland weithin unbekannt und wurde allenfalls mit »liberal« gleichgesetzt. Er stammt aus den USA und steht dort seit den 1950er Jahren für eine radikale Antistaatlichkeit. Die Tea Party wie auch Donald Trump, Elon Musk oder der Finanzinvestor Peter Thiel werden unter diesem Etikett geführt. Die schillernde Autorin Ayn Rand, jüdische Emigrantin aus dem nachrevolutionären Russland, in den USA noch immer viel gelesen, trieb dieses Konzept auf seine Spitze – sie hielt jede Art von Engagement oder Solidarität, sogar den gesamten Sozialstaat für ein Verbrechen am Individuum. Es war ihre Antwort auf die russische Revolution.

Thiel vertritt die Ansicht, dass der Staat sich nicht in die Entwicklung neuer Technologien oder Produkte einmischen dürfe, da diese am besten von Unternehmen und Entrepreneuren geleistet werden könne. Er glaubt, dass der Staat in der Regel viel zu groß und zu ineffizient sei und dass seine Ausgaben und Befugnisse sehr eng begrenzt sein sollten. Es sollte zu denken geben, dass Österreichs jugendlicher konservativer Ex-Kanzler Sebastian Kurz heute bei Peter Thiel angestellt ist – einem Milliardär, der mit viel Geld Donald Trumps Bemühen um eine zweite Amtszeit im Weißen Haus befördert.

Für die Ökolibertären ging es keineswegs um eine solche Art von Antistaatlichkeit. Allerdings war das »Manifest« eine Absage an den im links-grünen Milieu sowie bei der Sozialdemokratie bis heute verbreiteten Glauben, gesellschaftliche Probleme seien vor allem oder gar fast ausschließlich vom Staat zu lösen. Und zwar einerseits durch Umverteilung von unten nach oben, andererseits durch wohlmeinende staatliche Versorgung und Regulierung. Diese Versorgungsrolle des Staates formuliert insbesondere Olaf Scholz sehr deutlich: Er verspricht, niemand werde bei der Transformation alleingelassen, und es werde immer wieder passende Hilfspakete geben, die Brüche abfederten und heilten. Uns jedoch war diese Art von Staatsgläubigkeit fremd, die verschweigt, dass es Zumutungen und übergangsweise sogar Verlierer gibt.

Unsere Kritik an der Staatsgläubigkeit zielte auch nicht hauptsächlich auf Deregulierung oder Privatisierung von staatlicher Infrastruktur oder gar des Rundfunks. Sie verfolgte eine andere Stoßrichtung: die staatliche Unterstützung von Menschen dabei, ihr Leben selbst aktiv zu gestalten, Eigeninitiative zu entwickeln, selbst Verantwortung zu übernehmen. Und zwar unabhängig davon, welchen Beruf und welche Bildung sie haben, ob Frauen oder Männer, ob jünger oder älter, ob Staatsbürger oder Immigrant. Hilfe dabei, nicht nur das Leben in der Familie und der Arbeitswelt, sondern auch das weitere Umfeld mitzugestalten. Diese Kritik entsprang den Impulsen der sozialen Bewegungen seit den 1960er Jahren und ihren Themen, die ja zur Gründung der Grünen geführt hatten: Frauen, Jugend, Frieden, Antiatom, Umwelt, um nur einige zu nennen.

Im Kern ging es um das, was heute »Selbstwirksamkeit« heißt und gern »Empowerment« genannt wird. Übertragen auf die heutige Realität, geht es dabei um eine bunt gefächerte Zivilgesellschaft, um Nachbarschaftsinitiativen, Sportvereine, Flüchtlingshilfen, Elterninitiativen, Chöre, lokalen Klima- und Naturschutz, Gedenkstättenarbeit, Kinderprojekte. Der Staat sollte hier unterstützend tätig sein, Räume und Geld zur Verfügung stellen, eventuell auch eine professionelle Begleitung ermöglichen. Nicht aber die Eigeninitiative durchgängig in bezahlte professionelle Arbeit verwandeln und die Menschen in bloße Teilnehmer oder Kunden verwandeln. Der Mensch sollte eben ein aktiver Bürger sein, ein sogenannter Citoyen, kein Bourgeois, der sich nur um die eigenen wirtschaftlichen Angelegenheiten kümmert.

Dieses aktivierende Herangehen an die Menschen war für mich persönlich entscheidend. Ich hatte eine Elterninitiative mitgegründet, das Münchner »Kinderhaus«, und bei meiner Arbeit als Sozialwissenschaftlerin in den neu entstehenden Tagesmüttervereinen und Mütterzentren erlebt, wie Hausfrauen innerhalb kurzer Zeit durch regelmäßige Begegnung und Austausch neue Formen der Kinderbetreuung und ihre eigene Lebensplanung entwickelten. Und wie lange sie in diesen Bemühungen von der Verwaltung vollständig ignoriert wurden.

Schon als Studentin hatte ich miterlebt, wie einfache Gastarbeiter aus Griechenland, Jugoslawien, Italien und der Türkei hochpolitische Diskussionen auf hohem Niveau führten. In Griechenland herrschte damals die Militärdiktatur der Obristen. Die Gastarbeiter entstammten oft Familien, die schon im griechischen Bürgerkrieg nach 1945 auf der Seite der Linken gekämpft hatten und deswegen politisch verfolgt wurden. Auch unter den spanischen und portugiesischen Gastarbeitern hatten sich viele gegen die damals noch immer herrschenden rechten Diktaturen von General Franco und Salazar engagiert. In diesen Familien gehörten die Politik und die Ablehnung von politischer Unterdrückung zum Alltag. Ebenso wie die große Hoffnung auf die Zugehörigkeit ihrer Länder zu einem freien Europa. Vieles wäre im Land besser gelaufen, hätte die deutsche Politik die Kompetenzen dieser frühen Einwanderer besser zu nutzen vermocht und vor allem die Integration ihrer Kinder offensiver betrieben; stattdessen wurden sie eher als zeitweilige Lückenbüßer auf dem Arbeitsmarkt betrachtet. Die vielen Begegnungen mit diesen Menschen prägte mich tief.

Neben der Thematik des »Empowerments« war für mich auch der wirtschaftliche Unternehmergeist ein wichtiges Motiv, mich den Ökolibertären anzuschließen. Ich war auch selbst Unternehmerin geworden, aus Ungeduld, um Dinge in Gang zu setzen, die sonst damals nicht entstanden wären. So wurde ich 1967 mit 21 Jahren Mitbegründerin des Trikont-Verlags, unter anderem, um Che Guevaras Tagebuch zu veröffentlichen und auch die Mao-Bibel zu vertreiben. Trikont war der erste linksautonome Verlag in der Republik. 1974 unterstützte ich mit Geldern aus diesem Unternehmen die Gründung des Verlags Frauenoffensive. Es war der erste Frauenverlag in Deutschland, und er kam ohne öffentliche Förderung und ohne Businessplan aus. Später, ab 1991, nach fast zwei Jahrzehnten in der Familienforschung, setzte mein »Familienservice« dann sehr wichtige Akzente in der Unternehmenskultur großer Firmen, speziell für die inzwischen viel beschworene »Work-Life-Balance«. Vieles, was heute selbstverständlich erscheint, habe ich mithilfe dieser Firma für Deutschland mit angestoßen, nicht zuletzt die betriebliche Kinderbetreuung mit längeren und flexiblen Öffnungszeiten und die professionelle Vermittlung privater Betreuungskräfte, finanziert von den Arbeitgebern. Dabei ging es mir keineswegs darum, den Staat und seine Ressourcen nicht zu nutzen, sondern dort, wo der Staat einfach nicht hinreichte, dringend benötigte Angebote zu schaffen. Und diese Dienstleistungen mit hoher Qualität, benutzerfreundlich, im Dialog mit den Familien, nicht von oben herab zu gestalten.

Über die Jahrzehnte habe ich im Rückblick immer neue Türen für mehr Eigenverantwortung und Freude am Machen geöffnet, sei es wirtschaftlich, sei es ehrenamtlich und nachbarschaftlich. So schließlich auch in meiner Funktion als Staatsrätin, wo ich sehr stark auf die Beteiligung von »normalen«, eher unpolitischen Menschen an Entscheidungen setzte. Es ist oft nur ein schmaler Grat, der diese Herangehensweisen von denen althergebrachter großer Organisationen unterscheidet. Die Balance muss immer wieder neu zwischen Professionalität und Selbstorganisation ausbuchstabiert werden. Oft liegt der entscheidende Unterschied darin, ob die Menschen über Geldmittel und Ressourcen tatsächlich mitentscheiden und verfügen können oder nicht.

In den vergangenen Jahren zeigte sich dieses Spannungsverhältnis beim Umgang mit dem Ehrenamt im Bereich der Flüchtlingshilfe. Nach spektakulär erfolgreichen Anfängen wurden viele dieser Ansätze durch Behörden und Staat überreguliert und teilweise demotiviert. Menschen, die schon jahrzehntelang Flüchtlinge betreut hatten, mussten plötzlich nicht nur Führungszeugnisse vorlegen, sondern wurden oft auch in ihrer Verantwortung stark beschnitten. Eine echte Kooperation auf Augenhöhe zwischen öffentlichen Institutionen und freiwillig Engagierten bleibt im Flüchtlingsbereich noch immer die Ausnahme. Gerade in Gemeinden aber, die konsequent mit Ehrenamtlichen kooperieren und den Gruppen auch Räume und etwas Geld zur Verfügung stellen, gelingt die Integration besonders gut. Bis heute.

Die Kritik des »Ökolibertären Manifests« an der Staatsfixierung stieß vielfach auf Ablehnung in den linken Teilen der Grünen, bei Feministinnen, bei Gewerkschaften und Sozialdemokraten. Dabei spielte stets die Angst eine Rolle, durch Förderung von Eigeninitiative werde der Staat von seinen Aufgaben entbunden, es gehe vor allem um Einsparungen und die Verhinderung von regulären Beschäftigungsverhältnissen. Diese Debatte setzt sich bis heute fort, etwa bei der Frage nach einem Gesellschafts- oder sozialen Pflichtjahr. Die eine Seite sieht vornehmlich die Gefahr von Ausbeutung, die andere betont den Erfahrungsgewinn und den Nutzen für Lebensqualität und Gemeinschaftsgefühl. Ich neige Letzterem zu, die Grünen als offizielle Partei jedoch lehnen diese Perspektive leider völlig ab – was ihren Ursprüngen eigentlich widerspricht.

Im Regierungshandeln in Baden-Württemberg seit 2011 stellte sich immer wieder die Frage, wie das »Empowerment« der Menschen klug mit den Ressourcen des Staates zu verbinden sei. Mein Amt der Staatsrätin für Zivilgesellschaft und das erste grün geführte Sozialministerium, auch »Ministerium für den gesellschaftlichen Zusammenhalt« genannt, haben dafür viele neue Impulse gesetzt. Kommunale Flüchtlingsdialoge, Nachbarschaftsgespräche und eine auf Verknüpfung angelegte Quartiersarbeit sind Ausdruck davon.

Mit der Gründung der »Allianz für Beteiligung« auf unsere Initiative hin werden systematisch Bürgerprojekte unterstützt, gerade auf kommunaler Ebene, mit eher kleinen Förderbeträgen und tatsächlich sehr wenig Bürokratie. Auch Gruppen, die keine eingetragenen Vereine sind, können davon profitieren. Das klingt banal, ist aber tatsächlich eine kleine Revolution. Das wissen alle, die jemals staatliche Fördermittel beantragt haben oder gar solche von der EU. Es geht dabei um eine Zivilgesellschaft, die nicht nur aus den Kirchen und Verbänden, den großen Naturschutzorganisationen oder der »Blaulichtfamilie« des Roten Kreuzes und des Technischen Hilfswerks besteht, so unersetzlich sie alle sind, sondern die gerade auch die kleinen Initiativen vor Ort wahrnimmt und unterstützt.

Als notwendige Voraussetzung gerade für die ökologische Transformation der Gesellschaft formulierte das »Ökolibertäre Manifest« schon vor vier Jahrzehnten das Prinzip des Dialogs und der Beteiligung. Also nicht technokratisches Durchregieren, nicht autoritäre Verordnungspolitik, auch nicht reines Expertentum der Wissenschaft, wie es heute manchen vorschwebt. Dieses Prinzip bildete die Grundlage für das, was in Baden-Württemberg zur Politik des Gehörtwerdens werden sollte. Sie ist nicht begrenzt auf die Mitsprache bei strittigen Planungen durch neue Methoden der Partizipation, wie ich sie noch schildern werde. Sondern sie basiert auch auf der Unterstützung und dem Respekt für all die bunten Projekte in der Gesellschaft, etwa von Schülerinnen und Schülern, Migrantengruppen, Seniorentreffs, Eine-Welt-Läden, Flüchtlingshelfern, Klimaengagierten oder queeren Jugendlichen. Ein Teppich, der immer farbenfroher wird und für die Lebensqualität der Menschen im Land insgesamt entscheidend ist. Er ist Ausdruck einer Demokratie, die die Menschen wachsen lässt und mit ihnen wächst – und sie nicht passiv in die Warteschleife für Versorgung mit Kultur oder Essen schickt.

Was mir fehlte: Sozialwissenschaft versus Politikwissenschaft

Als gelernte Soziologin verstand ich zwar einiges vom Innenleben der Gesellschaft, von unterschiedlichen Milieus und Haltungen. Wenig dagegen verstand ich von den konkreten Abläufen des Politikbetriebs, obwohl ich aus einer Politikerfamilie stammte und Wahlkämpfe seit meiner Kindheit mit Leidenschaft verfolgt hatte. Das konkrete Wissen um das Funktionieren von Macht in Parteien, Parlamenten und Regierungen fand und findet sich vorwiegend bei Juristen und Politikwissenschaftlerinnen sowie bei denen, die in Verwaltung, Politik und Medien tätig sind. Sehr viele Menschen außerhalb dieser Sphären, letztlich also die große Mehrheit, haben nur sehr ungenaue Vorstellungen davon, wie politische Ideen zu Entscheidungen und beispielsweise zu Gesetzen werden. Dieses praktische Unwissen sogar gebildeter engagierter Menschen bewirkt oft Ungeduld und Unverständnis. Und immer wieder die

Meinung, »die« Politiker wollten ihre Versprechen gar nicht realisieren. Das ist eine schwere Hypothek für die Demokratie und belastet die Beziehung zwischen Bewegungen und Politik. Hier geht es um neue Brücken, von denen wir einige gebaut haben. Auch wenn es oft noch eher Fußgängerstege oder Hängebrücken sind.

Zurück zum 9. Mai 2011: Winfried Kretschmanns Frage, ob ich seine ehrenamtliche Staatsrätin werden wolle, und zwar quasi auf der Stelle – schon zwei Tage später sollte die Regierung vereidigt werden –, war für mich so ehrenvoll wie überraschend. Zwar hatte ich mit ihm vor langer Zeit das »Ökolibertäre Manifest« unterzeichnet, in ständigem Austausch waren wir aber keineswegs. Seine Bitte empfand ich nun als große Chance, Elemente aus dem Fundus unserer gemeinsamen Vorstellungen in die Praxis umzusetzen und die erste grün geführte Landesregierung in Deutschland mit auf einen guten Weg zu bringen. Die meisten Grünen im Landtag und in der neuen Regierung hatten viel parlamentarische Erfahrung, Kretschmann war jahrzehntelang geduldiger und respektierter Mahner für mehr Umweltschutz in der Opposition gewesen und kannte die Anforderungen der Politik in- und auswendig. Er und seine Fraktion waren mit vielen anderen Mitgliedern des Landtags auch aus den anderen Parteien seit vielen Jahren persönlich vertraut. Ich aber war ein Greenhorn von 65 Jahren. Eine Quereinsteigerin, wie sie im Buche steht. Und wie sie oft scheitern. Nach einer Nacht Bedenkzeit und Gesprächen mit meinem Mann sagte ich dennoch zu. Es war der Beginn einer aufregenden Reise.

Das neue Einmaleins der Beteiligung

Das neue Amt hieß also: Staatsrätin für Zivilgesellschaft und Bürgerbeteiligung. Was das Thema Zivilgesellschaft anging, so fühlte ich mich der Aufgabenstellung gewachsen im Sinn der

Nachbarschaften, Familien, Selbsthilfegruppen, auch der Arbeit mit Migrantinnen – wie oben geschildert. Gänzlich neu waren mir jedoch die Themen, bei denen es um die Planung von Infrastrukturvorhaben ging, um juristische Konflikte wegen Straßen, Trassen oder Bahnhofsbauten. Ich hatte auch nicht genau verfolgt, wie sich die Parteien in Baden-Württemberg oder anderswo zu strittigen Fragen des Wahlrechts, der Bürgerbeteiligung oder der direkten Demokratie, also zu Volksabstimmungen oder Bürgerentscheiden, positioniert hatten. Ebenso wenig wusste ich, welche Rolle Gemeinderäte, Parlamente und Verwaltungen in diesem Bereich spielen.

Im Rückblick folgte deshalb auf meinen 65. Geburtstag ein Jahrzehnt des Suchens, manchmal des Stolperns. Heute aber zeigt sich: Die Politik des Gehörtwerdens hat viele wichtige Spuren im Land hinterlassen, sie hat die politische Kultur in der Tiefe verändert. Der Effekt ist konkret messbar: Im drittgrößten deutschen Bundesland fällt die Zufriedenheit mit der Demokratie auf Landesebene um satte acht Prozentpunkte höher aus als im Durchschnitt der 15 anderen Bundesländer. Und dies trotz der vielen Verwerfungen in diesen Jahren: Denken wir nur an die Flüchtlingskrise und den Aufstieg der AfD, an Corona und zuletzt die Wucht der Klimakrise und des Ukrainekriegs mit seinen Folgen.

Vor allem hat diese Politik die Praxis von vielen Bürgermeistern, Bauamtsleiterinnen, Gemeinderäten oder Abteilungsleiterinnen in Ministerien zumindest in Teilen verändert. Die früher gerade dort verbreitete Angst vor systematischer Beteiligung und Transparenz, die intuitive Abwehr, ist einer pragmatischen Selbstverständlichkeit gewichen, wenn auch keineswegs immer und überall. Abwehrreflexe oder der Glaube, es doch weiter wie immer machen zu können, treten selbstverständlich weiterhin zutage.

Dieses neue Herangehen an Problemlösungen ist überwiegend eine Haltungsfrage. Winfried Kretschmann zitierte in seiner Abschiedsrede für mich im Mai 2021 ausnahmsweise nicht nur seine

Lieblingsphilosophin Hannah Arendt, sondern die berühmte Leichenrede des Perikles aus dem Jahr 431 v. Chr., in der der Athener die im Krieg gegen Sparta Gefallenen ehrt und die Überlegenheit der athenischen Demokratie begründet. Perikles sagte damals: »In uns steckt die Fähigkeit, die Staatsangelegenheiten völlig hinreichend zu beurteilen, auch wenn wir uns anderen Aufgaben zugewandt haben. Wir sehen in demjenigen, der am öffentlichen Leben keinen Anteil nimmt, nicht einen Ruhe liebenden Bürger, sondern ein faules und unnützes Glied des Staates.« Im Athen des Perikles erwartete die Politik, dass die Bürger (damals waren Frauen und Sklaven natürlich nicht gemeint) fähig sind, sich in allen Dingen selbst ein sinnvolles Urteil zu bilden; dafür mussten sie keine Berufspolitiker oder Fachexperten sein – alle Bürger sollten aktiv an ihrem Gemeinwesen mitwirken. Es ist genau diese Haltung, die den Kern der Politik des Gehörtwerdens ausmacht. Wo diese Einstellung fehlt, wo die Politik den »normalen Menschen« kein Urteil zutraut, laufen auch die technisch perfekten Beteiligungsverfahren ins Leere. Dem setzte das Land Baden-Württemberg ein Modell von kompetenter Partizipation möglichst vieler Menschen entgegen. Davon soll hier die Rede sein. Es summt und brummt heute vor lauter erfolgreicher Beteiligung im Musterland der Partizipation unter den 16 Bundesländern. Und es ist sogar ein Musterland für Beteiligung in Europa geworden – dringend notwendig in einer Zeit, in der die Kernindustrien des Landes mitten in einem dramatischen Umbruch stehen, mit allen daraus resultierenden Ängsten.

Der deutsche Südwesten hat eine Grundgrammatik für Beteiligung entwickelt, die vor allem die Behörden befähigt und ermutigt, die Menschen frühzeitig in Entscheidungen einzubinden. In den vergangenen Jahren wurde in diesem Kontext das Konzept der Bürgerräte mit zufällig ausgelosten Menschen intensiv erprobt. In Baden-Württemberg werden diese Versammlungen »Bürgerforen« genannt, weil der Begriff »Räte« immer wieder die

Angst wachruft, es gehe um die Ersetzung des Parlaments durch vom Volk gebildete Räte wie einst in den revolutionären Räterepubliken nach 1918. Die »Citizen Assembly«, wie die Bürgerräte in anderen Ländern genannt werden, war auch ein zentraler Baustein auf der Konferenz für die Zukunft Europas in Brüssel von 2021 bis 2022, die von der Kommissionspräsidentin Ursula von der Leyen vorgeschlagen worden war. Baden-Württemberg hat zur Entstehung dieses Formats auf europäischer Ebene ebenfalls einen Teil beigesteuert.

Über Europa und die angelsächsische Welt schwappt seit einigen Jahren die schon erwähnte deliberative Welle, die das Prinzip des Konsenses durch Erörterung mit der Bevölkerung immer entschlossener anwendet. Der Begriff »Deliberation« war in Deutschland in den 1980er Jahren von Jürgen Habermas in die Debatte eingeführt worden. Natürlich bewegen Vertiefung und Festigung der Demokratie nicht nur Praktiker, sondern auch viele Theoretiker. Es gibt diverse Lehrstühle und Institute zu diesem Thema. Winfried Kretschmann hat sich für die Politik des Gehörtwerdens gern auf Hannah Arendt berufen, aber eben auch auf Perikles. Ich verzichte darauf, die Politik des Gehörtwerdens selbst neu in einen Theorierahmen einzuordnen, und verorte sie irgendwo zwischen Rousseau und Obama.

Klar ist jedoch in jedem Fall, dass es sich dabei um den Versuch handelt, die Demokratie durch Teilhabe zu ergänzen und ihr einen Vitalisierungsschub zu verschaffen. Seit den 1960er Jahren wird dies in den westlichen Ländern vermehrt eingefordert. Deliberative Demokratie heißt übersetzt etwa »beratschlagende, abwägende Demokratie«. In den angelsächsischen Ländern entwickelte sie schon etwas früher ein erfolgreiches Eigenleben, etwa in Kanada, Teilen der USA und Großbritannien.

Deliberation hat die intensive öffentliche Debatte möglichst vieler zum Ziel. Diese soll ohne Zwang und Hierarchien stattfinden, also in den Worten Habermas' »herrschaftsfrei«. Alle

Teilnehmenden sind gleichberechtigt einzubeziehen und sollen zumindest den Versuch unternehmen, zu einvernehmlichen Positionen zu kommen. Habermas sieht informelle Gremien und Zivilgesellschaft dabei als wichtigste Akteure. Er nennt sie die »Peripherie«, die dem Parlament vorgeschaltet ist. Ziel dieses gesellschaftlichen Diskurses ist, dass die Beteiligten ihre Kompetenzen und Fähigkeiten als Bürger ausbauen und wahrnehmen. Aus diesem Engagement kann sich eine größere Legitimität von Entscheidungen im demokratischen System ergeben – eben weil ihnen grundlegende Diskussionen auch außerhalb des parlamentarischen Kosmos vorausgehen.

Habermas' Modell setzt darauf, letztlich alle Widersprüche im Dialog aufzulösen und zu einem vollkommenen Konsens der Beteiligten zu gelangen. In der Praxis wird das freilich eher die Ausnahme bleiben. In Bürgerräten bilden sich zwar weitgehende Übereinstimmungen, aber nur selten völlig homogene Meinungen. Dennoch gebührt Habermas Dank dafür, diese Art der öffentlichen Beratung und damit die Einbeziehung der Bevölkerung auf Augenhöhe als Methode fest verankert zu haben – als Gegenmodell zur reinen Abstimmungsmacht von Parlamenten oder Expertengremien. Aber auch als mächtiges Gegenmodell zur direkten Demokratie mit ihrer reinen und manchmal nachgerade brutalen Mehrheitslogik. In der beratschlagenden Debatte zählt dagegen die Güte des Arguments mehr als die Größe der Zahl.

»Deliberation« blieb jedoch eine sperrige Vokabel und findet im deutschen Alltag selten Verwendung. In der Fachsprache der Politik ist sie inzwischen längst etabliert. Unter anderen Namen erlangte die Deliberation allerdings eine beeindruckende Wirkungsmacht, ohne dass die breite Öffentlichkeit dies wahrnimmt. Das liegt auch daran, dass sie Konsense und Übereinstimmung herzustellen vermag, während die politische Öffentlichkeit und die Parteiendiskussionen jedenfalls bei den wichtigen Themen durchweg auf Streit programmiert sind. Der aber ist oft genug steril und

dysfunktional und vor allem: Er nährt die grassierende Politikver-
achtung und -verdrossenheit.

Diese Methode allein kann die Demokratie in Europa sicherlich nicht stabilisieren. Aber ich bin überzeugt davon, dass in ihr
ein starkes Gegenmittel für die Demokratie besteht gegen die
gegenwärtig global anwachsenden autoritären Versuchungen, das
es erlaubt, den anstehenden Wandel nicht nur ängstlich oder para-
noid abzuwehren, sondern positiv anzunehmen und zu gestalten,
auch wenn er schmerzhaft ist.

Kapitel zwei

Kulturschock im Machtzentrum

Sitz des Ministerpräsidenten in Baden-Württemberg ist die Villa Reitzenstein, hoch über dem Kessel von Stuttgart in einem prächtigen Park gelegen. Anfang des 20. Jahrhunderts als Wohnsitz einer reichen Bürgerstochter erbaut, war sie später Kriegslazarett, Naziquartier, Sitz des amerikanischen Generals Lucius D. Clay und wurde schließlich Regierungssitz des 1952 neu geschaffenen Südweststaats mit dem Bindestrichnamen Baden-Württemberg.

Mit der eher überraschenden und kühnen Bildung der grün-roten Regierung im Mai 2011 – immerhin lag die CDU in ihrer Hochburg Baden-Württemberg bei der Landtagswahl mit 39 Prozent weit vorn – fiel diese gediegene, großbürgerliche Immobile nun an Winfried Kretschmann und seine wichtigsten Mitarbeiterinnen.

Auch ich, völlig neu und fremd, bezog hier mein Büro. Übrigens zufällig im selben Raum, in dem zwei Jahrzehnte zuvor mein Mann Warnfried Dettling als Leiter der Grundsatzabteilung unter Späths Nachfolger Erwin Teufel gearbeitet hatte. Mein Mann war CDU-Theoretiker aus dem Umfeld des gesellschaftspolitisch sehr fortschrittlichen, wenn auch oft provokativen früheren CDU-Generalsekretärs und Familienministers Heiner Geißler. Aus politischer Neugierde heraus war mein späterer Ehemann einst zu einem Treffen der Ökolibertären gekommen.

Dort also hatte ich ihn kennengelernt. In der Phase ab 1991 waren von der CDU-Landesregierung spannende Impulse ausgegangen. Damals wurde unter anderem der amerikanische Soziologe Amitai Etzioni zu einer Debatte über das Thema »Zivilgesellschaft zwischen Staat und Markt« nach Stuttgart eingeladen. Dabei ging es um die politische Bedeutung des Ehrenamtes, aber auch der übrigen Strukturen von Nachbarschaften und Gemeinschaften als wesentliche Kerne einer funktionierenden Gesellschaft, die ja inzwischen keineswegs mehr einheitlich war. 1995 hatte die CDU-Landesregierung in Karlsruhe einen großen Kongress zu der heute wieder hochaktuellen Frage veranstaltet: »Was hält die moderne Gesellschaft zusammen?« Dabei wurde parteiübergreifend erörtert, dass sich die moderne Gesellschaft aus vielen Identitäten zusammensetzt und es keinen Sinn mehr hat, einer gemeinsamen homogenen Identität über Nation oder Religion nachzutrauern. Der Soziologe Helmut Dubiel äußerte damals, es werde zu selten verstanden, »dass gerade der spezifische Umgang mit Konflikten den eigentlichen sozialen Kitt unserer Gesellschaft bildet« und »dass die uns verbindenden moralischen Ressourcen erst im Prozess gemeinsam durchgestandener Konflikte entstehen«. Das wies auf die spätere Begründung von Partizipation und Teilhabe als wesentlich für die Demokratie voraus. Konsens bestand weitgehend darin, dass die Gesellschaft von Kräften lebt, die weder der Markt noch der Staat erzeugen können, sondern nur die Familie und die verschiedenen Formen der Gemeinschaft.

Genau das ist es, was heute so oft vergessen wird: Der Staat allein kann das, was bedroht ist, nicht allein herstellen, retten oder reparieren. Dazu braucht es gestaltete Zwischenräume, die oftmals fehlen. Doch diese sehr modernen Debatten waren 2011 schon bald 20 Jahre her und zwischenzeitlich gerade im konservativen politischen Milieu in Vergessenheit geraten. Stattdessen griff dort der Wunsch nach nationaler und kultureller Homogenität wieder um sich, insbesondere angesichts der anwachsenden

Zuwanderung. Doch als die grün-rote Regierung ihr Amt antrat, stand diese Fragestellung unter dem Motto der Politik des Gehörtwerdens ganz oben auf der Tagesordnung.

Der Einzug eines grünen Ministerpräsidenten in die Villa Reitzenstein bedeutete nicht nur für uns Neuankömmlinge, sondern vor allem auch für die dort tätigen Beamtinnen und Beamten sowie die Menschen im Hausdienst, die Fahrer, Köche, Reinigungskräfte, Gärtnerinnen, einen kulturellen Schock. Die neuen Grünen mit ihrem trotz Anzug und Krawatte deutlich lässigeren Habitus stießen auf Menschen, die viele Jahre in persönlicher Loyalität einer anderen Regierung und Partei gedient hatten und den Abschied als schmerzlich und beängstigend erlebten. Zunächst waren Unsicherheit und Skepsis zu spüren. Es ist eine große Leistung des Beamtenapparats und zeugt von großem kulturellen Kapital, dass es möglich war, hier binnen Kurzem gute Arbeitsbeziehungen zu formen. Dies galt auch in den Landesministerien, obwohl auch dort Posten umsortiert und neue Mitarbeiter eingestellt wurden.

Mittendrin: ich. Eine ältere Frau, anders als so viele andere im Staatsministerium keine Juristin, Tochter eines berühmten SPD-Politikers, Ehefrau eines als fortschrittlich geltenden CDU-Theoretikers, Mutter, frauenbewegt. Was sollte, was konnte man von mir erwarten, fachlich, persönlich?

Mein Profil war für viele im Land wenig anziehend und nicht leicht einzuordnen. Und zumal für viele alte Sozialdemokraten eine Herausforderung, da ich parteipolitisch nicht in die Fußstapfen meines Vaters Fritz Erler getreten war. Als Winfried Kretschmann mich im Landtag der SPD-Fraktion vorstellte, gab es sehr freundlichen Beifall, ganz gewiss nicht zuletzt in der Erinnerung an meinen legendären Vater, den einstigen Fraktionsvorsitzenden der SPD im Deutschen Bundestag. In den folgenden Jahren war das Verhältnis der sozialdemokratischen Abgeordneten mir gegenüber aber doch häufig eher kühl. Weder mir noch ihnen gelang es, eine persönliche oder gar herzliche Beziehung aufzubauen. Als Regierungsmitglied hatte ich nicht viele Gelegenheiten zur Begegnung mit den Parlamentariern, und zu manchen Themen hatten wir trotz grün-roter Koalition unterschiedliche Auffassungen.

Dabei lehnte ich die Politik der SPD niemals grundsätzlich ab, sondern empfand und empfinde in vielen Punkten nach wie vor eine gewisse Nähe. Meine Eltern hatte ich stets respektiert und bewundert, auch wenn ich gegen den Vietnamkrieg und die Notstandsgesetze demonstriert hatte –, die mein Vater befürwortete. Immer aber waren mir die Räume jenseits der formalen Politik wichtiger und fiel es mir leichter, mich dort zu engagieren. Der Kern der Differenzen lag nicht nur in der unterschiedlichen Bewertung der Umweltthematik, obwohl ich über die Jahre immer öfter sehr kritisch sah, wie zögerlich sich die SPD zu den Themen der Energiewende verhielt, sei es im Bereich Kohle, Bauen oder Verkehr. Zunehmend irritierte mich an der SPD auch, dass ihre Sozialpolitik unbeirrt am Bild des männlichen Facharbeiters festhielt und auch deshalb Frauen und Menschen in prekären Arbeitsverhältnissen so stark von Altersarmut bedroht sind. Menschen in Teilzeitarbeit oder mit Berufsunterbrechungen irritierten in diesem System und wurden kaum vertreten. Das lag nicht nur daran, dass diese Personen sich nicht so leicht organisieren können, sondern auch daran, dass sie nicht so recht ins Bild der Arbeitsgesellschaft passten.

Meine Erfahrung fügte sich viel besser in das eher antiautoritäre, weniger formale und weniger hierarchische Geflecht der Grünen ein. Obwohl es auch dort Geschäftsordnungen, Satzungen und formale Diskussion gibt, bot ihr Umfeld in jedem Fall viel mehr Raum für Frauen. Keine andere Partei hat Frauen so konsequent begrüßt und ihnen und ihrem Diskussionsstil sowie ihren spezifischen Inhalten durch eine Quote so viel Raum gegeben wie die Grünen. Das lief nicht immer ohne Reibung ab, denn manche Männer im grünen Umfeld fühlten sich durch die harte Quotierung benachteiligt, manchmal vielleicht zu Recht. Doch bis heute gibt es kein politisches Umfeld, in dem Frauen und Männer so relativ gleichwertig agieren können wie bei den Grünen. Das bedeutet selbstverständlich nicht, dass es dort nicht Neid, Konkurrenz und Rivalität gäbe, unter Frauen wie unter Männern und über Kreuz.

Es sei angemerkt, dass ich noch immer der Ansicht bin, dass sich die Grundmotivationen von Frauen und Männern in vielen Punkten unterscheiden und dass dem Rechnung getragen werden muss. Wie andere Wissenschaftlerinnen und Wissenschaftler sehe ich die größte Differenz in der unterschiedlich starken Wettbewerbsorientierung von Frauen und Männern, Ausnahmen immer inbegriffen. Jede Fahrt in einer Berliner U-Bahn mit einer Gruppe von Jungen und Mädchen bietet dazu bis heute weiterhin ungebrochen plastischen Anschauungsunterricht. Dazu hatte ich 1987 das »Müttermanifest« veröffentlicht, das auch grüne Frauen wie Antje Vollmer und Marieluise Beck unterzeichneten, sowie schon 1985 ein Buch mit dem Titel *Frauenzimmer. Für eine Politik des Unterschieds* geschrieben. Diese Haltung war auch bei den Grünen umstritten, aber sie wurde nicht so konsequent abgelehnt wie im SPD-nahen Umfeld. Selbst Rita Süssmuth hatte sich gegen das »Müttermanifest« verwahrt, aus Sorge, es könne von konservativen Kreisen ihrer CDU benutzt werden, um eine fortschrittliche Gleichstellungspolitik zu verhindern. Für mich, um dies klar zu sagen, können beide Geschlechter (fast) jede Aufgabe gleichwertig ausfüllen. Sie haben aber sozusagen eine nicht identische Software im Gehirn. Und teilweise auch eine andere Hardware im Körper, wie die Geschlechtermedizin heute endlich weiß. Dieser Aspekt spielt bei der heute oft so heftigen Transgenderdebatte bekanntlich eine große Rolle.

Schwerer Start: ein ungeliebter Volksentscheid

Die Reise 2011 in die neue Beteiligungskultur in Baden-Württemberg begann mit einem Paradoxon: einem Volksentscheid, der weithin als schlechte Notlösung galt und von allen Seiten mit großer Skepsis betrachtet wurde. Mit dem geplanten unterirdischen Hauptbahnhof in Stuttgart, dem Milliardenprojekt Stuttgart 21, stand ein schier unlösbar erscheinender Konflikt im Raum. Dieser gordische Knoten musste irgendwie durchschlagen werden, um eine Regierung aus Grünen und SPD überhaupt zustande kommen zu lassen. Die SPD befürwortete das Projekt Stuttgart 21 als zukunftsfähiges Verkehrskonzept, die Grünen hatten es von der ersten Stunde an und mit beträchtlicher Vehemenz als nicht nachhaltig bekämpft. Schließlich wurde man auf der Suche nach einer Lösung fündig in der Landesverfassung. Sie erlaubt es der Landesregierung, einen Volksentscheid abzuhalten, wenn sie in einer entscheidenden Frage uneins ist. Und zwar nur dann.

Normalerweise muss ein Volksentscheid in Baden-Württemberg durch ein Volksbegehren von unten eingeleitet werden. Plebiszite von oben, ausgelöst von einer Regierung, waren und sind in Deutschland tabu. Aus gutem Grunde, schließlich waren sie von den Nationalsozialisten schändlich missbraucht worden. Auch in den vergangenen Jahren wurden Plebiszite wieder bevorzugtes Mittel von skrupellosem Populismus in Europa, insbesondere in Ungarn.

Jedoch werden keineswegs alle Volksabstimmungen von der Politik missbraucht, im Gegenteil. Die direkte Demokratie, die Volksabstimmung, ist in der Wahrnehmung der meisten Menschen hochattraktiv, gilt sie doch als wichtigste Möglichkeit, sich wirkungsvoll einzumischen und etwa ein klares Nein zu äußern. Oder eine von der Politik unerwünschte Forderung durchzusetzen. In Baden-Württemberg hatte jedoch seit der Bildung des Staates durch einen Volksentscheid 1952 kein weiterer stattgefunden, obwohl dies laut Verfassung möglich gewesen wäre. Gleichzeitig hatte die Bevölkerung im Nachbarland Bayern schon seit den 1960er Jahren und in den drei norddeutschen Stadtstaaten immerhin seit Ende der 1990er Jahre durchaus öfter zu diesem Mittel gegriffen. So beim bayerischen Volksentscheid zum Nichtraucherschutz 2010, der das Rauchen in Gaststätten mit einem triumphalen Ergebnis von 61 Prozent untersagte; oder bei dem in Hamburg, der 2010 die schwarz-grüne Absicht zunichtemachte, eine sechsjährige Primarschule mit gemeinsamem Lernen einzuführen. Ganz zu schweigen von den erfolgreichen späteren Berliner Volksentscheiden zum Thema Rekommunalisierung der Wasserbetriebe, der Nichtbebauung des Tempelhofer Feldes oder der Enteignung großer Wohnungsunternehmen. Baden-Württemberg bekam regelmäßig die »rote Laterne« des Vereins »Mehr Demokratie« verliehen, weil es bei diesem Thema inzwischen weit hinter anderen Bundesländern hinterherhinkte.

Das sogenannte Zustimmungsquorum, die Mindeststimmbeteiligung, für die Gültigkeit eines Volksentscheids lag hier mit 33 Prozent im Vergleich zu anderen Bundesländern deutlich zu hoch. Dabei war Baden-Württemberg einst führend gewesen. Als erstes Bundesland hatte es Volksabstimmungen ermöglicht und wurde sogar mithilfe eines solchen überhaupt erst gebildet. 2015 wurde das Quorum von der grün-roten Regierung nach langen Verhandlungen aller Parteien von einem Drittel auf ein Fünftel aller Wahlberechtigten verringert. Baden-Württemberg liegt nun im Mittelfeld der deutschen Länder. Klassenprimus mit einem radikalen Nullquorum als Voraussetzung für einen erfolgreichen Volksentscheid bleibt Bayern – und europaweit die Schweiz.

Befürworter eines Nullquorums, das keine Mindestbeteiligung an einem Volksentscheid vorsieht, argumentieren: Das Wahlvolk hatte ja Gelegenheit zur Teilnahme. Tut es das nicht, ist es selbst für die Folgen verantwortlich. Der Volksentscheid in Berlin 2023 für ein klimaneutrales Berlin wäre nach dieser Logik nicht gescheitert, sondern deutlich gewonnen worden. Denn die Mehrheit der Abstimmenden hatte sich für diesen Entscheid ausgesprochen, nur wurde eben das Quorum von 25 Prozent knapp verfehlt. Auch Grüne und SPD in Baden-Württemberg hatten vor ihrem Wahlsieg von 2011 beim Versprechen von mehr Bürgerbeteiligung zunächst insbesondere an die Erweiterung der direkten Demokratie gedacht und zugesagt, die Hürden für Volksentscheide im Land und auch für Bürgerentscheide in den Kommunen zu senken.

Für Oppositionsparteien ist ein Volksentscheid ein willkommenes Instrument, Unzufriedenheit in der Bevölkerung aufzugreifen, zu verstärken und zu bündeln. Für eine Regierung hingegen, die Gesetze verabschieden und Planungen verwirklichen möchte, kann ein Volksentscheid eine große Herausforderung sein. Deshalb sehen Regierungsparteien dieses Instrument in der Regel eher mit gemischten Gefühlen. Im Fall Stuttgart 21 bedeutete es tatsächlich eine Art russisches Roulette. Den Grünen, deren Gegnerschaft zu Stuttgart 21 einen ihrer Markenkerne bildete und die – neben der Atomkatastrophe von Fukushima – vorrangig diesem Thema ihren Wahlerfolg verdankten, drohte die Gefahr, dass sie das ungeliebte Projekt womöglich tatsächlich würden realisieren müssen. Für die SPD wiederum bot sich eine Chance, sich innerhalb der Regierung trotz ihrer Juniorpartnerrolle zu behaupten. Kretschmann selbst setzte auf diese Karte, weil es ohne Volksentscheid keine gemeinsame Regierung gegeben hätte. Von Anfang an erklärte er öffentlich, jeden Ausgang des Volksentscheids uneingeschränkt respektieren zu wollen.

Zwischen allen Stühlen

Als Staatsrätin hatte ich nun den Auftrag, diesen ungeliebten Volksentscheid zu begleiten, mit dafür zu sorgen, dass die Menschen die Argumente gut nachvollziehen und bewerten konnten. Mein neues

Team machte sich auf in die Schweiz, das Mutterland der direkten Demokratie, und besuchte die Behörde in Bern, die das dort übliche »Abstimmungsbüchlein« für Volksentscheide erarbeitet. Es sind äußerst unscheinbare Hefte, meist unbebildert, keine bunten Propagandaschriften. Sie haben die Aufgabe, die Pro- und Kontraargumente klar darzustellen, gleich gewichtet, in verständlicher Sprache. Ganze Expertenteams sind dafür am Werk. Diese Broschüren werden in der Schweiz viel gelesen und haben einen nachweislichen Einfluss auf die Entscheidung vieler Menschen. Und mit das Wichtigste: Sie haben das Vertrauen der Menschen.

Auch zu Stuttgart 21 forderte ich eine solche Informationsbroschüre, die allen Bürgerinnen und Bürgern neutral die Argumente pro und kontra vermitteln solle. Was so einfach erschien, erwies sich leider als schier unmöglich. Weil es keine gesetzliche Grundlage für ein solches Vorhaben gab, lehnte die Landeswahlleiterin es ab, eine solche Broschüre an die Wahlberechtigten verteilen zu lassen. Das Wählerverzeichnis konnten wir deshalb nicht nutzen – ein erster Dämpfer für meinen Tatendrang. Dennoch formulierte ein Redaktionsteam aus den Regierungsparteien Die Grünen und SPD unter Beteiligung des Staatsministeriums einen Text, der in ausgiebigen Diskussionsrunden ausgehandelt worden war. Schließlich wurden fünf Millionen Exemplare gedruckt und an alle Haushalte in ganz Baden-Württemberg verteilt. Mit teilweise unerwarteten Folgen: Es meldeten sich etliche erfreute Migranten bei unserer neu eingerichteten Hotline, die nachfragten, ob sie tatsächlich abstimmen dürften, obwohl sie keine Staatsbürger seien. Wir mussten sie leider enttäuschen.

Allerdings lag das Problem mit der Broschüre tiefer: Gegner und Befürworter des unterirdischen Bahnhofs sollten ihre Argumente in der Broschüre objektiv und faktenbasiert darstellen. Das Resultat war für viele Leserinnen und Leser jedoch verwirrend: Die neue Koalitionsregierung präsentierte nämlich zwei sich tatsächlich völlig widersprechende Darstellungen und Bewertungen.

Die Befürworter betonten die Leistungsfähigkeit des neuen Verkehrsknotens, seine intensive und genaue Planung, seine Zukunftsfähigkeit, die Chancen für die Stadtentwicklung. Sie hielten die Kosten für kontrollierbar, veranschlagten sie jedoch, wie sich alsbald herausstellte und sachkundige Kritiker von Anfang an vorhergesagt hatten, deutlich zu niedrig. Sie betonten auch die konkrete Verbesserung der Zugverbindungen mit bestimmten Städten, vor allem Richtung Ulm und Oberschwaben. Was für deren Bewohner natürlich attraktiv war und bei der Abstimmung mit dafür sorgte, das Lager der Befürworter zu stärken.

Die Gegner wiederum verwiesen neben der Kostenexplosion – mittlerweile wird für die Endabrechnung sogar in Bahnkreisen mit elf Milliarden Euro kalkuliert und damit mit deutlich mehr Geld als vorhergesagt – auf zahlreiche andere Risiken, die sich beispielsweise aus den tückischen Gesteinsformationen im Stuttgarter Raum ergäben. Sie hielten den Tiefbahnhof für deutlich weniger leistungsfähig und komfortabel. Ihrer Auffassung nach bestanden auch Gefahren für die Mineralquellen in Stuttgart. Außerdem sahen sie durch die Untertunnelung zahlreiche Häuser von Schäden bedroht sowie beim Brandschutz zu viele und zu große Sicherheitslücken. Das Dilemma so mancher Volksabstimmung lag also besonders deutlich auf dem Tisch: zwei konträre Positionen. Ja oder Nein. Die Planungs- und Genehmigungsschritte für Stuttgart 21 waren formal korrekt abgeschlossen, nach mehrjährigem Hin und Her demokratisch legitimiert durch Beschlüsse des Landtags und des Stuttgarter Gemeinderats. Eine breite öffentliche Erörterung mit den Bürgerinnen und Bürgern zu einem viel früheren Zeitpunkt, lange ehe die Planungen so weit gediehen waren, hatte es allerdings nicht gegeben. Damit hätte man vielleicht andere Lösungen gefunden.

Die Schlichtung, die Heiner Geißler 2010 leitete und die im Fernsehsender Phoenix von Hunderttausenden tagelang verfolgt wurde, stellte ebenfalls die Positionen gegeneinander. Der junge

Tübinger Oberbürgermeister Boris Palmer, ein hochbegabter Mathematiker, glänzte neben anderen durch Fachkompetenz und Schlagfertigkeit. Die Experten beider Seiten brachten ihre Vorstellungen und Argumente vor. Ergebnis: keine Verständigung zwischen den Fronten, nirgends, aber unzählige aufgedeckte Schwächen. Dabei bewirkte die Schlichtung, wie wir aus Umfragen wissen, dass sich ein Teil der Zuschauer von Gegnern zu Befürwortern wandelte – weil sie den Argumenten der Planer positive Seiten abgewinnen konnten.

Wohl noch nie zuvor hatten so viele Tausend Menschen so tiefes Detailwissen rund um ein Infrastrukturprojekt aufgenommen. Eine ganze Region mutierte zu einer Ansammlung von Verkehrsexperten. Indessen blieben die Planungen im Kern unverändert. Die einzelnen durchaus sinnvollen Vorschläge, die Schlichter Geißler am Ende machte, gingen ins Leere – aufgrund der festgefahrenen Positionen und des Drucks, den Befürworter in CDU und FDP, aber auch in der mitregierenden SPD auf die Grünen und ihren neuen Ministerpräsidenten ausübten.

Inzwischen wissen wir: Jedes Beteiligungsverfahren braucht einen Auftrag durch die Politik – oder im besten Falle durch den beauftragten privaten Investor. Selbst wenn der Bau eines Einkaufszentrums schon genehmigt wurde, kann ein Beteiligungsverfahren den Bau im Sinne der Bürger beeinflussen. Wertvoll auch die Zusicherung, die Ergebnisse ernsthaft zu prüfen und einen gewissen Handlungsspielraum für neue Planungen zu eröffnen. Nur bestanden Wille wie Spielraum im Falle von Stuttgart 21 in keiner Weise. Die Bahn befand und befindet sich hierbei in einer Art tragischer Falle, hatte sie das Vorhaben zwischendurch doch als zu teuer abgelehnt und war nur durch aktives Werben und erhebliche materielle Zusagen von Stadt und Land bereit gewesen, Stuttgart 21 überhaupt wieder in ihre Planungen aufzunehmen. Bis heute ist ungeklärt, wer die riesigen Mehrkosten schultern muss – die Verträge waren in dieser Hinsicht wohl bewusst ungenau.

Der Kritik an Stuttgart 21 entlud sich in echten Massenprotesten auf den Straßen mit Zehntausenden von Teilnehmenden, auch und gerade aus den gutbürgerlichen Wohnlagen Stuttgarts, den sogenannten Halbhöhen. Insbesondere nach dem 30. September 2010, an dem eine unverhältnismäßig brutal auftretende Polizei auf eine Großdemo aus nicht gewalttätigen engagierten Schülerinnen und Schülern traf und viele von ihnen mit Wasserwerfern, Tränengas und Schlagstöcken teilweise schwer verletzte. Dieser »Schwarze Donnerstag« hat sich in das Kollektivgedächtnis der Stadt eingebrannt. Viele wissen noch heute genau, wo sie waren, als sie davon erfuhren.

Das Wahlverhalten beim Urnengang im März 2011 drückte eine verbreitete Gegnerschaft gegen den unterirdischen Bahnhof aus. Dennoch lag hier eine Selbsttäuschung vor: Menschen, die massenhafte Gemeinschaftserfahrungen bei Protesten erlebt haben, wähnen sich oft fälschlich in der Mehrheit, wie sich dies heute bisweilen bei der Klimabewegung zeigt. Eine verzerrte Wahrnehmung herrschte selbst im grünen Umfeld, als der Volksentscheid beschlossen wurde. Meinungsumfragen, die uns 2011 schon vor der Abstimmung intern vorlagen, ließen erkennen, dass der Widerstand gegen Stuttgart 21 zwar heftig war, das Ja aber zahlenmäßig überlegen. Solide Ablehnung zeigte sich im traditionell gegenüber Stuttgart skeptischen Südbaden um Freiburg. Besonders groß war die Unterstützung für den Bahnhof dagegen im schwäbischen Oberland.

Ganz grob gesagt, führte die Volksabstimmung im November 2011 zu einem paradoxen Ergebnis: Aus Sicht der regierenden Grünen ging sie krachend verloren und bestätigte mit fast 60 Prozent Zustimmung die Fortführung des Projekts, also ganz im Sinne des Koalitionspartners SPD und der nunmehr oppositionellen CDU und FDP. Ich erlebte diese Niederlage mit meinem Mann im Landtag in Stuttgart, umgeben von ungläubig entsetzten grünen Abgeordneten und vorher so optimistischen Bahnhofsgegnern.

Aber gerade weil der Ministerpräsident das für ihn und seine Partei so niederschmetternde Ergebnis wie angekündigt ohne Wenn und Aber akzeptierte, wurde diese Niederlage mit zur Grundlage für das immense Vertrauen, das Winfried Kretschmann in der Folge bei einer Mehrheit der Bevölkerung genoss und noch immer genießt. Ein Vertrauen, das ihm und seiner Partei noch zwei weitere historische Wahlsiege bescherte, 2016 und 2021.

Grüne Desillusionierung oder: Wann gilt ein Volksentscheid?

Das Vertrauen der Mehrheit in den Stuttgarter Regierungschef hatte einen hohen Preis: Viele, die den unterirdischen Bahnhof ablehnten, die deswegen Grün gewählt und erwartet hatten, die neue Regierung werde den Weiterbau gewiss verhindern können, sahen sich bitter enttäuscht. Enttäuschung bedeutet dem Wortsinn nach, eine Idee, eine Hoffnung mangels Realisierbarkeit aufgeben zu müssen. Zwar hatte die Landtagswahl den ungeliebten CDU-Ministerpräsidenten Stefan Mappus ins Aus gedrängt, das Grundvertrauen in die CDU im Land war aber keineswegs grundsätzlich gebrochen, und viele vertrauten auch weiterhin der SPD. Vertrauen basiert eben auf mehr als auf reinem Faktenwissen. Im repräsentativen System vertrauen die Menschen darauf, dass die von ihnen gewählte Partei die Themen insgesamt sinnvoll bündelt und ihre Interessen einigermaßen vertritt. Sie hinterfragen nicht jedes Argument, auch wenn sie bei einzelnen Themen manchmal sehr kritisch sind. Der Bürgerwiderstand bei einer Sachfrage ist keineswegs gleichbedeutend mit einer Ablehnung der gesamten Politik einer Partei. Dass Grün-Rot die Wahl knapp gewonnen hatte, bedeutete also noch lange nicht, dass alle früheren Loyalitäten gebrochen waren.

Ein nicht unbeträchtlicher Teil der Stuttgart-21-Gegner konnte sich mit dem Ergebnis des Volksentscheids nicht abfinden und zog es mit vielen Argumenten in Zweifel. So sei es ein Verrat an der Sache gewesen, diesen Volksentscheid überhaupt anzusetzen, da doch das Risiko der Niederlage bestand. Ein abgekartetes Spiel! Die neue Regierung hätte den Bahnhof einfach verhindern müssen, Koalitionsfrieden hin, gültige Verträge her! Hier wurde deutlich, was sich immer wieder beobachten lässt: Viele Menschen befürworten die Spielregeln der Demokratie zwar im Grundsatz, wollen sie aber im Einzelfall, wenn sie mit den eigenen Anliegen kollidieren, nicht gelten lassen.

Ferner wurde kritisiert, die Befürworter hätten viel mehr Geld und Ressourcen zur Verfügung gehabt, daher sei das Ergebnis nicht wirklich fair zustande gekommen und deshalb undemokratisch. Tatsächlich haben die Gegner eines Vorhabens bei einem Volksentscheid meist weniger Geld und Einfluss als die Befürworter. Man kann darüber streiten, ob das verändert werden kann oder soll. Aber offensichtlich setzen sich auch unterfinanzierte selbstorganisierte Gegner oftmals durch. Man denke nur an die Abstimmungen zu den Olympischen Sommerspielen in Hamburg oder den Winterspielen in Garmisch-Partenkirchen, wo die Landesregierungen, die Wirtschaft und selbst Teile der Grünen mit allen medialen Mitteln und viel Prominenz für die Durchführung warben und die Bevölkerung ihnen ein klares Njet entgegenhielt.

Vor allem aber brachten die Kritiker des Volksentscheids in Stuttgart immer wieder vor, dass die andere Seite ja nicht die Wahrheit gesagt, sondern schlicht gelogen habe, speziell beim Thema Kosten. Kretschmann pflegte ihnen zu erwidern, bei einem Volksentscheid gehe es eben um Mehrheiten und nicht um Wahrheiten. Diese kurze Antwort verbitterte viele und wurde als zynisch empfunden. Sie trifft aber zu: Fehlerhafte Angaben und Schätzungen, ob vorsätzlich geäußert oder im guten Glauben, führen in aller Regel nicht zur Aufhebung eines Volksentscheids – auch nicht in der Schweiz.

Dennoch schuf der Volksentscheid Fakten. Er befriedete die Lage einigermaßen, wiewohl längst nicht alle überzeugt waren. Weiter wird ausdauernd und allwöchentlich auf Montagsdemos demonstriert, bei Wind und Wetter, wenn auch in immer kleinerem Rahmen. Immer wieder legten Kritiker sorgfältig ausgearbeitete Pläne für einen Stopp des Baus und eine Umnutzung der riesigen bisher bereits gegrabenen Tunnel und der großen Baugrube in der Stadtmitte vor. Immer wieder liefen sie damit ins Leere. Viele Menschen waren umgekehrt der Ansicht, nach einem verlorenen Volksentscheid dürften die Gegner nicht weiter demonstrieren, das sei undemokratisch. Diese Ansicht trifft aber weder rechtlich noch politisch zu: Es herrscht Demonstrations- und Meinungsfreiheit in Deutschland, Vorbedingungen oder ablaufende Fristen gibt es dafür nicht.

Jedenfalls wird Stuttgart 21 umgesetzt. Beziehungsweise: Es wurde tatsächlich mit dem Bau begonnen, gesunde Bäume wurden gefällt, eine riesige Grube ausgehoben, die Prellböcke für die Gleise im Kopfbahnhof um Hunderte Meter nach hinten verschoben, sodass auf viele Jahre hinaus Ankunft und Abfahrt höchst beschwerlich wurden. Im Jahr 2021 haben sich die Fußwege von Reisenden im noch oberirdischen Bahnhof erneut deutlich verlängert und erschwert. Trotzdem werden wohl eines Tages die Menschen den neuen Bahnhof in mancher Hinsicht technisch oder ästhetisch bewundern und in jedem Fall praktisch annehmen. Inzwischen wird mit der Inbetriebnahme Ende 2025 gerechnet. Heiner Geißler sagte mir einmal, die deutschen Ingenieure seien ganz berauscht gewesen von der gigantischen Aufgabe, einmal einen Bahnhof um 90 Grad drehen und viele Kilometer Tunnel bauen zu dürfen, gerade wegen der enormen Schwierigkeiten. Dafür gibt es in einem Teil des Publikums Anerkennung. Der Journalist Niklas Maak berichtete im Frühjahr 2023 in der *Frankfurter Allgemeinen Sonntagszeitung* von der eindrucksvollen unterirdischen Halle mit ihren architektonisch beeindruckenden Kelchstützen und dem schönen Oberlicht, das aus großen Glasbullaugen kommen wird. Er hält den Bahnhof, eigentlich ganz zutreffend, für ein Relikt des 20. Jahrhunderts. Schön, nur aus der Zeit gefallen – schon bevor er fertig ist.

Direkte Demokratie kann zwar einen Konflikt befrieden, sie ist aber viel zu schwerfällig und aufwendig für die Mehrzahl von Entscheidungen im politischen Alltag. Und vor allem: Sie befeuert Gegner- und Leidenschaft bei Themen, die sich besser durch vertiefte Erörterung aller Meinungen, durch echte Auseinandersetzung mit den Einwänden aller Seiten lösen ließen. Der ungeliebte Volksentscheid machte deutlich, wie notwendig eine Beteiligungskultur ist, die die Menschen viel, viel früher, also rechtzeitig und systematisch einbindet, auf diese Weise harte Konfrontationen vermeidet und kluge Lösungen sucht. Hier nun beginnt die Politik des Gehörtwerdens und begann meine eigentliche Aufgabe.

Die Gretchenfrage: Wie kommt der Wandel ins Land?

Nach dem Volksentscheid stand ich gewissermaßen an der Front, und das bisweilen vor Hunderten von empörten und schwer enttäuschten Menschen. Viele von ihnen Wähler der Grünen, viele von ihnen von mir bewundert und geschätzt. Beispielsweise beim Montagskreis im Theaterhaus Stuttgart, wo so glänzende Vertreter der Stadtgesellschaft wie der frühere SPD-Bundestagsabgeordnete und Architekt Peter Conradi und seine Frau Petra Bewer lange Zeit kritische Debatten zu Stuttgart 21 organisierten. Nun saß ich auf einer Bühne, geblendet vom Licht, gegenüber kühlem Schweigen aus dem dunklen Zuschauerraum oder einzelnen grimmigen Zurufen. Für viele war ich mit dem Makel behaftet, Prinzipien zu verraten und mich vom System korrumpieren zu lassen. Eine Opportunistin der Macht. Natürlich galt dies nicht allein für mich. Der Ministerpräsident, der neue Verkehrsminister, der Umweltminister, die Wissenschaftsministerin, kurzum: Alle grünen Regierungsmitglieder wurden plötzlich von Teilen der eigenen Anhängerschaft heftig kritisiert. Und gleichzeitig von der Opposition verdächtigt, Stuttgart 21 in Wahrheit zu hintertreiben. Der Volksentscheid hatte die Stimme einer klaren Mehrheit ausgedrückt. Die meinungs- und faktenstarke Minderheit der Gegner fühlte sich nun ausgeschlossen und missachtet.

Wie aber kann die Demokratie gerade jenseits des Parlaments so gestaltet werden, dass auch Minderheiten und kluge Einzelmeinungen Einfluss haben? Mit unserem Verhältniswahlrecht können sich im Parlament auch kleine Gruppen zu Parteien formieren und Einfluss gewinnen. Wie aber kann sich die Bevölkerung auch zwischen Wahlen und jenseits von Volksentscheiden mit ihrem ganzen Meinungsspektrum in Entscheidungen einbringen? Dieses Problem bewegte mich intensiv seit dem Volksentscheid, und es bewegt mich bis heute.

Ganz persönlich wollte ich die vielen, die das Amt der Staatsrätin nur als Alibiveranstaltung betrachteten und ihr keinen echten Impuls für eine bessere Bürgerbeteiligung zutrauten, vom Gegenteil überzeugen: Ja, wir können uns wirklich beteiligen. Ja, das macht einen Unterschied. Ja, so lebt es sich besser zusammen. Das wollte ich erreichen.

Müssen die Menschen im Schlafwagen in neue Realitäten des Wandels fahren, um dort wieder aufzuwachen und sich die Augen zu reiben? Brauchen sie den Hammer autoritärer Entscheidungen, um neue Regeln zu akzeptieren oder zumindest zu befolgen? Oder können sie bei anstehenden Herausforderungen mitverantwortliche Akteure sein? Wie kommt überhaupt Erneuerung ins Land? Wer hätte sich die Folgen des Internets vor 30 Jahren auch nur vorstellen können? Und wer hätte sich in der Politik dafür entschieden, wenn es zur Debatte gestanden hätte? Immerhin wollten Grüne einst die Computer verbieten. Treiben die Medien den Wandel voran oder skandalisieren sie ihn eher? Wie werden Regeln entwickelt für die Welt der Klimakrise und der Digitalisierung? Oder gar der künstlichen Intelligenz? Wie demokratisch kann das überhaupt sein? Was also zunächst, 2011, für mich aussah wie der Auftrag, die Menschen in Baden-Württemberg besser in konkrete Planungsentscheidungen einzubeziehen, wurde in den folgenden zehn Jahren – in meinem Kopf und generell – zur Frage nach der Zukunftsfähigkeit unserer liberalen Demokratie in Europa. Ich denke, wir haben einige brauchbare Instrumente dafür erfunden.

Kapitel drei

Im Auftrag meiner Eltern

Das Konzept der dialogischen Bürgerbeteiligung hat sich in den vergangenen Jahren mit inzwischen exponentiellem Wachstum und nicht zuletzt durch meine Mitwirkung weiterentwickelt. Doch warum habe ich instinktiv und mit Leidenschaft einen so versöhnlichen Pfad für die demokratische Erneuerung gewählt? Warum habe ich nicht vorrangig die Ausweitung von Volksentscheiden auf Landes- und Bundesebene verfolgt, wie es ja in vielen Parteiprogrammen bis heute steht? Und warum habe ich nicht primär darauf gesetzt, vor allem die Zivilgesellschaft zu unterstützen, das Ehrenamt, bunte Nachbarschaftsstrukturen, Mehrgenerationen- und Frauenprojekte, Naturschützer und Flüchtlingsorganisationen? Immerhin hatte ich seit Jahrzehnten praktisch und emotional eine starke Verbindung zu vielen dieser Milieus.

Die Antwort ist einfach: Als Kabinettsmitglied in Baden-Württemberg, bei meinen Gesprächen landauf, landab mit Bürgerinitiativen, Bürgermeistern, Mitgliedern anderer Parteien, katholischen Frauen, Bauunternehmern oder Verbandsvertretern war mir noch klarer geworden als in den Jahren zuvor, dass in einem strukturkonservativen Land wie Deutschland jede große politische Veränderung auf die Unterstützung durch konservative Teile der Gesellschaft angewiesen ist.

Diese eigentlich banale Erkenntnis, dass zumindest Teile der Konservativen große Veränderungen mittragen müssen bzw. dass viele Menschen gerade auf dem Land weniger Veränderungen anstreben, hatte jedoch bei mir wie auch bei sehr vielen anderen Menschen meiner Generation Jahrzehnte gebraucht. Bis heute ist sie im eher linken und grünen Umfeld nicht selbstverständlich. Im Umfeld von Protestbewegungen entsteht immer noch und immer wieder die Illusion, ihre Wünsche und Ziele seien irgendwie schon umsetzbar, wenn sie nur laut genug vorgebracht werden. Der mühselige parlamentarische Weg galt und gilt dann vielen als Verrat und Ausverkauf. Meine Eltern vollzogen diese innere Hinwendung zum parlamentarischen Weg nach dem Krieg im Schnelldurchgang, als sie sich in einer süddeutschen Kleinstadt wiederfanden.

Meine Mutter, 1945 aus Berlin in das beschauliche Biberach an der Riß gekommen, nun unerwartet Landratsgattin statt Ehefrau eines politischen Häftlings der Nazis, machte dieses Dilemma in ihren Erzählungen oft am Beispiel des sozialdemokratischen Reichspräsidenten Friedrich Ebert fest. Er hatte seinerzeit in Berlin von 1919 bis 1923 mehrere sozialistische Aufstände blutig niederschlagen lassen, war aber im Übrigen ein Mann des Interessenausgleichs. Sein Ziel war die Verteidigung der demokratischen Republik und Verfassung gegenüber einer bolschewistischen Revolution nach dem Vorbild Russlands, aber auch gegen die Verfassungsfeinde von rechts, die weiterhin monarchistisch gesinnt waren und die Demokratie ablehnten. Sie reichten bis tief hinein in die bürgerlichen Schichten. Friedrich Ebert steht bis heute im Ruf, er habe die Ziele der Arbeiterklasse verraten. »Wer hat uns verraten: Sozialdemokraten!«, lautete die Losung damals und auch immer wieder später in meiner Studentenzeit. Doch immerhin gelang es ihm, die Demokratie einige Jahre lang auch gegen ihre bürgerlichen und adeligen Feinde zu verteidigen. Nach seinem frühen Tod 1925 setzten sich diese aber schließlich durch. Paul von Hindenburg wurde Reichspräsident – er war Feldmarschall und Chef des deutschen Heeres im Ersten Weltkrieg gewesen, Erfinder der Dolchstoßlegende, die die deutsche Niederlage den angeblichen Vaterlandsverrätern im Inneren anlastete, vor allem den Sozialdemokraten. Damit war der Niedergang der Demokratie vorgezeichnet. Meine Mutter erzählte oft, Ebert sei als biederer Sattlermeister aus Heidelberg nach Berlin gekommen und habe deshalb sehr gut gewusst, wie weit die revolutionären Vorstellungen vieler Berliner Arbeiter von den Wünschen und Ideen der Menschen in seiner süddeutschen Heimat entfernt waren. Er wusste, dass ohne Rücksicht auf diese Welten die Demokratie nicht zu bewahren war, und erntete dafür den Hass der Linken. Meine Mutter, Sozialdemokratin aus dem Berliner Wedding, nun Neubürgerin des gerade erst entstehenden Bundeslandes Baden-Württemberg, begegnete hier nach Kriegsende der Religiosität vieler Menschen, ihrer Traditionsgebundenheit, ihrem Stolz auf Haus und Hof. Das stand in scharfem Gegensatz zu den Lebenswelten der Berliner Mietskasernen und der sozialistischen Arbeiterjugend, denen sie entstammte. Sie wurde sich schmerzlich bewusst, dass eine SPD ohne Verständnis für diese Lebenswelten keine Erfolgschancen im Land haben konnte.

Nach dem Abitur erschien mir der gnadenlose Reformismus meiner Eltern noch als großer Fehler. Heute glaube ich, dass nur ein konsequenter parlamentarischer Reformismus mit einer radikalen Offenheit für neue Lösungen mit neuen Partnern, vor allem in der Wirtschaft, die Möglichkeit zu kühnen Veränderungen bietet. Die Grünen mit Winfried Kretschmann oder Robert Habeck verkörpern heute diesen Ansatz. Sie erfahren jedoch täglich, wie hart dieser Weg ist, welche Hürden und Hindernisse immer wieder entstehen, gerade auch im eigenen politischen Hinterland. Den bequemen Ausweg in ohnmächtigen Protest werden sie dennoch nicht gehen. Denn: Er würde nicht mehr, sondern weniger bewirken.

»Hättest du dieses Amt auch übernommen, wenn Winfried Kretschmann in Mecklenburg-Vorpommern Ministerpräsident geworden wäre?« Das fragte mich eine Freundin kurz nach meinem Abschied aus dem Amt der Staatsrätin 2021. Offen gesagt, weiß ich es nicht. Aber ganz sicher hatte meine Bereitschaft, mich in Stuttgart zu engagieren, nicht nur mit dem Wunsch zu tun, zum Erfolg gerade dieser Regierung beizutragen, sondern auch mit der Erfahrung meiner Eltern in diesem Bundesland. Ich hatte das Gefühl, einen Auftrag zu erfüllen, was 2011, mehr als 40 Jahre nach dem Tod meines Vaters und fünf nach dem meiner Mutter, vielleicht seltsam klang. Immerhin hatten die Grünen mehr Stimmen erhalten als die SPD. Damit hatten sie der Partei, der mein Vater und meine Mutter ihr Leben gewidmet hatten, den Rang abgelaufen und ihr bitter geschadet. Dessen war ich mir wohl bewusst.

Für mich war die Orientierung an der SPD jetzt, im Alter von 65 Jahren, aber nachrangig geworden. Ich unterstützte eine Politik, die die dringenden ökologischen Fragen im Rahmen der Sozialen Marktwirtschaft angehen wollte und eben nicht in dem des Sozialismus. Vor allem aber mit mehr Wahrnehmung von Personen jenseits von Parteien, Gewerkschaften und Verbänden, mehr Gehör für Menschen, etwas weniger Ansprüchen an den Staat. Mental hatte ich inzwischen auch enge Bezüge zum Modernisierungslager der CDU. Schließlich war ich seit 1987 mit meinem späteren Mann Warnfried Dettling verbunden.

Und ich hatte Erfahrung als Unternehmerin. Der »Familienservice«, der so viele Firmen in Deutschland bei der Vereinbarkeit von Familie und Beruf unterstützt, beispielsweise durch den Betrieb von Kindertagesstätten, die Vermittlung von Tagesmüttern und Au-pairs oder umfassende Sozialberatung, ist inzwischen der größte deutsche Dienstleister in diesem Bereich, ein kleiner Konzern mit immerhin über 2000 Angestellten. Mir geht das Verständnis für die Interessen der Wirtschaft nicht ab. Deshalb gab und gibt es für mich immer auch Berührungspunkte mit der

FDP und ihrer Mittelstandspolitik. Allerdings dürfte aus meiner Sicht die Einkommenssteuer gern steigen, und auch gegen eine moderate Vermögens- oder Erbschaftssteuer habe ich keine Einwände. Wahr ist aber, dass ohne einen aktiven und unterstützenden Mittelstand in der Wirtschaft die ökologische Transformation nicht gelingen kann, denn dort findet sich die größte Innovationskraft.

Auch die Überwindung eines Traumas

Zurück zum späten Einstieg in die Politik. Der Wahlsieg von Grün-Rot in Baden-Württemberg 2011 bedeutete für mich zunächst vor allem die Überwindung eines Kindheitstraumas, nämlich das des ewigen Wahlverlierens, des ideellen Außenseitertums. Das Familienleben eines Bundestagsabgeordneten wie meines Vaters war bestimmt durch den Rhythmus der Bundestagswahlen. Meine Kindheitserinnerungen sind deshalb eng verbunden mit Wahlkämpfen.

Wahlabende bedeuteten für uns das bange Sitzen mit der Familie bei der Verkündung der Wahlergebnisse im Radio – einen Fernsehapparat gab es in unserem Haus erst 1961. Fast immer fielen sie niederschmetternd aus für die SPD. Damals lag die CDU in Baden-Württemberg stabil bei über 50 Prozent, die Partei meines Vaters hingegen bei kaum über 20 Prozent. Die CDU in Oberschwaben, wo mein Geburtsort Biberach lag, erreichte zeitweise über 80 Prozent – das meine ich noch heute von der knarrigen Stimme aus dem Lautsprecher zu hören. Wie mein Vater all diese Niederlagen verarbeitet hat, weiß ich nicht, weil er immer gleich wieder zurückfuhr nach Bonn. Meine Mutter aber, die mit uns drei Kindern jeweils daheim in Pforzheim zurückblieb, kämpfte danach wochenlang um Fassung, wie sie mir einmal erzählt hat. Gespürt haben wir davon nichts.

1965 konnte mein Vater trotz seiner inzwischen großen Popularität bei der Bundestagswahl wieder einmal den Wahlkreis Pforzheim nicht erobern. Die SPD legte zwar zu, aber viel weniger als erhofft und erwartet. Nicht unähnlich den heutigen Grünen, die oft vor Wahlen sehr hohe Anteile bei Meinungsumfragen erzielen, um dann bitter zu erfahren, dass sie in Wirklichkeit noch sehr weit von einer Mehrheit entfernt sind.

Mein Vater war für den Fall einer Regierungsbeteiligung der SPD als möglicher Außenminister im Gespräch. Helmut Schmidt berichtete später auf einer Gedenkveranstaltung im Pforzheimer Reuchlinhaus, Fritz Erler wäre womöglich Kanzler geworden, wenn er die SPD-geführte Regierung noch erlebt hätte. Nach der Wahlniederlage von 1965 waren jedoch Stimmen laut geworden, ob er denn noch der richtige Fraktionsvorsitzende sei, und ich bemerkte erstmals ein Gefühl der Hoffnungslosigkeit an ihm. Er brachte mich damals zum Bahnhof – ich fuhr mit der Bahn zwei Tage und Nächte lang nach Athen zu einer befreundeten Familie. Beim Abschied sah ich in sein Gesicht und hatte plötzlich die Ahnung: Mein Vater stirbt. Eineinhalb Jahre später war er tot, im Februar 1967 mit nur 53 Jahren gestorben nach einem schweren Kampf mit Leukämie. Er erhielt ein Staatsbegräbnis, sehr ungewöhnlich für einen Politiker der Opposition. Zehntausende säumten die Straßen. Im Tod jedenfalls genoss er allerhöchstes parteiübergreifendes Ansehen. Im Leben hatte er jedoch die von ihm so sehr erhoffte gedankliche Verbindung mit einer Mehrheit der Bürgerinnen und Bürger seines Wahlkreises, insbesondere auf den Dörfern, nicht erreicht.

Wahlen waren für mich also von klein auf mit der Erwartung von Niederlagen verbunden, mit dem Wissen, dass die Auffassungen meiner Eltern zwar vielleicht richtig waren, aber offenbar nicht mehrheitsfähig. Zumindest nicht in Baden-Württemberg und dort erst recht nicht im ländlichen und katholischen Raum. Ein Kind in einem politisch engagierten Haushalt steht wohl fast immer auf der Seite der Eltern, auch ohne die Inhalte ganz zu verstehen. Ähnlich wie religiöse Zugehörigkeit ist politische Orientierung zunächst nicht selbst gewählt, sondern sozial vererbt.

Ich erinnere mich gut an den Wahlkampf 1957, als ich elf Jahre alt war und wir mit Kindern aus der Nachbarschaft Flugblätter für die SPD in die Briefkästen der Wohnblöcke in der Pforzheimer Nordstadt warfen. Für mich war das ein damals sehr fremdes Umfeld, wir lebten ja in einem Stadtteil in Hanglage mit schönen Einfamilienhäusern. Das Grundkapital für den Bau dieses Hauses hatte mein Vater durch eine mäßige Haftentschädigung für seine Zeit in den Gefängnissen der Nationalsozialisten von 1938 bis 1945 erhalten – ein Abgeordnetengehalt hätte dafür nicht ausgereicht. Nicht selten haben wir damals ohne Wissen der Eltern CDU-Werbung aus den Briefkästen gerissen und weggeworfen. 1961 fuhr Willy Brandt in einem offenen Mercedes durch die Dörfer im lieblichen Kraichgau und wurde tatsächlich bejubelt oder zumindest von vielen Menschen begrüßt. Ein Hauch von Kennedy lag in der Luft. Doch die Menschen in Baden-Württemberg blieben mehrheitlich reserviert gegenüber der Partei des Kandidaten. Ihm, dem Emigranten, wurde immer wieder von der CDU angelastet, dass er in der Nazizeit als »Verräter« in Norwegen gewesen war. Obendrein war er, auch das damals noch ein Makel, ein uneheliches Kind. Sein Einsatz für Berlin zur Zeit des Mauerbaus und sein internationales Ansehen zählten nicht viel im Südwesten. Berlin war mental und kulturell sehr weit entfernt. Und ist es noch heute.

Als dann die Grünen ihren Aufstieg begannen, freute ich mich zwar über die Zuwächse, ich war ja fast von Anfang an Mitglied, gleichzeitig plagte mich ein schlechtes Gewissen gegenüber der SPD. Als ich bei der ersten Europawahl 1979 meine Stimme den Grünen gab und nicht der SPD, hatte ich das Gefühl, meine Hand brenne. Damals landeten die Grünen in Deutschland bei gut drei Prozent. Große Wahlsiege für sie oder gar die Möglichkeit, irgendwann eine Regierung in Bonn oder Baden-Württemberg anzuführen, lagen völlig jenseits meiner Vorstellungskraft. Ich war das politische Außenseitertum gewohnt. Immerhin kam es 1998 zur Regierungsbeteiligung der Grünen in Berlin, mit ganzen sechs Prozent (!) und Joschka Fischer als Außenminister und Vizekanzler. Renate Künast wurde Ministerin für Verbraucherschutz, Jürgen Trittin Umweltminister. Aber die Partei war auf die Rolle als Juniorpartner festgelegt, obwohl sie immer öfter an Landesregierungen mitwirkte. Joschka Fischer hatte bereits zuvor, bei seiner Vereidigung als Umweltminister in Hessen 1985, das symbolkräftige Bild mit den legendären Turnschuhen geschaffen als Inbegriff der vermeintlich ewigen Alternativpartei, die nun erstmals als Junior in einer Regierung vertreten war. 2005 endete allerdings Gerhard Schröders rot-grüne Koalition, Angela Merkel wurde für die nächsten 16 Jahre Kanzlerin.

Nach alledem sah ich 2011 fast ungläubig den grünen Erfolg in Baden-Württemberg und die Bildung dieser ersten grün-roten Koalition. Als Winfried Kretschmann mich bat, Staatsrätin zu werden, spürte ich den Impuls mitzuhelfen, daraus einen Erfolg zu machen. Nicht durch grünes Durchregieren, sondern durch eine echte Verbindung grüner Ideen mit den Perspektiven von Menschen mit anderen Vorstellungen. Ganz besonders auch von Menschen, die bisher weder Grün noch SPD gewählt hatten.

Das Thema »Bürgerbeteiligung und Zivilgesellschaft« und die Politik des Gehörtwerdens hießen für mich: heraus aus dem Gatter der ewigen Minderheit, stattdessen geistige Verbindungen knüpfen zu Menschen jenseits des eigenen Milieus. Nicht durch Anbiederung, sondern durch echte Begegnung. Kretschmann hatte dieses Denken stets zum Kern seiner Politik gemacht. Als er bei seiner dritten Wahl 2021 ein Ergebnis von über 30 Prozent erzielte, wurden damit die Grenzen der Milieupartei überschritten und der Weg zu einer breiten Volkspartei der Mitte gebahnt.

Bis heute ist diese Positionierung innerhalb der Grünen immer wieder strittig. Für viele grüne Kernwählerinnen und -wähler hat sie zu wenig Kanten. Für mich ist es jedoch der Weg, den diese Partei gehen muss. Denn sonst wird sie immer wieder brutal auf ihren Kern zurückgeworfen, der zwar die vielleicht richtigen Argumente hat, aber letztlich zur Ohnmacht verdammt ist. Dies gilt gerade in einer krisenhaften Zeit wie heute, da die Partei heftige Rückschläge erlebt. Sie hat dann in der Regel selbst das unerbittliche Gesetz des Zuhörens verletzt und ihre Politik nicht ausreichend abgeglichen mit den Menschen. Das gilt selbst dann, wenn ihre Forderungen im Kern überhaupt nicht falsch sind. So war der Vorschlag des Veggie Days für Kantinen im Bundestagswahlkampf 2013 keineswegs unsinnig – wurde aber Ziel einer massiven Hetzkampagne gegen die angebliche Verbotspartei, speziell durch einschlägige Medien und Beiträge im Internet. Mit Erfolg, denn das grüne Wahlergebnis lag wieder einmal weit unter den erwarteten Werten. Jede solche Schwäche wird auch von Kreisen der Wirtschaft, die die gesamte Ausrichtung der Grünen vehement ablehnen, sofort und heftig ausgenutzt.

Die Debatte um das Heizungsgesetz 2023 folgte wieder diesem Muster. Das grüne Wirtschaftsministerium unter Robert Habeck hatte die Brisanz des Themas vollständig unterschätzt und – das Gegenteil einer Politik des Gehörtwerdens – die Sicht von Hausbesitzern und Heizungsbauern nicht wahrgenommen, finanziell bedrohliche und nicht umsetzbare Fristen gesetzt und die Notwendigkeit der intensiven Aufklärung zu Wärmepumpen übersehen.

Grüne und Linke müssen potenziell strittige Forderungen, die auf Veränderungen im Alltagsleben abzielen, deshalb sehr intensiv mit möglichst großen Teilen der Bevölkerung rückkoppeln. Gerade dafür sind Bürgerdialoge auf allen Ebenen ein wichtiges Mittel – gerade auch als Korrektiv für die eigenen Vorhaben.

Wie ich meinen Vater neu verstehen lernte

Meine Rückkehr 2011 in den Südwesten Deutschlands nach immerhin 45 Jahren führte zu einer unerwartet intensiven Begegnung mit der politischen Biografie meiner Eltern und zurück in die Jahre nach dem Zweiten Weltkrieg zum Realpolitiker Fritz Erler und zu seiner Arbeit in einer Partei, die noch lange nach dem Krieg nicht nur mit ihrer Rolle als Minderheit haderte, sondern auch mit dem Kapitalismus und der Privatwirtschaft. Ganz zu schweigen von NATO-Eintritt und Westintegration.

Fritz Erler war als Bundespolitiker bekannt geworden. In den 1950er Jahren kämpfte er auf verlorenem Posten gegen die Wiederbewaffnung der Bundeswehr. Statt für die seiner Überzeugung nach viel zu frühe und zu enge Festlegung auf die Westorientierung der jungen Bundesrepublik hatte er für einen eher neutralen Status mit Sicherheitsgarantien der Regierung in Moskau plädiert. Keineswegs jedoch sympathisierte er mit der Sowjetunion, im Gegenteil. Es ging ihm primär darum, die deutsche Einheit nicht zu gefährden, die durch Wiederbewaffnung und NATO-Mitgliedschaft auf Jahrzehnte unmöglich wurde. In Österreich zog sich 1955 die Sowjetunion tatsächlich aus den besetzten Teilen des Landes nach Abschluss eines Vertrags zurück, der die immerwährende Neutralität Österreichs zusicherte. Ähnliches schwebte ihm wohl für Deutschland vor.

Wegen seiner eloquenten und leidenschaftlichen Rededuelle zur Außen- und Verteidigungspolitik, namentlich mit Franz Josef Strauß, galt Fritz Erler vielen als brillantester Redner im Bundestag. Dennoch, die Menschen folgten der SPD in dieser Frage mehrheitlich nicht. Zu groß war die Angst vor der feindlichen Übernahme eines neutralen Deutschland durch die Sowjetunion. Das Schicksal der DDR mit dem Volksaufstand von 1953 und der brutalen Kollektivierung der Landwirtschaft und später auch die Niederschlagung des Ungarnaufstands von 1956 standen als Menetekel im Raum. Fritz Erler war aber im Herzen Berliner und auch Preuße, seine Mutter und ein Bruder lebten noch in Ostberlin, gleichzeitig pflegte er enge Beziehungen zu Westberliner Parteifreunden aus der Zeit vor dem Nationalsozialismus. Die Einheit der Deutschen war für ihn lange Jahre das oberste Ziel. In Südwestdeutschland waren dagegen die deutsche Einheit oder gar die Oder-Neiße-Linie für die meisten Menschen außer den Vertriebenen kein vordringliches Thema. Sie waren ihnen jedenfalls weit weniger wichtig als ihre Freiheit und vor allem als das »Wirtschaftswunder«.

Als die Einbindung der Bundesrepublik in den Westen vollzogen und die Wiederbewaffnung sowie der Eintritt in die NATO beschlossen waren, wurde Fritz Erler zum Realpolitiker und letztlich zu demjenigen, der wohl am meisten dazu beitrug, die Bundeswehr zu einer Armee der Bürger in Uniform zu machen, zu einer Parlamentsarmee. Das ist bis heute wirksam – und wahrscheinlich sein größtes Vermächtnis.

Viele Parteifreunde waren jedoch ungeheuer enttäuscht. Viele traten daraufhin aus, obwohl er sich in verrauchten Dorfgasthäusern und politischen Akademien redlich mühte, den Genossen seinen Standpunkt nahezubringen. Ähnlich ablehnend war die Stimmung bei vielen in der SPD, als 1959 auf einem Parteitag das Godesberger Programm verabschiedet wurde, das die Versöhnung der SPD mit der Marktwirtschaft und den Abschied von der Vergesellschaftung oder Enteignung der Großindustrie bedeutete. Willy Brandt, Herbert Wehner und mein Vater hatten dieses Programm vorangetrieben. Auch hier gab es heftigen Widerstand aus der Partei, die ohne diese Wendung niemals regierungsfähig geworden wäre. Es ging darum, die SPD zu einer Partei zu machen, die nicht nur die Arbeiterklasse vertrat und manchmal sogar so etwas wie Klassenkampf, sondern auch die Mittelschichten und religiös gebundene Menschen erreichen konnte. Der Weg dorthin war dornig. Auch in Baden-Württemberg gab es viele Parteimitglieder, die sich weiterhin sträubten, die parlamentarische Demokratie und die Soziale Marktwirtschaft als dauerhaft zu akzeptieren, nicht nur als Übergang in eine sozialistische Gesellschaftsordnung.

Teil dieser Bemühungen war es, Vertreter der kleinen Gesamtdeutschen Volkspartei (GVP) in die SPD einzubinden. Diese Partei war 1952 von Johannes Rau und Gustav Heinemann, beide spätere Bundespräsidenten, mitbegründet worden und entstammte dem bürgerlichen Milieu der Bekennenden Kirche, der evangelischen Christen, die sich dem Nationalsozialismus entgegengestellt hatten. Sie lehnte die Wiederbewaffnung und die schnelle Westbindung der Bundesrepublik ebenso ab wie die SPD. 1957 löste sie sich wieder auf wegen mangelnder Wahlerfolge. In Baden-Württemberg gelang es meinem Vater, den jungen Erhard Eppler vom Übertritt aus der GVP in die SPD zu überzeugen. Nach einer bei uns daheim beliebten Anekdote habe er zu ihm gesagt: »Wenn Sie auf Ihrem Grabstein die Inschrift haben wollen: ›Er hat immer recht gehabt‹, bleiben Sie, wo Sie sind. Wenn Sie Politik machen wollen, kommen Sie zu uns.«

Eppler wurde tatsächlich ein erfolgreicher linker SPD-Mann und von 1968 bis 1974 sogar Bundesminister für wirtschaftliche Zusammenarbeit. Obwohl immer aktiv in der Friedensbewegung und der evangelischen Kirche, verfiel er in seinen letzten Lebensjahren leider der »russischen Krankheit« vieler Sozialdemokraten und weigerte sich, die Annexion der Krim oder auch Wladimir Putin selbst zu kritisieren.

Immer wieder musste ich während meiner Zeit als Mitglied der Landesregierung in Baden-Württemberg an diese Erfahrungen meines Vaters mit der SPD der 1950er und 1960er Jahre denken. Denn auch für die Grünen, besonders für Winfried Kretschmann, galt es nun, einer äußerst ungeduldigen Basis und Wählerschaft zu vermitteln, dass viele Forderungen sich nicht auf Knopfdruck umsetzen ließen. Erst recht nicht in einer Koalition.

Und dass Realpolitik kein Politikversagen ist. Dass rasches, drastisches Umsteuern nur in politischen Sondersituationen möglich ist und selbst dann im Nachhinein der Bestätigung durch Mehrheiten und das Parlament bedarf. Solche Sondersituationen waren der von Angela Merkel plötzlich beschlossene Atomausstieg von 2011 und ihre Haltung in der Flüchtlingskrise von 2015, aber auch die Coronaeinschränkungen während der Pandemie. Darunter fällt auch die eilige Beschaffung von LNG – flüssigem Erdgas aus den USA und arabischen Ländern – durch Wirtschaftsminister Robert Habeck nach dem russischen Exportstopp für Erdgas. Diese Beschaffung widersprach deutlich der eigentlich von der Koalition beabsichtigten Klimapolitik und stieß deshalb bei Klimaaktivistinnen und manchen Experten auf Empörung. Verrat! Das Foto, das Habeck bei einer tiefen Verbeugung vor Scheich Mohammed bin Hamad bin Kasim al-Abdullah Al Thani in Katar zeigt, wurde zu einer Ikone für diesen vermeintlichen Sündenfall. All diese Entscheidungen kosten die Verantwortlichen bis heute Wählerstimmen.

Klimapolitik versus Sozialstaat?

Für die Politik in den 1950er und 1960er Jahren war es vor allem darum gegangen, Wirtschaft und soziale Gerechtigkeit zu versöhnen und die richtige Balance zwischen Wirtschaftsinteressen und Sozialstaat zu finden. Dabei wurden große Schritte hin zu einem gut ausgebauten Sozialstaat gemacht, von der Einführung einer auskömmlichen Rente bis hin zur Lohnfortzahlung im Krankheitsfall. Zur Bürgersprechstunde meines Vaters waren noch lange Zeit Menschen gekommen, die wegen chronischer Krankheiten von den Krankenkassen ausgemustert worden waren oder sich kein Gebiss leisten konnten. Meine Mutter erklärte uns immer wieder, man dürfe die finanzielle Situation eines Menschen

nicht am Zustand seines Gebisses erkennen können. Die gröbsten Lücken im sozialen System wurden damals tatsächlich geschlossen, auch wenn es inzwischen viele neue Ungerechtigkeiten
und Armutsfallen gibt.

Heute aber geht es trotz vieler anderer Krisen wegen des ga-
loppierenden Klimawandels vor allem um den Green New Deal,
um die Verbindung von Marktwirtschaft und Nachhaltigkeit. Das
bedeutet mehr staatliche Steuerung zugunsten einer tiefgehenden
wirtschaftlichen Transformation. Die Debatte dreht sich aber auch
hier wieder weltweit um die politische Gewichtung von Markt
und Staat – mit Frankreich an der Spitze der europäischen Befürworter staatlicher Intervention und Deutschland als markt-
freundlichem Widerpart. Zwischen diesen beiden Polen bewegen
sich die Lösungsvorschläge heute, und die Grünen stehen dabei
keineswegs immer so sehr auf der Seite der Staatsgläubigkeit, wie
ihnen unterstellt wird. Jedoch sind sie auch keine unkritischen
Anhänger einer rein liberalen Marktsteuerung, sondern setzen auf
einen klaren staatlichen Ordnungs- und Förderrahmen für den
Wettbewerb.

Vor allem ein Fehler, nämlich das zunächst unausgegorene
Gebäudeenergiegesetz, ermöglichte es den gegnerischen Parteien,
die grüne Regierungspolitik wieder einmal sehr eindimensional
als dirigistisch und verbotsorientiert hinzustellen und dieses Bild
erneut tief bei denen zu verankern, die ohnehin ein gewisses Misstrauen gegenüber grüner Politik hegen.

Die großen Leistungen, die Robert Habeck nach dem Ende
der russischen Gaslieferungen für die Versorgungssicherheit er-
bracht hatte, waren plötzlich vergessen. Der nach versäumten
Jahrzehnten plötzlich so zügige Ausbau der erneuerbaren Energien wurde kaum noch positiv wahrgenommen. Im Gegenteil:
Dieser Ausbau wurde teilweise Opfer ihrer Gegner, die die for-
cierte Energiewende für überhastet oder sogar überflüssig halten.
Wenn der Verdacht entsteht, das Eigentum der Menschen oder

ihre persönlichen Lebensgewohnheiten seien bedroht, ist Vertrauen rasch verspielt. Die Ängste, alte Leute müssten ihre Häuser verkaufen, weil sie die neuen Heizungen nicht finanzieren könnten, grassierten deshalb so heftig, weil sich unterschwellig Verbindungen zu alten antikommunistischen Enteignungsängsten herstellen ließen. Ökodiktatur! So unwahr diese Polemiken sind, so wirksam sind sie. Donald Trump ist es in den USA auf diese Weise tatsächlich gelungen, die manchmal allzu biedere Demokratische Partei in den Ruch einer ebenso brutalen wie wirtschaftlich gescheiterten Politik wie in Venezuela zu bringen.

Obwohl inzwischen sehr viele Menschen wissen, dass ein ökologisches Umsteuern dringend notwendig ist, scheuen sie im letzten Moment wie ein Pferd vor dem Hindernis zurück. Ebendeshalb ist die intensive Debatte über diese Fragen so wichtig, darum braucht es ehrliche Antworten und die wirkliche Berücksichtigung berechtigter Kritik. Aber auch Zumutungen dürfen nicht verschwiegen werden – und gleichzeitig muss Mut zur Veränderung gemacht werden. Weil nur Mut Hoffnung auf eine trotz allem gute Zukunft möglich macht. Ohne eine solche Vorstellung verliert die Politik die Menschen an falsche Propheten.

Noch ein Lernschritt: Föderalismus ohne Föderalisten

Mein politischer Denkhorizont war bis 2011 geprägt von bundespolitischen Themen, von allgemeinen gesellschaftlichen Fragen, vom Thema Vereinbarkeit von Familie und Beruf sowie Umweltpolitik. Dass die Bundesrepublik föderal organisiert ist, hatte mich nie wirklich beschäftigt oder ernsthaft interessiert. Die Bundesländer begegneten mir eher als Sprachlandschaften: rheinisch, berlinerisch, bayerisch. Als Kind sprach ich zunächst das kehlige Alemannisch aus Tuttlingen, als Schülerin in Pforzheim das wei-

chere Badisch. Aber auch Hochdeutsch, denn meine Eltern rede-
ten so, meine Mutter mit starkem Berliner Zungenschlag, trotz
60 Jahren Lebenszeit in Baden-Württemberg. Das Föderale bedeutete also für mich eher das Kulturelle, auch das Folkloristische,
weniger eine politische Struktur. In meiner bundesweit operieren-
den Dienstleistungsfirma war mir der Föderalismus vor allem als
praktisches Hindernis oder gar Ärgernis begegnet. Wie erwähnt,
organisiert sie Kinderbetreuung und Familienunterstützung für
die Mitarbeiterinnen und Mitarbeiter von Unternehmen. Die
Bundesländer haben in diesen Fragen die Zuständigkeit, und
jedes einzelne verfügt über eigene Regularien, zum Beispiel was
die Ausbildungsanforderungen für Erzieherinnen angeht oder die
Gruppengröße in Kindertagesstätten. Der Brandschutz ist darüber hinaus kommunal organisiert mit einem völlig undurchschaubaren Dschungel aus unterschiedlichen Vorschriften.

Der Föderalismus trat also für mich wie für so viele andere
eher als lästiges Hemmnis auf. Seine historische Begründung,
seine grundsätzlichen Stärken und Schwächen im Vergleich zu
zentralistischen Regierungsformen hatte ich nicht wirklich reflek-
tiert. Erst meine Mitwirkung in einer Landesregierung bewirkte,
dass ich mich mit dem Föderalismus und seinem Funktionieren,
auch mit dem Bundesrat, bewusster befasste. Und dass ich heute
von seinem Nutzen und seiner Relevanz überzeugt bin, gerade
auch im Angesicht Europas. Denn die Zukunft der EU lässt sich,
selbst bei vielen gemeinsamen Gesetzen und Regelungen, ganz sicher nur föderal denken.

Bei der Betrachtung von Zentralstaaten wie Frankreich, Spanien oder England zeigt sich, dass der Zentralismus dort viele
Probleme verursacht. In all diesen Ländern ist deshalb ständig die
Rede von Devolution, von der Rückübertragung von Funktionen
auf Regionen oder auch Kommunen. Oder auch vom Wunsch
nach politischer Eigenständigkeit von Regionen wie Katalonien
und Schottland.

Frankreich ringt intensiv mit diesem Problem, dennoch ist der Pariser Zentralismus weiterhin ungebrochen. 2016 wurde von oben eine sehr ungelenke Regionalreform verordnet, die das historische Elsass mit Lothringen und sogar der Champagne zu einer Region namens »Grand Est« verschmolz, aber auf regionale Besonderheiten keinerlei Rücksicht nahm. Nur fünf Jahre später wurde aufgrund des heftigen lokalen Widerstands die Region Elsass wieder ein Stück weit aus dieser neuen Kunsteinheit herausgelöst. Sie bekam neue Kompetenzen und auch die Zuständigkeit für grenzüberschreitende Fragen, die sonst allein in Paris liegt. Gerade in der Coronakrise war die starke Zentralisierung anderer Länder keine wirkliche Hilfe. Der Flickenteppich des deutschen Föderalismus wurde zwar heftig kritisiert, führte aber letztlich dennoch zu einer im Vergleich einigermaßen erfolgreichen Politik.

Allerdings muss das föderale Instrumentarium noch einmal bewertet werden, vor allem in der Bildungspolitik: Was ist besser zu koordinieren, welche Abläufe sollten doch zentraler definiert sein? Die Zuständigkeiten in mehrstufigen Strukturen lösen immer neue Diskussionen in einem föderalen Staat wie Deutschland oder auf der Ebene der EU aus. Dies galt schon im Habsburger Reich, das einen weichen und etwas schlampigen Föderalismus praktizierte, und stellt nicht den Föderalismus als solchen infrage. Die Notwendigkeit einer Reform des Föderalismus, die nicht zuletzt das deutsche Bildungswesen endlich besser aufstellt, ist allerdings unbestritten.

Der frühere Bundestagspräsident Norbert Lammert sagte einmal bei einer Diskussion mit dem Kabinett in Stuttgart, wir seien »ein föderales Land ohne Föderalisten«. Damit hatte er wohl recht. Wenn ich heute versuche zu verstehen, wie die Demokratie bei uns gefestigt werden kann, so scheint mir diese oft übersehene Frage besonders wichtig.

Die meisten Menschen wissen kaum, wie die Gesetzgebung von Bund und Ländern zusammenhängt. Sie leben zwar alle in

einem der 16 Bundesländer, deren Bedeutung und die der Länder-
kammer, des Bundesrats, für die Gesetzgebung ist ihnen aber kaum
bekannt. Die Länder verfügen über viele Möglichkeiten, aus dem
Bundestag kommende Gesetze zu beeinflussen oder gar zu verhindern. Auch das ist eine Ursache der großen Langsamkeit politischer Umsetzung und Innovationen. Zugleich ist es ein Schutz
davor, dass bei neu gewählten Regierungen, wie etwa in England,
den USA oder auch Frankreich, mit einem Schlag ganze Appa-
rate ausgetauscht und die Schalter sehr schnell und rücksichtslos
umgelegt werden können. Es ist auch ein Schutz vor einem plötz-
lichen Autoritarismus, indem es den Kompromiss erzwingt. Jedes
zustimmungspflichtige Gesetz wird von 16 Landesregierungen
geprüft, oft werden Hunderte Änderungsvorschläge formuliert
und im Bundesrat in den vorbereitenden Gremien beraten. Eine
beeindruckende und eingespielte Kompromissmaschinerie, einerseits träge und nicht selten sogar entschieden zu träge. Andererseits geprägt vom hohen Sachverstand der diversen Akteure. Wer
schnelle Entbürokratisierung verspricht, hat deshalb oft schlechte
Karten. Doch in Sternstunden und Krisensituationen kann auch
der Föderalismus rasch und entschlossen handeln. Jedenfalls ist er
bei uns ein zentraler Baustein der Demokratie mit einer Geschichte, die viele Jahrhunderte zurückreicht.

Die deutsche Nation war von mehreren Zentren und kleinstaat-
lich geprägt. Die deutsche DNA ist föderal, regional, der national-
sozialistische Zentralismus war eine historische Abweichung. Die
deutsche Einigung unter Bismarck wurde gerade im deutschen
Südwesten keineswegs von allen begrüßt. Bayern wurde geradezu gezwungen, dem Reich beizutreten, und war auch nach 1945
nicht uneingeschränkt für die Zugehörigkeit zur Bundesrepublik.
Noch heute vertritt die (inzwischen allerdings winzige) Bayern-
partei die Eigenstaatlichkeit Bayerns. Andere träumen von einer
Alpenrepublik mit Österreich und der Schweiz. Die westlichen
Siegermächte hatten nach dem Krieg festgelegt, dass die neue Re-

publik föderal verfasst sein müsse. Die konservativen Länderchefs von damals hätten sich für noch mehr Föderalismus entschieden, die SPD dagegen kämpfte für die dann durchgesetzte stärkere Zentralstaatlichkeit.

Jedenfalls ist der Föderalismus für Deutschland gesetzt. Es kann und muss aber immer wieder überprüft werden, ob seine Regeln an neue Entwicklungen angepasst werden müssen. So hat sich das Solidarprinzip des Finanzausgleichs sehr bewährt, der aus armen Bundesländern wie früher Bayern reiche Länder werden ließ und generell die Unterschiede zwischen den Regionen tatsächlich verringerte. Sie sind dadurch weniger ausgeprägt als in den meisten Zentralstaaten. Man denke nur an das Vereinigte Königreich und das krasse Gefälle zwischen London und den Regionen im englischen Norden.

Offensichtlich sind jedoch viele der heutigen Abgeordneten und Regierungsmitglieder selbst sehr wenig mit dem Föderalismus vertraut – gerade bei den Grünen und der FDP. Die politische Sozialisation erfolgte bei ihnen meist mit Blick auf den Bund oder sogar die internationale Politik. Da erscheint die Machtfülle der Bundesländer nur als lästig, als Bremsklotz, nur ungern wird mit den Ministerpräsidentinnen und -präsidenten verhandelt. Ein wenig Verachtung gegenüber den Ländern ist da schon oft zu spüren und die Bereitschaft zur Politik des Gehörtwerdens ihnen gegenüber nicht sehr ausgeprägt. Noch weniger, seit es in den Bundesländern mehr als zehn unterschiedlich zusammengesetzte Koalitionen gibt. Die Macht der Bundesländer während der Coronapandemie führte auch dazu, dass diese ihre Muskeln wieder spürten und seither gerne spielen lassen. Der Wunsch innerhalb des Bundestags und der Bundesregierungen nach Durchregieren fällt umso stärker aus, je geringer die persönliche Verankerung in den Ländern und damit das Verständnis für deren spezifische Bedürfnisse ist. Die meisten der bisherigen Bundeskanzler begannen ihre Karriere in den Ländern. Föderalismus bedeutet den Respekt vor dem Regionalen und dem mühseligen Interessenausgleich. Das bisherige Resultat lautet: Die Bundesrepublik ist immerhin eine der stabilsten Demokratien der Welt, auch wenn sie heute dringend einen Reformschub benötigt.

Die deutsche Einheit ist allerdings trotz Föderalismus in vieler Hinsicht nicht so erfolgreich verlaufen, wie es zu wünschen gewesen wäre. Das lag mit daran, dass die neuen Bundesländer zu Beginn über keinerlei echte Eigenbestimmung verfügten, sodass viele Entscheidungen über die Köpfe der dort lebenden Menschen hinweg gefällt und die Eliten ebenso umfassend wie unbarmherzig durch nicht immer hoch qualifizierte Westdeutsche abgelöst wurden. Dieser Durchmarsch mag historisch notwendig gewesen sein, hinterlässt jedoch ein schweres Erbe, heute u. a. ablesbar an der bedrohlichen Stärke der AfD in den neuen Bundesländern. Dennoch ist die Bundesrepublik von heute mitsamt ihrer mittlerweile über drei Jahrzehnte reichenden Einheitsgeschichte eine imponierende Erzählung im Hinblick auf ökonomischen Ausgleich. Mit den großen Industrieansiedlungen im Bereich Chip- und Autoproduktion in Brandenburg, Sachsen-Anhalt und Sachsen hat eine echte Aufholjagd des Ostens begonnen. Deutschland ist heute erfolgreich, eben weil es föderal ist – und nicht obwohl.

Die Vielzahl der früheren Fürstentümer mit ihren Hofschranzen, ihrer Bürokratie und ihrer eigenen Wirtschaftspolitik bewirkte nicht nur ein reges kulturelles Leben in der Fläche mit einer Theater- und Museenlandschaft, wie sie außer in Österreich sonst kaum irgendwo besteht. Sie führte auch zu einem in der Fläche verteilten wirtschaftlichen Wachstum mit unterschiedlichen Schwerpunkten. Die protestantischen Hansestädte im Norden hatten andere Grundlagen als die oft überwiegend katholischen süddeutschen Länder. Solche Unterschiede kennzeichnen auch das heutige Europa.

Die Balance zwischen Regionalinteressen und gesamtstaatlichem Ausgleich ist entscheidend für die Zukunft der Demokratie in Europa. Wer nur die eigenen Interessen sieht, kann nicht die Stabilität des Ganzen befördern, siehe die heute so drängenden Themen der gemeinsamen Verteidigung in Europa, der Klima- oder Flüchtlingspolitik. Deutschlands Zukunft im eigenen Land und im Geflecht Europas kann nur im regionalen Ausgleich, in Dialogen und Abstimmungen gelingen – immer wieder legitimiert und korrigiert durch Wahlen. Unangenehme Mitspieler müssen dabei bis zu einem gewissen Grad ertragen werden. Allerdings braucht es, wie der Umgang mit Polen und Ungarn zeigt, schärfere und wirksamere Regeln und Sanktionen für den Fall, dass der Rechtsstaat oder andere gemeinsame Normen systematisch ausgehöhlt werden. Das gilt für Deutschland und die EU gleichermaßen.

Diese Dynamiken wurden mir erst in meiner Zeit in der Landesregierung klar. Jedenfalls absolvierte ich einen Schnellkurs im praktischen Umgang mit den vielen Ebenen der Politik von Brüssel über Berlin und Stuttgart bis zu den Regierungspräsidien, den Landkreisen und den Kommunen.

Landräte als kleine Fürsten

Die meisten Menschen wissen, dass es in jedem Bundesland ein Landesparlament mit einer Landesregierung gibt sowie vor Ort eine Gemeinderätin und einen Bürgermeister oder eine Oberbürgermeisterin. Wie wichtig und einflussreich jedoch gerade Landräte für ein Bundesland sind, wurde mir ebenfalls erst in meiner Regierungszeit klar. Sie sind die lokalen Spitzenbeamten und deswegen entscheidende Akteure bei der Umsetzung von politischen Vorgaben, etwa bei der Flüchtlingsaufnahme oder den Coronaverordnungen. Ihre Rolle ist eine doppelte: Sie vertreten ihren Kreis gegenüber der Landesregierung, sind aber auch Ausführende für deren Entscheidungen. Sie prägen die Stimmungen vor Ort entscheidend mit. Ganz im Sinne der CDU, der die allermeisten Landräte über Jahrzehnte angehörten, sorgten sie mit dafür, dass der Windkraftausbau in Baden-Württemberg bis heute so schleppend verläuft. Auch etliche Bürgermeister trugen zu dieser langjährigen Verweigerung bei. Landräte in Baden-Württemberg werden im Gegensatz zu Bürgermeistern nicht direkt gewählt, obwohl dies gerade von den Grünen oft als Teil der Demokratisierung versprochen worden war. In den meisten Bundesländern gibt es diese Direktwahl. Indessen wollte die grün-rote Regierung Kretschmann nach ihrer Wahl die ohnehin starke Position dieser wichtigen und manchmal sehr kritischen Regionalbeamten dann doch nicht noch weiter stärken und hat deswegen auf die Einführung der Direktwahl von Landräten verzichtet. Ob das richtig ist, sei dahingestellt.

Auch Fritz Erler war zunächst in Biberach, dann in Tuttlingen Landrat gewesen. Wie geriet ein politischer Gefangener, der von 1938 bis 1945 in Moorlagern und Zuchthäusern inhaftiert war, in diese Position? Davon handelte unsere zentrale Familienerzählung. Im April 1945 irrten Gefangenentransporte aus den Haftanstalten und Konzentrationslagern durch das Land. Viele Häftlinge wurden in dieser Zeit noch ermordet, oder sie starben an Hunger und Entkräftung. Meinem Vater und einem Gefährten gelang die Flucht, indem sie aus einem Zug sprangen. Ein Bauer versteckte sie in einer Scheune und versorgte sie, bis wenige Tage später die Franzosen das Gebiet um Biberach besetzten. Fritz Erler, damals 32 Jahre alt, entpuppte sich als Französisch sprechender Verwaltungsbeamter aus Berlin, der auch noch im Widerstand aktiv gewesen war. Deswegen machten die Franzosen ihn zunächst zum Übersetzer und dann bald zum Landrat.

2014 überreichte mir der Biberacher Landrat Heiko Schmid bei einem offiziellen Kreisbesuch ein Dossier mit Zeitungsartikeln aus jener Zeit. Fritz Erler führte im Auftrag der rigorosen Besatzungsmacht ein strenges Regiment – unter anderem um zu verhindern, dass die Bauern Schweinefleisch oder Holz aus dem Kreis hinaus-schmuggelten. Dennoch verschaffte er sich bei der Bevölkerung Respekt und Ansehen, sogar Zuneigung, auch weil er sich für die Interessen der Menschen einsetzte und vollkommen unbestech-lich war. Essen war noch knapp. Immer wieder legten Bauern mit einem Anliegen fette Gänse vor unsere Tür. Doch solche Gaben wurden von meiner Mutter immer konsequent zurückgewiesen.

Der Mut meines Vaters führte dazu, dass er 1946 von den Fran-zosen als Landrat abgesetzt und mehrere Monate lang von den französischen Besatzungsorganen interniert wurde. Er hatte zwei junge Männer versteckt, die sich dummerweise bei der Fremden-legion verpflichtet hatten und nun ihren Dienst nicht antreten wollten. Dafür wurde er nun gemeinsam mit Leuten eingesperrt, die als Nazis ihre Strafe im Lager verbüßten. Auch dort blieb er bei den Insassen offenbar in bester Erinnerung, denn 1974, als ich als junge Sozialwissenschaftlerin das Modellprojekt »Tages-mütter« für das Bonner Familienministerium in Reutlingen vor-stellen sollte, wurde mir nach einer Rede vor einem Kreistag ge-sagt: »Schön haben Sie geredet. Fast so schön wie seinerzeit Ihr Vater im Internierungslager.« Er hatte sich dort auf einen Schemel gestellt und für die Demokratie geworben, denn für ihn galt das Prinzip, (fast) niemals die Hoffnung aufzugeben, dass man Men-schen vielleicht doch noch für die Demokratie erreichen könne, zumindest die jungen. In diesem Geiste organisierte er im Auf-trag seines Vorgesetzten Carlo Schmid die Gründung des Inter-nationalen Bundes für Sozialarbeit (IB), der ehemaligen jungen Nationalsozialisten, auch aus der SS, bei der gesellschaftlichen Reintegration helfen sollte. Dieser Glaube an die Resozialisierung und die Auffassung, man könne nicht ein ganzes Volk dauerhaft stigmatisieren, besonders die Jugend, bestimmten seine Hal-tung auch in späteren Konflikten. In einer Zeit, in der viele hohe Ämter in Deutschland von bekannten früheren Mitgliedern der NSDAP besetzt waren und die Organisation Gehlen, Vorläuferin des Bundesnachrichtendienstes, die Flucht hoher Nazifunktionäre ins Ausland organisierte, war das eine ungewöhnliche Toleranzleistung für einen linken früheren politischen Häftling. Fritz Erler verband konsequent eine klare Haltung mit menschlichem Respekt – bei niemals abwertender oder verächtlicher Sprache. Ich habe mir das für meinen Politikstil zu eigen gemacht.

Kapitel vier

Badische Liberalität und
württembergische Strenge

Im Frühjahr 1952 wurde ich in Tuttlingen eingeschult, wo mein
Vater inzwischen Landrat war und wir in einem Altbau am Stadtrand im 3. Stock über einem lauten Gasthaus mit eigener Brauerei
lebten. In der Volksschule sollten wir eines Tages nicht Buchstaben
lernen, sondern durften ein Wappen zeichnen: das des neu geschaffenen Bundeslandes Baden-Württemberg. Dass der Hirsch für
Württemberg steht und der Greif für Baden, wurde uns vielleicht
erklärt, ist mir aber nicht in Erinnerung geblieben. Ansonsten
aber war das Bundesland mit seiner Geschichte kein wesentliches
Thema in meiner Schullaufbahn. Die Landkarte des Römischen
Reiches war mir völlig vertraut, einschließlich des Hadrianwalls an
der schottischen Grenze. Auch die Karte des Deutschen Reiches in
den Grenzen von 1939 mit schraffierten Ostgebieten einschließlich
Ostpreußen – sie hing an der Wand des Klassenzimmers. Die komplizierte Entstehung des Südweststaats, die 1952 geglückte Vereinigung der französischen und der amerikanischen Besatzungs-
zone zu einem großen und leistungsfähigen Bundesland, hatte
mich jedoch nicht wirklich als Thema erreicht. Auch im Unterricht
des Pforzheimer Reuchlin-Gymnasiums spielte sie keine Rolle.

Wie so viele Hunderttausend andere im Lande waren wir mit
unserer Familie Neubürger, die es erst durch Krieg und National-

sozialismus in die Gegend verschlagen hatte. Unsere inner-
deutsche Migrationsgeschichte bedeutete zugleich, dass es innerhalb der Familie keine privaten Überlieferungen gab, die uns mit
den Traditionen des Landes verbanden. Die Eltern waren in den
Arbeitervierteln von Berlin, im Prenzlauer Berg und im Wedding,
aufgewachsen. Sie waren damals jugendbewegt, sozialistisch und
freisinnig und wanderten begeistert durch die Kiefernwälder der
Mark Brandenburg. Ganz sicher waren ihnen die Unterschiede
zwischen Württemberg und Baden nicht bekannt, wie viele heutige Berliner konnten sie wahrscheinlich zumindest anfangs die
Dialekte Schwäbisch und Badisch nicht unterscheiden. Kinder
aus solchen Familien erlernten jedoch den lokalen Dialekt. Auch
Winfried Kretschmann, begeisterter Schwabe, stammt aus einer
ostpreußischen Flüchtlingsfamilie. Gelegentlich merke ich spöt-
tisch an, er sei überassimiliert.

Die Kinder überwanden meist den Status der Zugezogenen,
den die Elterngeneration niemals ganz verlor. Ganz selbstverständlich wuchs in uns ein Heimatgefühl für den Nordschwarzwald, für die Hügel des Kraichgaus und die schönen Fachwerk-
dörfer mit ihren Bauernwirtschaften. Keinerlei Bewusstsein
hatten wir aber von den Gründen für die tiefen Verwerfungen
zwischen Baden und Württemberg. Das Land war für uns eher
durch landschaftliche Schönheit oder seine Küche geprägt, nicht
aber politisch, historisch und gesellschaftlich. In diesem Sinn
waren wir Pioniere der Migrationsgesellschaft von heute, da die
nationale Identität zugewanderter Menschen sich ja nicht rückwärts durch einen gemeinsamen Bezug auf die Geschichte bildet,
sondern vor allem durch die gemeinsame Erfahrung in einem
wirtschaftlichen, politischen und rechtlichen Rahmen. Zwar werden in allen Nationen durch Politik und Schule einzelne wichtige
Ereignisse oder Personen herausgehoben, die für alle Bürgerinnen und Bürger Bedeutung haben sollen, für Alteingesessene wie
für neu Zugewanderte. Diese gemeinsamen Markierungen, bei-

spielsweise durch Gedenktage, sind aber politisch konstruiert, nicht von vornherein gegeben. Auch Nationalhymnen haben eine solche symbolische Bedeutung. Baden-Württemberg verfügt jedoch über keine gemeinsame Hymne, sondern Württemberg hat seine Hymne und Baden das von vielen bis heute heiß geliebte Badnerlied. Südbadener legen bis heute die Hand aufs Herz, wenn sie es singen, zum Beispiel im Freiburger Fußballstadion. Ehe ich Staatsrätin wurde, hatte ich beide Lieder noch nie gehört.

Diese gewisse Distanz zur neuen Umwelt gilt nicht nur für Migranten aus anderen Ländern, sondern eben auch für die Millionen Menschen, die innerhalb von Deutschland vertrieben wurden oder ihren Lebensmittelpunkt verlegt haben, zum Beispiel nach der Wende. Und die dies immer noch weiter millionenfach tun. Politische Zugehörigkeit entsteht durch einen Prozess, der auch für Menschen mit heimischer Staatsbürgerschaft und bei Migration innerhalb eines Staates Zeit braucht. Mehrfachidentitäten sind heute die Regel. Alte Heimaten wirken lange nach. Und in einer Epoche hoher Mobilität und digitaler Kommunikation noch länger.

Neue Heimat, lieber ohne Bodenreform

Seit ich begonnen habe, dieses Buch zu schreiben, führen viele Wege immer wieder in meine Jugend, zu meinen Eltern, zu Fritz Erler, gerade wenn ich über Baden-Württemberg nachdenke. Ich hatte als Kind nie bewusst gehört, dass Fritz Erler für die Landesregierung von Württemberg-Hohenzollern tätig war, in Tübingen, gefördert vom älteren und hoch angesehenen Carlo Schmid, damals Justizminister von Württemberg-Hohenzollern. Carlo Schmid war Mitautor des Grundgesetzes, sehr europäisch gesinnt, im Lebensstil ein klassischer jovialer Bildungsbürger, aber Sozialdemokrat. Er war öfter bei uns daheim zu Besuch, und 1965, als ich Praktikantin bei einer Tageszeitung in Essen war, traf er sich mit mir zu einem Mittagessen, wo er mir zu meiner Überraschung erklärte, dass ich niemals mehr ein so breites Wissen haben würde wie nach dem Abitur. Wie recht er hatte!

In der beratenden Landesversammlung von Württemberg-Hohenzollern, in die er schon 1946 gewählt worden war, beteiligte sich der junge Fritz Erler an der Formulierung der Verfassung. Es war mir neu, dass dieser Landesteil schon unter französischer Besatzung einen eigenen Landtag gehabt hatte, dem mein Vater ab 1947 angehörte. Es gelang ihm dort sogar, ein Bodenreformgesetz mit einzubringen und zu verabschieden, das den Grundbesitz auf 200 Hektar begrenzen sollte. Das hätte vor allem die großen adeligen Waldbesitzer getroffen, die heute noch in Baden-Württemberg großen Einfluss haben und 2011 heftig gegen die Gründung des Nationalparks Nordschwarzwald agierten, weil sie die Interessen der Holzindustrie bedroht sahen. In der neu gegründeten Bundesrepublik wurden allerdings alle nach dem Krieg zunächst durchgesetzten Bodenreformen einzelner Länder wieder aufgehoben. Sowohl die Menschen als auch die neuen Regierenden lehnten sie als sozialistisch ab, der Kalte Krieg und die brutale Enteignung der Bauern in der DDR brachten jegliche Debatte zur Landreform zum Erliegen. Fritz Erlers Engagement gegen den Großgrundbesitz rührte von seiner Kritik an den preußischen Landjunkern. Gelegentlich erzählte er mir stolz von einer Arbeit, die er als Schüler über die Tätigkeit des Freiherrn vom Stein in Preußen geschrieben hatte, der Anfang des 19. Jahrhunderts die Bauernbefreiung durchgesetzt hatte.

Einen gemeinsamen Feier- oder Erinnerungstag für das neue gemeinsame Land Baden-Württemberg gibt es nicht. Allerdings wurden 1978 die Heimattage eingeführt, die heute jedes Jahr in einer anderen Stadt mit großen Umzügen, Trachten und Musik begangen werden. Ich begleitete als Staatsrätin mehrere Jahre lang die Vorbereitung und den Presseauftakt zu dieser aufwendigen

Veranstaltung, während Winfried Kretschmann die großen öffentlichen Anlässe besuchte. Diese Tage sollten ursprünglich keineswegs, wie man vermuten könnte, der Traditionspflege vor Ort dienen; vielmehr sollten sie Ausdruck dessen werden, dass Baden und Württemberg nun erfolgreich vereinigt sind. Und zugleich, dass die vertriebenen Deutschen aus dem Sudetenland, aus Ungarn und Jugoslawien sowie die später hinzugekommenen Migranten aus aller Welt nunmehr im Land eine neue Heimat gefunden haben. Die Heimattage sind in ihrer Intention damit eher nach vorn als rückwärtsgerichtet. Ihr amtliches Leitbild formuliert: »Heimat lässt sich nicht auf einen Ort, eine Sprache oder eine Gruppe von Menschen beschränken. Heimat ist ein subjektives Empfinden, das von Mensch zu Mensch variiert.« Bei den vielen Veranstaltungen und Aufführungen, die von Ehrenamtlichen zum Thema Kultur, Musik, Geschichte gestaltet werden, finden inzwischen Migranten und Flüchtlinge auch einen Platz, wenn auch noch in eher bescheidenem Umfang. Die kühne Vision von Baden-Württemberg als gemeinsamer Heimat für so viele Menschen stand jedoch noch lange im Gegensatz zu den verletzten Gefühlen der Region Südbaden, die sich durch die Bildung des Südweststaats 1952 zwangsverheiratet sah.

Hand aufs Herz im Freiburger Fußballstadion

Dazu, dass Baden sich Anfang der 1950er Jahre vehement gegen die Vereinigung mit Württemberg gewehrt hatte, hatte ich keinen inneren Bezug, obwohl mein damaliger Wohnort Pforzheim badisch ist. Auch Badens politische Liberalität – hier hatte es die erste Verfassung gegeben, die ersten Mädchengymnasien und Frauen an der Universität – hatte keinen nennenswerten Eindruck auf mich gemacht. Die pietistische Strenge der Württemberger Protestanten existierte ebenfalls nicht in meinem Bewusstsein. Sie erreichte mich als Kind erst, als sich ein Mitschüler aus dem stark pietistisch geprägten Calw zu Fasching nicht verkleiden durfte – und ich dafür keinerlei Erklärung hatte, als dass er merkwürdige Eltern haben musste.

Dass es vor der Gründung des Bundeslandes Baden-Württemberg 1952 im Jahr 1951 eine Volksabstimmung gegeben hatte, begegnete mir erst anlässlich der Volksabstimmung zu Stuttgart 21. Der Südweststaat war das Ergebnis rationaler Überlegungen gewesen. Nach dem Zweiten Weltkrieg gab es in der Region unter französischer Besatzung das provisorische Land Württemberg-Hohenzollern mit der Hauptstadt Tübingen sowie das Land Baden mit der Hauptstadt Freiburg. Die Amerikaner wiederum schufen im Norden, genauer gesagt nördlich der Autobahn A8 zwischen Karlsruhe und Ulm, den Übergangsstaat Württemberg-Baden mit der Hauptstadt Stuttgart. Die Idee eines Zusammenschlusses der drei Gebiete mit dem Ziel größerer Wirtschaftskraft bestand bereits seit dem 19. Jahrhundert. Nach dem Zweiten Weltkrieg griffen die Besatzungsmächte dies wieder auf und forderten eine Einigung der Länder. Indessen verdammte Baden mit seinem Regierungschef Leo Wohleb diese Idee als schwäbischen Imperialismus und widersetzte sich zäh. Argumentiert wurde mit Heimattreue und badischen Traditionen – und mit der Angst vor schwäbischer Dominanz.

Bei einer Volksabstimmung 1951 befürworteten den Südweststaat zwar 70 Prozent der Wählerschaft. Jedoch stimmten in Südbaden 62 Prozent mit Nein und fühlten sich deshalb übergangen. Wahlentscheidend waren dabei die Stimmen der rund 700 000 Vertriebenen, die das Land mit aufgebaut und keine spezielle Bindung an den einen oder anderen Landesteil hatten – sozusagen als »vaterlandslose Gesellen«. Der Berliner Sozialdemokrat Fritz Erler reiste als Abgeordneter immer wieder kopfschüttelnd nach Südbaden, weil er die starke Abneigung vieler Südbadener gegen einen rational so gut begründbaren Südweststaat nicht recht nachvollziehen konnte. Heute ist dies eine grundsätzliche Erkenntnis: Gerade in Fragen der lokalen, regionalen oder staatlichen Autonomie ist es oft sehr schwer, die Bevölkerung zu Veränderungen oder gar zur Aufgabe von Rechten zu bewegen, selbst dann, wenn handfeste Vorteile winken. Die Auseinandersetzungen um Gebietsreformen in allen Bundesländern geben davon immer wieder Zeugnis. Oder die damalige hartnäckige Weigerung der Schweiz, sich der Europäischen Union anzuschließen.

Das Ergebnis der Volksabstimmung verweist auf eine andere Frage, die sich bei Bürgerentscheiden und Volksentscheiden immer wieder stellt: Was kann und darf regional oder lokal entschieden werden? Was aber muss national oder sogar transnational geregelt werden? Baden wurde damals gnadenlos überstimmt, weil die Abstimmung sich auf einen zukünftigen Staat bezog, dem die Mehrheit der Menschen in diesem Teilgebiet aber gar nicht angehören wollte. Es war, sehr überspitzt und polemisch gesagt, etwa so, als ließe die EU in ihren Mitgliedsstaaten darüber abstimmen, ob die Schweiz Mitglied werden solle, und diese würde dann entgegen ihrem Mehrheitswillen eingemeindet. Das Demokratieverständnis des damaligen Volksentscheids wirft also einige kritische Fragen auf, obwohl die positive historische Entwicklung das Ergebnis im Nachhinein rechtfertigt. 1970 wurde der Volksentscheid von 1951 nach zähem Kampf wiederholt. Bis dahin hatte das neue Bundesland aufgrund der äußerst erfolgreichen wirtschaftlichen Entwicklung seine Bewohner von seinem Sinn überzeugt und wurde von 82 Prozent befürwortet, mehrheitlich nun auch in Südbaden.

Heute spielt der Schmerz über die 1952 verlorene Autonomie Badens im Alltag der meisten Menschen keinerlei Rolle mehr. Eher wird die Auseinandersetzung von damals belächelt. 2018 allerdings brach sie noch einmal hervor, in einem von vielen als skurril empfundenen Streit: Das badische Landesmuseum in Karlsruhe hatte eine Ausstellung mit dem Thema »Revolution«

veranstaltet und dabei die badische Fahne auf dem Schloss gehisst. Dies erregte Anstoß, die badische Fahne wurde wieder eingeholt. Es ist in der Tat normalerweise verboten, eine andere als die gemeinsame Landesfahne auf öffentlichen Gebäuden zu zeigen, wohl genau deshalb, weil der alte Konflikt eben doch noch immer latent im Hintergrund schwelt. Die Wogen gingen hoch, badische Gefühle waren verletzt. Schließlich wurde die Fahne aus »museumspädagogischen« Gründen vom Ministerpräsidenten wieder zugelassen und ein Jahr später eine neue Verordnung erlassen, die in Ausnahmefällen die badische Flagge erlaubt. Ich hatte mich sehr für diese Lösung eingesetzt.

In Baden-Württemberg werden bis heute jährlich Berichte der Landesvereinigung »Baden in Europa« veröffentlicht, die zeigen sollen, dass Baden in vieler Hinsicht im Gesamtstaat benachteiligt sei, etwa beim Straßenbau oder in der Bildung. 2021 wurde moniert, dass viele Steuermillionen von Unternehmen, die in Baden produzieren, am Firmensitz in Württemberg entrichtet werden. Solche Fragen der Steuerverteilung zwischen Regionen und Staaten spielen heute weltweit eine große Rolle, gerade bei der Besteuerung von transnational tätigen Firmen.

Schiller, Hegel, Hesse

Baden-Württemberg ist auch beispielhaft für andere Regionen oder Staaten, weil es neben materiellen Unterschieden in beiden Landesteilen auch einen viel diskutierten Unterschied zwischen schwäbischer und badischer Mentalität gibt. Diese Differenzen hängen auch mit jahrhundertelang prägenden politischen Erfahrungen zusammen. Württemberg und speziell die Schwaben gelten als sparsam bis geizig, fleißig und ordentlich, zusammengefasst im Bild der schwäbischen Hausfrau und der schwäbischen Tugenden. Die Wurzeln für diese Haltung liegen seit der Reformation in einer engen Verflechtung von Fürstenherrschaft und protestantischer Kirche mit dem Bürgertum. Letzteres wiederum erhielt über das Tübinger Stift und die evangelischen Seminare in Maulbronn und Blaubeuren Aufstiegschancen, die in vielen anderen Regionen allein dem Adel vorbehalten waren. Hier wurden viele berühmte Dichter und Denker ausgebildet, wie Kepler, Hölderlin, Hegel und Schelling. Berühmtester Schüler der ehemaligen Klosterschule in Maulbronn war Hermann Hesse, der seine Zeit dort im Roman *Narziss und Goldmund* verewigte.

In Württemberg wurde nach dem Dreißigjährigen Krieg der Lebenswandel der gesamten Bevölkerung streng reglementiert, so durch überall entstehende Sittengerichte. Die Menschen wurden aufgefordert, Fehlverhalten ihrer Nachbarn zu melden, durchaus ähnlich der heutigen Religionspolizei im Islam. Was wiederum wohl das Misstrauen beflügelte, das noch heute den Schwaben zugesprochen wird.

Der strenge Geist des Absolutismus, verkörpert durch den damaligen Herzog Carl Eugen, führte beispielsweise dazu, dass Friedrich Schiller 1782 nach der Veröffentlichung seines Jugenddramas *Die Räuber* aus dem Lande floh. Auf Befehl des Herzogs war Schiller im Alter von 14 Jahren im Januar 1773 in die Karlsschule gekommen. Der Herzog erfüllte sich mit der Schule den Traum von einer eigens ausgebildeten Elite, aus der der württembergische Staat seine Beamten rekrutieren sollte. Carl Eugen ermöglichte Schiller das Studium der Medizin, jedoch lebte dieser unter strengstem militärischen Drill. Die Eltern mussten alle »Erziehungsrechte« an den Herzog abtreten, jeder Besuch erfolgte unter militärischer Bewachung. Schiller begann zu lesen, Shakespeare und Rousseau, später schrieb er Dramen wie *Wilhelm Tell* oder *Don Carlos* und wurde so zum international bekannten Kritiker des Absolutismus.

Zur württembergischen Strenge gesellte sich auch der Pietismus, der noch heute die evangelische Landeskirche mit prägt, mit strengen Auffassungen vom Lebenswandel und intensivem Bibel-studium. Zu seinen Idealen zählen Bescheidenheit, ein strenger Arbeitsethos und stetige Gewissenserforschung. Er gab den An-stoß zu vielen Projekten der sogenannten inneren Mission, der Fürsorge gegenüber den Schwachen der Gesellschaft. Dennoch erlag der schwäbische Pietismus auch immer wieder der Gefahr, sich über »Unfromme« zu erheben und die Welt in Schwarz und Weiß einzuteilen.

Der Pietismus neigte aber auch zur Kritik an der Obrigkeit. Manche sehen in ihm sogar eine der Wurzeln für den Widerstand gegen Stuttgart 21. Hier werde, so sagt man, nicht mehr die Bibel von Laien interpretiert, sondern die Gutachten der Experten. Aus den pietistischen Gebieten im Land erwuchs teilweise auch das Nein zu den grün-roten Plänen, das Thema sexuelle Orientierung in den Lehrplänen zu verankern.

Schwache Identität mit Bindestrich

Auf Betreiben der Alliierten wurden nach dem Zweiten Weltkrieg mehrere »Bindestrichländer« gegründet, die alte und ehrwürdige Regionen neu bündelten. So Nordrhein-Westfalen unter den Bri-ten, das aus den früheren preußischen Provinzen Nordrhein und Westfalen sowie dem Land Lippe gebildet wurde und über keiner-lei einheitliches Geschichtsbewusstsein verfügt. Oder Rheinland-Pfalz, das zunächst unter amerikanischer, dann unter französi-scher Besatzung stand. Ein Gemeinschaftsgefühl entwickelte sich nur sehr zögerlich in diesem »Land aus der Retorte«, das weit-gehend ohne Rücksicht auf historisch gewachsene Zugehörig-keiten der Einwohner zugeschnitten worden war. Auch Sachsen-Anhalt und Mecklenburg-Vorpommern in der ehemaligen DDR entstanden erst nach 1945. Sie wurden zwischenzeitlich von der DDR aufgelöst und erst mit der Wiedervereinigung neu gebildet.

Bei allen Unterschieden zwischen Baden und Württemberg: Im ganzen Land gibt es eine lange Tradition von offener oder subtiler Widerständigkeit oder von lauten und leisen Teilhabewünschen gegenüber der lokalen oder der Landesobrigkeit, aus allen Schichten, Generationen und von beiden Geschlechtern. Der Widerstand der braven Schwäbinnen und Schwaben gegen das Bahnhofsprojekt Stuttgart 21 und die Geburt des Begriffs »Wutbürger« stehen nicht isoliert in der Geschichtslandschaft.

So war die Württembergische Verfassung von 1819 dem Fürsten von den sogenannten Landständen abgetrotzt worden. Erstmals setzte sie die Kontrolle und Genehmigung des Haushalts durch, und auch die Gewährung bürgerlicher Grundrechte war für die damalige Zeit eine Sensation. Ein Vierteljahrhundert später wurde die erste württembergisch-badische Genossenschaftsbank gegründet, mit dem Ziel der Selbstorganisation ärmerer Menschen als »Genossen«. 1847, ein Jahr vor der Revolution, sprach erstmals eine Frau öffentlich, Louise Dittmer in Mannheim. Sie hatte den Ruf einer kirchenkritischen Denkerin, die, angelehnt an die Religionskritik Ludwig Feuerbachs, den herkömmlichen Gottesglauben hinterfragte. 60 Jahre danach versammelten sich 1907 beim berühmten internationalen Sozialistentreffen in Stuttgart 60000 Menschen aus aller Welt auf dem Cannstatter Wasen und lauschten begeistert, aber diszipliniert Clara Zetkin. Die Frauen hatten sich ihre Teilnahme erst erkämpfen müssen, durch Überzeugung internationaler sozialistischer Größen wie Jean Jaurès und Viktor Adler. Und Stuttgart war Tagungsort geworden, weil der König das Treffen tolerierte und nur die roten Fahnen verbot.

Später, unter den Nationalsozialisten, herrschte Grabesstille, mit Ausnahme kleiner Aktionen. So erschienen 1934 3000 Menschen in Karlsruhe zum Begräbnis des sozialdemokratischen Abgeordneten Ludwig Marum, der in »Schutzhaft« ermordet worden war. Am 8. November 1939 verübte Georg Elser, einzel-

gängerischer und grüblerischer Tischler aus dem Dorf Königs-
bronn, in München ein Bombenattentat auf Adolf Hitler. Er wurde
noch am gleichen Tag verhaftet und in den letzten Tagen vor der
deutschen Kapitulation hingerichtet.

Seit Beginn des 20. Jahrhunderts hatte sich insbesondere
der Naturschutz fest im Land etabliert, nicht zuletzt durch die
Gründung zahlreicher Naturfreundehäuser der 1895 in Wien gegründeten und sich rasch in Mitteleuropa ausbreitenden »grünen
Roten«, der Naturschützer und -liebhaber der Arbeiterbewegung.
Daneben bestand eine breite vegetarische und spiritistische Bewegung, die zahlreiche ziemlich erfolglose Landkommunen grün-
dete. Zugleich bildeten sich aber in allen größeren Ortschaften
vegetarische und alkoholfreie Restaurants, in denen bürger-
liche Familien gern zu essen pflegten. Manche Spuren aus jener
Zeit führen heute zu den Grünen, andere direkt zu den Quer-
denkern – nicht zuletzt über den hohen Stellenwert der Anthropo-
sophie im Südwesten.

Der bundesweit einmalige Aufstand

Sehr wichtig wurde die ökologische Bewegung im engeren Sinn
seit den 1970er Jahren. Schon mit Beginn der Industrialisierung
war der Rhein durch die Ansiedlung großer Papier- und Chemie-
fabriken zu einer giftigen Kloake geworden und hatte sein Image
als deutsche Idylle längst eingebüßt. Das Wasser ließ sich kaum
noch zu Trinkwasser aufbereiten. 1986 bildete sich eine deutsch-
schweizerische Menschenkette mit Tausenden von Menschen,
nachdem ein Brand bei Sandoz in Basel über 400 Kilometer zu
einem Fischsterben geführt hatte. Die Proteste zeigten Wirkung,
auf Druck der Initiativen wurde das Wasser durch neue Regeln
tatsächlich wieder sauberer. Schon vorher war es bei Wyhl am
Kaiserstuhl zu heftigen Auseinandersetzungen um das geplante

Kernkraftwerk gekommen. Die Landesregierung unter Hans Filbinger (CDU) hatte es dort errichten wollen, um der vermeintlich benachteiligten Bevölkerung Badens einen Ausgleich durch moderne Technik zu gewähren. Am Ende setzte sich der Widerstand, gebildet aus Studierenden und CDU-Mitgliedern, Winzern und Hausfrauen, durch, und 1977 wurde der Bau eingestellt. Wyhl wurde zum Mythos der Umweltbewegung. Zahlreiche Aktionen fanden in jenen Jahren auch gegen das dramatische Waldsterben und den sauren Regen statt, und auch hier reagierte die Politik. Das Waldsterben durch den sauren Regen ließ sich durch geeignete Maßnahmen relativ einfach stoppen, das heutige Sterben durch den Klimawandel hingegen ist nahezu ungebremst in vollem Gang.

Neben die Umweltbewegung trat in den 1980er Jahren die Friedensbewegung mit ihrem Widerstand gegen die Stationierung amerikanischer Pershing-Atomraketen. Dabei erlangte das Dorf Mutlangen auf der schwäbischen Ostalb symbolische und politische Bedeutung. Es bildete sich eine große Welle des zivilen Ungehorsams. So blockierten anlässlich des Antikriegstags am 1. September 1983 mehrere Hundert Menschen zusammen mit zahlreichen Prominenten drei Tage lang die Tore des US Airfield, unter ihnen auch die Schriftsteller Heinrich Böll und Günter Grass sowie namhafte Politiker und Politikerinnen wie Erhard Eppler (SPD) und die Grüne Petra Kelly. Der Protest richtete sich vor allem gegen die geplante Stationierung von amerikanischen Pershing-Raketen. Der spätere Bundespräsident Roman Herzog, damals Innenminister von Baden-Württemberg, weigerte sich, die Demonstranten abtransportieren zu lassen, weil er keinen Polizeieinsatz gegen so viele Prominente und einen Nobelpreisträger riskieren wollte. Am Ende beteiligten sich etwa 5000 Menschen am sogenannten Volkssitzen und bildeten schließlich eine fünf Kilometer lange Menschenkette bis Schwäbisch Gmünd, wo die Abschlusskundgebung auf dem Marktplatz stattfand. Die Debatte über Legalität und Legitimität solcher Aktionen ähnelte der heutigen über den zivilen Ungehorsam der sogenannten Klima-kleber. Über die Jahre hinweg wurden 3000 Menschen in Mutlan-gen festgenommen. Noch eine Parallele zur Letzten Generation: Alle wussten, dass sie mit einer strafrechtlichen Verfolgung zu rechnen hatten, praktisch alle wurden auch zu Geldstrafen ver-urteilt. Alle nahmen diese Konsequenzen in Kauf. Die Mobilisie-rung war damit noch lange nicht zu Ende: Am 31. Oktober 1983 erfolgte die größte Demonstration, die Baden-Württemberg je erlebt hat – eine 108 Kilometer lange Menschenkette mit über 300 000 Personen reichte von Neu-Ulm über die Schwäbische Alb bis nach Stuttgart. Dennoch erreichte die Friedensbewegung ihr Ziel, die Verhinderung der Raketenstationierung, nicht. Es heißt, Kanzler Helmut Kohl habe damals geäußert: Die demonstrieren, wir regieren …

Quelle der Hoffnung

Die Liste kleiner und großer, widerständiger oder auf mehr Teil-habe pochender Akte im Südwesten ist also sehr lang. Als Staats-rätin habe ich ein Erinnerungsprojekt unter dem Namen »Des Volkes Stimme« angestoßen, das partizipatorische Ereignisse landauf, landab schilderte. Viele Bürgerinnen und Bürger tru-gen dazu bei, diese Inhalte zusammenzutragen. Anlass war der 200. Jahrestag der Verfassungen in Baden und Württemberg 2018 bzw. 2019. Auf einer Website lässt sich dieses Potpourri von Ereig-nissen in einem Onlinekalender nachlesen. Es fand dazu auch eine Ausstellung im Haus der Geschichte in Stuttgart statt, außerdem erschien ein gleichnamiges Buch. Der Wunsch von Menschen, über ihre Anliegen mitzuentscheiden, ist schon lange ausgeprägt. In keinem anderen Bundesland ist dieser dynamische und quirlige Teil der Gesellschaft so präsent wie zwischen Rhein und Schwäbischer Alb. Hier bietet er einen fruchtbaren Boden für alle Formen der Bürgerbeteiligung, in einem Land, in dem trotz aller Probleme und Umbrüche meist nicht Wut dominiert, sondern noch immer Zufriedenheit in unterschiedlichem Sattheitsgrad. Die intensive Begegnung mit dieser Welt war für mich in meinem Amt eine große Quelle der Hoffnung für die Zukunft. Die Frage lautet auch heute wieder: Wie lassen sich diese kritischen Kräfte in gute Lösungen einbeziehen?

Kapitel fünf

Die Erotik einer Verwaltungsvorschrift
und die grüne Null

Der Weg zu mehr Bürgerbeteiligung, den das Land mit der Politik des Gehörtwerdens letztlich erfolgreich einschlug und für den es inzwischen oft bewundert wird, wurde zunächst durch den Paragrafendschungel gebahnt. 2013 mündete er in eine kurze, harmlos wirkende Verwaltungsvorschrift mit dem bürokratischen Titel »Verwaltungsvorschrift zur Intensivierung der Öffentlichkeitsbeteiligung in Planungs- und Zulassungsverfahren (VwV Öffentlichkeitsbeteiligung)«. Begleitet wurde sie von einem erklärenden Leitfaden für die Fachwelt sowie für Bürgerinitiativen und andere Interessierte. Dazu heißt es im Internet auf dem Beteiligungsportal des Landes in der Sprache der Juristen:

»Die Verwaltungsvorschrift Öffentlichkeitsbeteiligung (VwV) ist der verbindliche Teil für die neue Planungskultur. Es ist bundesweit einmalig, dass ein Leitfaden zur Beteiligung rechtlich so stark abgesichert wird. Wesentliche Elemente der VwV sind u. a. folgende Punkte: Die Behörden sollen auf den Vorhabenträger hinwirken, mehr frühe und mehr nichtförmliche Beteiligung zu ermöglichen. Auch der Umgang mit Gutachten und die Verzahnung der informellen Bürgerbeteiligung mit den formellen Verfahren werden geregelt. Es gibt eine strengere Vorgabe für das Land, bei eigenen Projekten (zum Beispiel Straßenbau, Hochwasserschutz) früher zu beteiligen. So nimmt das Land eine Vorbildfunktion ein.«

Hinter diesen spröden Formulierungen verbirgt sich die mehrjährige Arbeit meiner Stabsstelle. Von der großen Öffentlichkeit blieb sie weitgehend unbeachtet und unbemerkt, innerhalb der Verwaltungen aber wurde sie begleitet von hitzigen Debatten. Obwohl sie nicht einmal ein Gesetz ist, wurde die VwV mit zum wichtigsten Hebel für eine veränderte Planungskultur in Baden-Württemberg. Sie prägte nicht nur das Vorgehen der Landesbehörden, sondern gewann auch darüber hinaus Einfluss auf die Praxis in vielen Kommunen und in der Wirtschaft, im Land selbst und weit darüber hinaus. Nicht durch Zwang, sondern durch Austausch, Weitergabe, Nachahmung im Trial-and-Error-Verfahren. Große Wirkmächtigkeit auf samtenen Pfoten.

Im politischen Raum hatte sich während der langen Vorbereitungszeit Unruhe breitgemacht: Viel war angekündigt worden – aber wo blieben denn nun die Ergebnisse? Kaum etwas vorzuweisen gab es nach 100 Tagen, wenig Konkretes selbst nach zwei Jahren. Zwar wurden die vielen Aktivitäten, die wir im Bereich Zivilgesellschaft entfalteten, dort erfreut zur Kenntnis genommen, für die große Thematik der Demokratie in der Öffentlichkeit galt dies aber als unwichtig, sozusagen als Gedöns. Es fehlte der Paukenschlag.

Ganz zu Beginn hatte mich die bekannte *ZEIT*-Journalistin Mariam Lau interviewt und gefragt, wie ich denn nun die großen Versprechen für mehr Demokratie und mehr Beteiligung einzulösen gedächte. Ich versuchte ihr zu erklären, dass die Verfassung zugunsten erleichterter Volksentscheide und insbesondere von mehr Einfluss der Bürgerinnen und Bürger auf die Bauleitplanung, also auf die Bodennutzung und die bauliche Entwicklung in einer Gemeinde, wie versprochen geändert werden solle. Dies sei aber vor allem die Aufgabe der Parteien im Parlament. Ich, die Staatsrätin, bereite im Auftrag des Ministerpräsidenten einen Leitfaden vor, der dazu dienen solle, bei allen wichtigen Planungen des Landes die Menschen systematisch und möglichst früh einzubinden. Ich merkte, wie während des Gesprächs ihr Interesse schwand. Offensichtlich buchte sie meine Erklärungen als langweilig und technokratisch ab – es fehlte ihr sichtlich der große Wurf.

Im Sommer 2012 fand ich mich im regionalen Protestblatt *Kontext* unter dem Titel »Die grüne Null« porträtiert, und sogar Winfried Kretschmann bat mich eines Tages förmlich zu einem Gespräch in den Garten der Villa Reitzenstein, wo er mich besorgt fragte, ob ich mich nicht verzettele. Die Opposition feixte. Augenscheinlich fehlte es mir an der Fähigkeit oder der Möglichkeit, die unfertige und zugleich komplizierte Thematik mit zündenden Worten oder gar Taten attraktiv zu machen.

Eine hochkarätig besetzte Demokratiekonferenz mit dem Schweizer Kanton Aargau zu Beteiligungsfragen fand 2012 bei Experten und Praktikerinnen aus Kommunen viel Zuspruch. Dabei wurden intensiv die Unterschiede zwischen der Schweizer Demokratie und den bei uns entstehenden dialogorientierten Beteiligungsformaten erörtert. Die Schweizer Experten betrachteten unsere Konzepte noch etwas mitleidig von oben herab – im Lauf der Jahre allerdings wuchs ihr Respekt. Die Konferenz wird bis heute unter Beteiligung des Ministerpräsidenten fortgeführt, abwechselnd in der Schweiz und Baden-Württemberg. Die Stuttgarter oder gar die überregionale Presse allerdings ließen sich meist weder zur Teilnahme überreden noch zur Berichterstattung. Es fehlte schlicht der Streit. Und es war viel zu komplex.

Sicherlich lag es mit an meiner Unerfahrenheit, dass es so lange dauerte, bis wir den Leitfaden und die dazugehörige Verwaltungsvorschrift vorlegen konnten. Vor allem aber lag es daran, dass wir uns entschlossen hatten, das neue Regelwerk in echtem Austausch mit der Verwaltung zu erstellen, nicht einfach als vorgegebenes Produkt der Staatskanzlei zu erlassen. Enorm waren lange Zeit die Zweifel und Widerstände innerhalb der Ministerien

und Regierungspräsidien gegenüber diesem Thema (und gegenüber einer Regierung, der sie noch nicht wirklich vertrauten),
aber auch bei Handwerkskammern und in der Wirtschaft. Im
Regierungspräsidium Tübingen fand ich mich eines Tages vor
einem ganzen Saal von Juristen und Ingenieuren, die schon durch
ihre Körpersprache und teilweise auch mit deutlichen Zwischen-
rufen ihre Ablehnung signalisierten.

Mein kleines Team und ich, wir wollten nicht besserwisserisch
daherkommen, sondern es war und ist unsere feste Überzeugung,
dass eine echte Veränderung der Planungskultur, wie wir sie für
nötig hielten, nur gelingen konnte, wenn diejenigen, die sie umsetzen sollten, diese Veränderungen selbst akzeptierten und bereit
waren, sie mit Leben zu füllen. Verwaltungen können neue Regeln
einfach abprallen lassen oder ad absurdum führen, wenn sie ihren
Sinn nicht nachvollziehen und innerlich annehmen. Das kann, wie
so oft geschehen, die schönsten Innovationen zum Scheitern ver-
urteilen. Deshalb also so viele Schleifen im Austausch, so viele Ent-
würfe der Verwaltungsvorschrift, so viele Änderungen, die die Be-
amtenschaft einbringen konnte. Unser Konzept lautete ganz einfach:
Eine informelle und möglichst frühe Einbindung der Bürgerinnen
und Bürger sollte vor die sogenannte förmliche Beteiligung treten.

Die sogenannte förmliche Beteiligung war als Spätfolge der
gesellschaftlichen Konflikte im Baugesetzbuch verankert worden. In den 1970er Jahren hatten Architekten, Städteplaner und
Kommunalverwaltungen den Bedarf an mehr Partizipation als
Folge von 1968 verspürt und daher das Baurecht um Elemente der
Bürgerbeteiligung erweitert. Diese Möglichkeiten blieben aber
eng begrenzt auf direkt Betroffene, also vor allem Anwohnende.
Diese durften auch nur solche Gegenargumente vorbringen, die
sich rechtlich prüfen ließen. Hingegen konnten Fragen von Ästhe-
tik, Sichtachsen, Auswirkungen auf die Immobilienpreise, Lärm-
belästigung auch unterhalb der gültigen Grenzwerte, Geruchs-
belästigung und so weiter gar nicht erst geltend gemacht werden,

obwohl sie in Wirklichkeit für die Menschen oft die entscheidende Rolle spielen. Ganz zu schweigen vom Wert des Bestehenden auch dann, wenn ein Gebäude nicht unter Denkmalschutz steht.

Immerhin legten die Behörden ihre Pläne nun für eine begrenzte Zeit zur Einsicht aus. Interessierte mussten sich während der Öffnungszeiten in die Amtsstuben begeben und dann schriftlich ihre Einwände erheben: Einen Dialog der Betroffenen mit der Behörde vor der Anhörung gab es nicht.

Die förmliche Beteiligung erfolgt zudem sehr spät innerhalb der Planung, zu einem Zeitpunkt, da die wesentlichen Vorentscheidungen schon gefallen sind. Deshalb gab und gibt es zumeist keine echten Möglichkeiten mehr, wichtige Dinge zu verändern. So führen diese ursprünglich demokratisch gemeinten Beteiligungsmöglichkeiten tatsächlich oft zu Frust. Häufig münden sie in Hunderte oder gar Tausende Einwendungen, die dann wiederum die Genehmigung stark verzögern. Vor allem der Wunsch, die Klageflut einzudämmen, bewirkte bei vielen Verwaltungsmenschen eine gewisse Aufgeschlossenheit gegenüber früheren Beteiligungsmöglichkeiten. Allerdings herrschte völlige Unklarheit, wie dies denn genau umzusetzen sei.

Diese Unklarheiten sollte nun die neue Verwaltungsvorschrift beheben, begleitet vom Leitfaden. Die Mittel waren einfach, aber neu: Nicht nur die direkt Betroffenen sollten fortan früh einbezogen werden, sondern alle Interessengruppen. Also etwa je nach Thema auch Vertreter der lokalen Wirtschaft, Bürgerinitiativen, Elternvertreterinnen, Landfrauen, Jugendliche oder Migrantenorganisationen. Vorab gilt es herauszufinden, wer denn möglicherweise positiv oder neutral eingestellt ist. Denn genau diese Personen bleiben bei der Diskussion um neue Projekte oft völlig unsichtbar – das Feld der öffentlichen Diskussion dominieren meist die harten Kontrahenten.

Im informellen frühen Beteiligungsverfahren können nun auch alle Fragen und Themen angesprochen werden, ob sie nun

rechtlich einklagbar sind oder nicht, also Lärm, Immobilienpreise, Veränderungen des sozialen Umfelds usw. Zunächst wird
eine Gruppe aus Vertretern der verschiedenen Positionen gebildet, die das Projekt von Anfang an begleitet. Sie diskutiert nicht
über Inhalte, sondern sie entscheidet mit der Verwaltung über die
Vorgehensweise: Welche Materialien für die Öffentlichkeit werden erstellt? Wie kann ihre Ausgewogenheit garantiert werden?
Welche Veranstaltungen finden wann statt und in welcher Form?
Meist werden nicht große Bürgerversammlungen mit frontal ge-
haltenen Informationsvorträgen gewählt, sondern eher Formate,
in denen die Teilnehmenden zumindest zeitweise in kleineren
Gruppen zusammenkommen. Fachliche Informationen werden
von Experten für alle bereitgestellt. Wer aber sollen diese Experten sein? Welches Moderationsbüro wird einbezogen? Welche
Gutachterinnen bestellt? All dies wird zwischen den Parteien fort-
laufend besprochen und entschieden.

Ferner gilt es, das Wissen und den Diskussionsstand der Verwaltung mit der Öffentlichkeit zu teilen, interne Pläne oder Gutachten zugänglich zu machen. Besonders dieser Vorschlag stieß und
stößt bisweilen noch immer auf Widerstand in den Behörden. Er
widerspricht einer sehr alten Verwaltungstradition, nur fertige Konzepte zu präsentieren. Immer wieder stellten Beamtinnen und Beamte nun aber verblüfft fest, dass Offenheit Vertrauen schafft, dass das
Teilen aller bekannten Fakten konstruktive Diskussionen ermöglicht, dass es das Entstehen von Gerüchten verhindert und letztlich
Kooperation und Verständigung begünstigt. Das allerdings musste
erst einmal konkret erlebt und erfahren werden. Heute gibt es in Baden-Württemberg viele, die diese Methoden souverän beherrschen
und sich in ihrer Arbeit dadurch gestärkt sehen. Besonders vorbildlich gelang das in den Regierungspräsidien, die für die meisten Planungen und Genehmigungen im Land zuständig sind.

Das Internetbeteiligungsportal des Landes, ebenfalls von mir
gegen viele Widerstände eingeführt, ist heute ganz selbstverständ-

lich geworden. Es stellt detaillierte Informationen zur Verfügung, abgesehen davon, dass dort auch alle Gesetzentwürfe von der Öffentlichkeit kommentiert werden können. Die Regierungspräsidien dokumentieren ihre Planungen selbst ausführlich online. Viele Kommunen stellen ihre Pläne inzwischen ebenfalls in Form von Vorhabenslisten im Internet dar.

Die Welt der öffentlich verfügbaren Informationen ist eine völlig neue geworden im vergangenen Jahrzehnt. Dies ist keine nur technische Veränderung, sondern eine politisch gewollte und sehr bedeutsam für eine offene Demokratie. Ein neues Informationsfreiheitsgesetz macht es Interessierten möglich, noch tiefer in die Aktenwelt einzudringen, auch wenn dieses Gesetz aus Sicht mancher Kritiker nicht weit genug geht.

Vor und bei der Einführung der Verwaltungsvorschrift war die Sorge des Apparats vor Überlastung eine große Barriere. Viele Straßenplaner verbrachten konfliktgeladene Abende mit aufgebrachten Bürgern, denen sie ihre bereits weit gediehenen Planungen oft unter deren wütendem Protest vorstellen mussten. Sie fürchteten, es werde nun alles nur noch schlimmer. So eskalierte eine denkwürdige Sitzung mit hohen Landesbeamten vor der Verabschiedung des Leitfadens zum lauten Wortgefecht. Der leider früh verstorbene Tübinger Regierungspräsident Hermann Strampfer, ein sehr erfahrener und beliebter Beamter, schleuderte mir entgegen, diese Pläne umzusetzen werde mehr als 100 neue Stellen im Land erfordern – was das Todesurteil für unser Ansinnen bedeutet hätte. Die Schaffung neuer Stellen in der Verwaltung galt und gilt bis heute nämlich als eine Art Todsünde der Regierung im Land, obwohl sich immer wieder herausgestellt hat, dass eine allzu schlanke Verwaltung viele Aufgaben nur schwer oder gar nicht erfüllen kann. Dies zeigt sich heute wieder schmerzlich bei den Planungen und Genehmigungen zur Infrastruktur mit höchster Priorität. Um zu klären, ob unsere geplante Verwaltungsvorschrift 2013 tatsächlich viele neue Stellen nötig machen würde, beauftragten wir die angesehene Verwaltungshochschule in Speyer damit, den absehbaren Aufwand zu ermitteln. Die Studie ergab, dass maximal neun neue Stellen erforderlich sein würden. Diese wurden dann auch bewilligt – und erwiesen sich in den folgenden Jahren als ausreichend, wenn auch eher knapp.

Skepsis bestand auch beim Koalitionspartner SPD, sodass eine ausführliche Evaluation der Verwaltungsvorschrift beschlossen wurde. Deren Ziel war unverhohlen, die Vorgaben rückgängig zu machen, sollten sie sich als ungeeignet herausstellen. Das Grundmisstrauen gegenüber der Politik des Gehörtwerdens erzwang also eine gründliche Überprüfung der Folgen. Jedoch geriet ebendiese Evaluation zu einem großen Glücksfall. Diese intensive Form der Gesetzesfolgenabschätzung war neu und in dieser Form einmalig. 2020 lagen die letzten Ergebnisse vor. Hunderte von Verfahren in der Zuständigkeit des Landes waren detailliert untersucht worden – mit einer Genauigkeit, die es zu Gesetzesfolgen sonst praktisch niemals gibt. Das Ergebnis war eindeutig und für uns sehr erfreulich: Die Vorschrift und der Leitfaden hatten sich bewährt, die Verfahren waren zwar dadurch nicht kürzer geworden, aber auch nicht länger. Das war wichtig, denn vielfach wurde vermutet, Beteiligung werde die Verfahren verlängern. Unter den Beteiligten gab es eine hohe Akzeptanz, selbst wenn die Ergebnisse nicht von allen begrüßt wurden. Das entsprach genau dem ursprünglichen Auftrag von Winfried Kretschmann an mich: Wir sollten Legitimität durch Verfahren herstellen. Insgesamt waren die meisten Akteure zufrieden mit den Ergebnissen. Die Verwaltungen allerdings eher als Bürgerinitiativen, die sich bisweilen in ihrer grundsätzlichen Ablehnung nicht bestätigt fanden und manchmal sogar die informellen Verfahren unter Protest verließen. Die Zahl ungelöster Konflikte ging aber spürbar zurück. Und das war ein wichtiges Ziel und bedeutete de facto eine Beschleunigung.

Viele Kommunen hatten inzwischen ihre Bürgerbeteiligung weiter ausgebaut. Obwohl die Vorschrift für die Landesbehörden und gar nicht für sie gedacht war, übernahmen sie Methoden aus dem Leitfaden und der Verwaltungsvorschrift. Zu Beginn meiner Tätigkeit hatte man mir mit Blick auf eventuelle Vorschriften für die Kommunen eingeschärft: »Don't even think about it!« Und zwar vor allem, weil das viel Geld gekostet hätte. Vorgaben des Landes an die Kommunen muss nämlich das Land finanzieren. Obendrein aber hätten solche Verpflichtungen politisch sehr heikle Eingriffe in die zwischen Main und Bodensee so hoch geschätzte kommunale Selbstverwaltung bedeutet.

Die Verwaltungsvorschrift hatte aber aus eigener Kraft bewirkt, dass überall im Land mit immer ähnlicheren Methoden beteiligt wird und sich dafür ein gewisser Standard herausbildet. Nicht mehr nur einzelne Beteiligungen standen unvermittelt nebeneinander, sondern das Ganze wurde zu einem System, einem Gesamtkonzert. Dazu trug auch bei, dass in Aus- und Fortbildung der Beamten in den beiden Verwaltungshochschulen, in der Führungsakademie des Landes und bei anderen Trägern die Bürgerbeteiligung als festes Thema integriert wurde.

Als unschätzbar wichtig für die positive Veränderung der Stimmung erwies sich auch, dass der *Staatsanzeiger*, eine in allen Amtsstuben gelesene Wochenzeitung, 2012 auf uns zukam und vorschlug, gemeinsam einen Preis für kommunale Bürgerbeteiligung auszuloben. Ich war höchst verdutzt über dieses Angebot, war ich doch eher Skepsis gewohnt. Doch die Redaktion hatte das Potenzial des Themas für ihr Blatt erkannt. Der Wettbewerb findet mit leicht variierten Themen bis heute statt. Hunderte von Kommunen beteiligten sich mit verschiedenen Beispielen, sodass ein reger direkter Wissensaustausch zustande kam. Die Verleihung der Preise im Neuen Schloss in Stuttgart unter Beteiligung populärer Fernsehmoderatoren verlieh dem Thema Glanz. Stolze Bürgerinnen und Bürger nahmen sie zusammen mit ihren Bürgermeisterinnen und Bürgermeistern in Empfang. Die lokale Presse berichtete, und es setzte sich ein Karussell in Gang, das die Selbstverständlichkeit von Bürgerbeteiligung im Land beflügelte.

2021 war es bei einer Debatte im Landtag nicht mehr strittig, ob die Verwaltungsvorschrift verlängert werden sollte. Die ursprüngliche Reserviertheit oder gar Ablehnung war freundlichem Respekt gewichen. Die alten Zweifel hatten sich weitgehend aufgelöst. Die AfD, leider in Teilen auch die FDP, beharrte auf der Ansicht, es handle sich bei alledem nur um Alibiveranstaltungen und Augenwischerei. Sie verlangte nach wie vor stattdessen pauschal nach direkter Demokratie für alle Fragen, wohl wissend, dass dies wohlfeil und unpraktikabel ist – sogar in der Schweiz. Die FDP tolerierte, allerdings ohne Überzeugung.

Es gibt bis heute Juristen, die sich noch immer nicht vorstellen können, dass informell vorgebrachte Argumente von Bürgern in Abwägung und Entscheidung einfließen sollen, und dies lange vor der förmlichen Anhörung. Dankenswerterweise wurde dies nicht nur in unserer Verwaltungsvorschrift als Prinzip verankert, sondern der VDI, der Verband Deutscher Ingenieure, entwickelte parallel dazu als echten Meilenstein die VDI 7001 zur »Kommunikation und Öffentlichkeitsbeteiligung bei Planung und Bau von Infrastrukturprojekten«. Damit war die informelle frühe Beteiligung auch für den Bereich Bau fest etabliert. Die Ingenieure des VDI wollten dem seit Stuttgart 21 immer wieder geäußerten Verdacht entgegentreten, Baufirmen seien nur blinde Erfüllungsgehilfen ihrer Investoren.

Doch immer wieder neu, wie ein schlafender Drache, regt sich auch bei Behörden das Bestreben, die Menschen möglichst lange aus Diskussionen und Überlegungen herauszuhalten, sie also erst dann einzubinden, wenn Fakten geschaffen sind. Immer wieder führt dies zu Konflikten und dazu, dass für das noch immer ungewohnte Prozedere geworben werden muss. Immer wieder zeigt sich auch, dass der Wille zur Beteiligung stark an Personen gebunden ist. Wenn etwa neue Behördenchefinnen oder -chefs ernannt oder gewählt werden, gibt es oft Rückschritte. Immer wieder sind Beamte bis hinein in die Ministerien der Regierungskoalition versucht, Beteiligung erst sehr spät, nur symbolisch oder auch gar nicht stattfinden zu lassen. Dabei lehrt die Erfahrung, dass dann die Konflikte erst recht eskalieren.

Es wird noch viele Jahre dauern, bis das Thema ein Selbstläufer geworden ist. Es muss dazu fest in den Regelwerken verankert sein. Und es erfordert stets Regierende und auch Parlamente, die dies durch ihre Haltung aktiv unterstützen. Politik ist und bleibt eben auch und ganz zentral eine Haltungsfrage. Allerdings hilft der Haltung ein fester Rahmen – mit der Verwaltungsvorschrift sind alle Landesbehörden an diese Vorgehensweise gebunden, auch wenn es manchmal zunächst schwerfällt. Die Erotik dieser Vorschrift konnte sich dadurch erst so wirksam entfalten.

Eulen aus Athen: die Wiederentdeckung des Losverfahrens

So neu das Konzept der Politik des Gehörtwerdens 2011 erschien und so einzigartig ein grüner Ministerpräsident, so sehr war doch diese Politik Ausdruck des Zeitgeists nach dem Ende des Kalten Krieges. Es handelte sich um eine Art goldenes Zeitalter der Demokratisierung weltweit, in vielen Ländern wurden Diktaturen von Demokratien abgelöst. Partizipation und Demokratie im weitesten Sinn waren die Schlagworte der Stunde angesichts des Niedergangs der Sowjetunion und anderer autoritärer Regime.

Diese Zeit von 1989 bis 2011 fühlt sich aus meiner Sicht heute an wie ein anderes Zeitalter, voller Optimismus. Seither hat sich die Welt im Hinblick auf die liberale Demokratie dramatisch zurückentwickelt: Gewählte Autokraten und Diktaturen herrschen heute wieder über 70 Prozent der Weltbevölkerung, echte liberale Demokratien finden sich nur noch bei 13 Prozent.

China, Afghanistan, Saudi-Arabien, Venezuela, Myanmar, der Sudan – die Reihe der »gewählten Autokratien« oder Diktaturen ist lang. Rechtspopulistische Parteien sind überall auf der Welt auf dem Vormarsch, in Argentinien und den Niederlanden folgten kürzlich die jüngsten Tiefschläge. Die AfD erreicht bei uns immer höhere Zustimmungswerte.

Auch in liberalen Demokratien haben Polarisierung, Diffamierung und Wut seit 2011 um sich gegriffen. Kulturkämpfe um Identitäten aller Art sind an der Tagesordnung. Auch wenn die deutsche Bevölkerung insgesamt eher zufrieden ist mit ihrer parlamentarischen Demokratie, gibt es doch viele Stimmen, die das System des Parlamentarismus selbst für stark erneuerungsbedürftig halten. Sie glauben, das Parlament sei zu weit von den Menschen entfernt und offensichtlich nicht in der Lage, über Wahlperioden hinaus zu denken und zu handeln, besonders angesichts der Klimakrise. Zudem befänden sich moderne Parlamente zunehmend in der Hand von Bildungseliten und seien allzu stark von Finanzinteressen gesteuert. Dieses Thema wird oft von demokratiefeindlichen Populisten aufgegriffen und missbraucht.

Andere jedoch machten sich auf die Suche nach historischen Vorbildern für eine stärker teilhabeorientierte Demokratie und entdeckten dabei die Rolle des Losverfahrens, der zufälligen Auswahl von Bürgern. In der attischen Demokratie im 5. und 4. Jahrhundert v. Chr. wurde das Losverfahren häufig angewendet: so bei Gerichtsverfahren am Volksgericht, wo die Urteile von Bürgern gefällt wurden, die per Los ausgewählt worden waren. Der »Rat der 500«, die Bule, die politische Entscheidungen vorbereitete und die Umsetzung der Beschlüsse überwachte, wurde ebenfalls per Los besetzt. Ihre Mitglieder waren jeweils für ein Jahr bestellt. Für die Losauswahl kamen damals zwar nur Männer infrage, Frauen, Sklaven, Ausländer und Personen ohne athenische Abstammung blieben von der Bürgerschaft ausgeschlossen und hatten keine politischen Rechte. Dennoch spielte die griechische Antike eine entscheidende Rolle für die moderne Demokratie und die heutigen Gesellschaften. Das Losverfahren jedoch war aus dem Blick entschwunden, es hatte nur bei der Auswahl von Geschworenen in Gerichten überlebt.

Nun aber, auf der Suche nach Verbesserungsmöglichkeiten der modernen Demokratie, feierte es eine plötzliche Wiederauferstehung. In Deutschland hatte die Methode relativ unbemerkt von der großen Öffentlichkeit schon in den 1980er Jahren Eingang in die Bürgerbeteiligung bei der Stadtplanung gefunden. Professor Peter Dienel an der TU Berlin hatte es unter dem Titel »Planungszelle« mit Erfolg erprobt. Er war davon überzeugt, dass das Losverfahren eine Möglichkeit bietet, eine repräsentative Gruppe von Bürgern zusammenzustellen, die ohne politische Vorurteile oder Interessenkonflikte an der Planung teilnehmen können. Es zeigte sich, dass die Bürgerempfehlungen dieser Planungszellen bemerkenswert praktikabel und konsensfähig waren und Konflikte gut überbrücken konnten. Ich hatte diesen Ansatz damals durchaus wahrgenommen, war jedoch anfänglich sehr skeptisch.

Offenbar brauchte es einen »Wumms«, um das Thema heute salonfähig für die Politik zu machen. Er kam von einem jungen belgischen Autor mit einem kühnen Blick, der Archäologie, Ägyptologie und Orientalistik studiert hatte und später in Politikwissenschaften an der Universität Leiden promovierte, David Van Reybrouck. 2013 erschien in den Niederlanden sein Buch *Gegen Wahlen. Warum Abstimmen nicht demokratisch ist*, das international große Aufmerksamkeit erregte und 2016 auf Deutsch veröffentlicht wurde. Der Autor warb dafür, das Parteiensystem des Parlaments schrittweise abzulösen und durch Gremien zu ersetzen, die per Losverfahren besetzt werden sollten. Sein Frontalangriff auf die parlamentarische Demokratie und ihre angeblich nur mit Selbstpropaganda beschäftigten Abgeordneten überzeugte manche Zeitgenossen, die nun eine »aleatorische Demokratie« (abgeleitet von lateinisch *alea* = Würfel, Zufall) aus der Bürgerschaft vorzogen. Im Englischen bürgerte sich dafür zunehmend der Begriff »Sortition« als Methode ein.

So weit wollen jedoch nur wenige gehen, die das Buch spannend finden. Aber viele waren elektrisiert von Van Reybroucks Verweis auf die athenische Demokratie. Dass dort vor ungefähr 2500 Jahren Regierungsmitglieder zeitweise durch das Los bestimmt wurden, war weithin unbekannt. Jetzt aber öffnete dieser Rückgriff auf die Antike die Herzen und Köpfe etlicher Journalisten und Politiker, darunter auch Winfried Kretschmann. Das Buch wurde in viele Sprachen übersetzt und trug dazu bei, das Losverfahren stärker zu verankern. Athen, Wurzel der europäischen Demokratie! Eine Besprechung in der *ZEIT* brachte in Deutschland den Durchbruch. Unser politisches Labor für Bürgerbeteiligung und ich als Staatsrätin konnten nun mit weitaus größerer Unterstützung das Losverfahren in die Bürgerbeteiligung einbringen. Es galt in den Kreisen, die sich mit Demokratiereformen befassten, nicht mehr als versponnene Idee, sondern als mögliche praktikable Ergänzung zum Parlamentarismus, geadelt durch die attische Abstammung.

In Deutschland blieb dieses Thema jenseits von Baden-Württemberg in der breiten Öffentlichkeit weitgehend unter dem Radar. Erst als im Mai 2023 der Bundestag einen ersten offiziellen Bürgerrat zum Thema »Ernährung« ankündigte, hob sich der Vorhang. Dabei zeigte sich jedoch, dass die meisten Journalisten und die breitere Öffentlichkeit erstaunlich wenig über dieses Thema wussten. Obwohl die Fachöffentlichkeit dies seit Jahren intensiv verfolgte, hatten die guten Erfahrungen mit der umfassenden Praxis in Baden-Württemberg und mit ersten bundesweiten Bürgerräten den Berliner Horizont in Parlament, Regierung und Medien nicht erreicht, geschweige denn erweitert.

Und erst recht nicht die vielen konkreten Berichte aus Frankreich und Großbritannien oder die wissenschaftlichen Analysen zur demokratischen Erneuerung mit dem Losverfahren. Selbst die zahlreichen Tweets und Facebookseiten zu diesem Thema und die dort geführten spannenden Diskussionen der vergangenen Jahre waren in einer engen Blase geblieben.

Aus der Praxis des Losverfahrens

Hauptanliegen des Zufallsprinzips bei der Auswahl von Bürger-räten ist es, eine Art Querschnitt der Bevölkerung abzubilden. Es wird dabei keine strenge Repräsentativität im wissenschaftlichen Sinn angestrebt, wohl aber eine Zusammensetzung, die sozial deutlich vielfältiger ist und der realen Bevölkerungsstruktur näher kommt als etwa Bürgerversammlungen oder gar Demonstratio-nen. Deshalb heißen die Losbürgerversammlungen auch inter-national oft »Mini-Publics«. Sie gleichen verkleinerten Formen der Schweizer Volksversammlung, wie sie noch immer etwa im Kanton Appenzell stattfindet. Allerdings sind immer 50 Prozent Frauen dabei, was mir ganz besonders am Herzen liegt und sonst keineswegs selbstverständlich ist. Junge und Ältere sind eben-falls immer etwa entsprechend ihren Bevölkerungsanteilen ver-treten. Diejenigen, die sich zum Mitmachen bereiterklären, sind erfahrungsgemäß eher nicht politisch aktiv. Und: Sie kommen aus fast allen Berufen. Die Erfahrung zeigt, dass es hier gelingt, auch Menschen einzubinden, die sonst auf politischen Versammlungen eher nicht zu finden sind und Politik generell eher skeptisch be-trachten.

Die per Los ausgewählten Menschen erhalten als Einladung ein höfliches Schreiben zum Beispiel vom Bürgermeister, von der Landrätin oder einem Regierungsmitglied mit der Bitte, ihre persönliche Meinung einzubringen. Dazu wird ihnen intensive fachliche Information über die unterschiedlichen Positionen zu-gesagt. Meist wird auch eine Aufwandspauschale bezahlt, Spesen ohnehin.

Immer ist die Teilnahme freiwillig. Viele der Angesprochenen, meist sogar die große Mehrheit, lehnen die Einladung ab. Deshalb werden zuweilen 20 Mal mehr Personen kontaktiert als benötigt. Daneben gibt es inzwischen auch die Methode, gerade diejenigen Personen gezielt noch einmal anzusprechen, die auf die Einladung zunächst ablehnend reagiert haben. Auf diese Weise ergibt sich eine Zusammensetzung, die mehr Menschen mit einfacher Schulbildung oder auch Migranten enthält.

Je nach Thema wird versucht, manche Gruppen gezielter einzubinden, etwa alleinerziehende Mütter oder Jugendliche. Immer wieder wird Kritik an der Quotierung der Teilnehmenden geäußert. Sie bewirkt jedoch, dass sich eben nicht nur Personen in den Versammlungen finden, die wahrscheinlich ohnehin teilnehmen würden – etwa ältere pensionierte Männer mit hohem Bildungsniveau. Im Coronabürgerrat der baden-württembergischen Landesregierung wurde gezielt darauf geachtet, dass mehr als die Hälfte der Teilnehmenden einen Bildungsabschluss unterhalb des Abiturs hatte. Deutsche mit Migrationshintergrund wurden mit etwa einem Viertel berücksichtigt.

Umfassende Informationen von Expertinnen, Praktikern und Wissenschaftlerinnen begleiten die Bürgerversammlungen. Denn bei den Empfehlungen des Bürgerrats geht es darum, eine fundierte Meinungsbildung informierter Menschen zu ermöglichen, nicht darum, das vorhandene Bauchgefühl abzufragen.

Die Ausgewogenheit der Expertenbeiträge wird durch neutrale Beiräte gewährleistet und nicht etwa vom Auftraggeber in seinem Sinn gestaltet. Oft wird vermutet, dass die Auftraggeber die Inhalte und die Gesprächsführung einseitig in ihrem Interesse beeinflussen. Oder dass bestimmte Fragen ausgeklammert werden und die Moderation die Ergebnisse in eine gewünschte Richtung steuern soll. Oder es wird geargwöhnt, dass die Moderation dies sogar von selbst unternimmt, um an weitere Moderationsaufträge zu kommen. Dieser Verdacht wird gern von Bürgerinitiativen und

Projektgegnern und auch von Demokratietheoretikern an Universitäten geäußert.

Theoretisch wäre das denkbar. Aber die Erfahrung zeigt, dass in der Regel hohe Standards für neutrale und objektive Informationen eingehalten werden, und zwar umso besser, je länger die Prozesse dauern. Vor allem wird darauf geachtet, dass die gesamte Meinungsvielfalt vertreten ist. Dies ist nämlich entscheidend dafür, ob ein Bürgerforum in der breiteren Öffentlichkeit und bei den Medien Respekt genießt und ob die dort erarbeiteten Vorschläge auf Resonanz und Zustimmung stoßen. Auch haben die Teilnehmenden für gewöhnlich ein sehr gutes Gefühl für Ausgewogenheit. In der Regel können sie weitere Informationen verlangen, falls sie einen Mangel an Tiefe oder Objektivität vermuten. Selbst bei sehr fachspezifischen Dialogen, etwa zur Digitalisierung der Mobilitätswende, bildet sich dabei nach einigen Sitzungen ein verblüffend hohes Diskussionsniveau.

Die professionelle Moderation sorgt dafür, dass alle Anwesenden zu Wort kommen und dass ihre Positionen sorgfältig notiert und dokumentiert werden, damit sie in Schlussberichte und Abstimmungen mit einfließen. Oft wird vermutet, dass wortmächtige Menschen sich auch in diesem Kontext durchsetzen. Diese Gefahr besteht zwar, manchmal zeigen sich hier auch tatsächlich Schwächen. Jedoch bietet das Format in jedem Fall viel bessere Möglichkeiten für Meinungsvielfalt als andere Versammlungsformen und ist ein Garant dafür, dass auch stillere Menschen und Personen ohne akademische Ausbildung ihre Meinung vertreten und diese Niederschlag in den Berichten findet. Das ist besonders förderlich für Frauen.

Unter den Teilnehmenden finden sich also aufgrund des Losverfahrens keineswegs vor allem Personen, die bereits aktiv sind, sei es in Bürgerinitiativen oder Parteien. Der Bevölkerungsanteil politisch aktiver Menschen ist dafür auch zu gering. Allerdings melden sich eher Menschen, die das betreffende Thema beschäftigt oder die ein gewisses Grundinteresse an Politik haben. Oft auch ein sehr kritisches: Endlich einmal wollen sie sehen, wie Politik eigentlich funktioniert. Nicht selten vermuten die Eingeladenen beim ersten Kontakt einen Betrugsversuch. Am Ende sind sie aber meist sehr angetan von dieser neuen Erfahrung und fühlen sich dadurch gestärkt.

Besteht die Gefahr, dass solche Gremien von Extremisten oder Außenseitern gekapert werden, dass also etwa Verschwörungstheoretiker die Debatte beherrschen? Kaum, denn in der Gesamtbevölkerung sind dies in der Regel Minderheiten. Sollten sich solche Meinungen allerdings demnächst noch weiter verbreiten als gegenwärtig, auch unter den Gelosten, so müssten sie selbstverständlich in den Diskussionen ihren Platz finden.

Meist entsteht in einem Bürgerrat eine echte Diskussion, die Menschen hören einander zu und antworten sich auf zivile Weise. Schon dieses respektvolle Debattieren wird als bereichernd erfahren. Für sehr viele Menschen gibt es sonst kaum Gelegenheit, Gedanken und Argumente ruhig und vertieft auszutauschen. Nicht wenige Zufallsbürgerinnen ändern während des Diskussionsprozesses, der mehrere Sitzungen an mehreren Tagen umfassen kann, ihre Meinung. Das ist der entscheidende Unterschied zu Meinungsumfragen oder Abstimmungen: Denn dort werden vorhandene Standpunkte lediglich kundgetan, nicht aber die Kunst des Austauschs gepflegt.

Die Foren einigen sich manchmal auf unerwartete neue Vorschläge oder Kompromisse, wie sie in Parlamenten aus Angst vor »dem« Wähler nicht so leicht zu erreichen wären. Oft setzen sie auch andere Schwerpunkte als die große Politik. Bei grenzüberschreitenden Bürgerdialogen mit Frankreich etwa wurde immer wieder deutlich, dass sehr dringlich eine bessere Verknüpfung im Nahverkehr gewünscht wird, dies aber von den politischen Zentren in Paris und Berlin über Jahrzehnte sträflich vernachlässigt wurde. Bessere Verkehrsmöglichkeiten über die Grenzen, besonders über die Donau hinweg, wünschten sich auch Anwohner aus Ungarn, Serbien und Kroatien bei einem Bürgerdialog 2017 in der Nähe von Vukovar, den ich von Baden-Württemberg aus im Rahmen der sogenannten Donauraumstrategie der EU angeregt hatte. Die anwesenden Vertreter der Verwaltungen, noch immer von Erinnerungen an den postjugoslawischen Bürgerkrieg geprägt, nahmen dies verblüfft zur Kenntnis. Die Politik kann aus Zufallsbürgergremien Mut für entschlossenere Schritte und andere Kompromisse schöpfen, als es ihr kleinteiliger Alltag sonst zulässt. Auch deswegen ist das Losverfahren ein hoffnungsvolles Instrument zur Überwindung von Spaltungen auch in der Politik. Nicht nur, weil die Dialoge oft pragmatisch umsetzbare Resultate erbringen, sondern auch, weil sich hier eine Art des Gesprächs entwickeln kann, die gerade Politiker eher selten erleben. Während sie sonst entweder vor ihren eigenen Anhängern sprechen oder aber bei ihren Gegnern auf Zorn, Beleidigungen und Feindseligkeit treffen, erleichtert ihnen ein konstruktives Gesprächsformat, sich auf Inhalte jenseits der Beschlusslage ihrer Partei einzulassen.

Noch wichtiger ist aber ein eher unerwarteter Effekt: In Bürgerforen erfahren Menschen oft zum ersten Mal, wie vielschichtig und komplex die meisten Themen sind und wie viele Aspekte berücksichtigt werden müssen. Sie verstehen, dass es meist kein einfaches Ja oder Nein gibt und warum Entscheidungen häufig lange für die Umsetzung brauchen. Sie gewinnen Respekt vor der oft so undankbaren Arbeit von Gemeinderäten und Parlamenten. Bürgerräte geraten so zu einer Art Schule der Demokratie. Sie festigen demokratische Überzeugungen und stärken das Gefühl, etwas ausrichten zu können. Dies bewirkt etwas Weiteres, ungemein Kostbares: Die Menschen erfahren dies als einen freudvollen gemeinsamen Prozess, als emotional aufbauend – auch bei schwierigen Themen. Demokratie und Politik als Möglichkeit der gemeinsamen Freude am Gestalten, nicht als Sphäre von Feindseligkeit und Abwertung – das ist die entscheidende Dimension des Modells der Losbürgerversammlung gerade für sehr viele Frauen. Wer dies nicht selbst erlebt hat, kann es sich meist nicht vorstellen.

Dies gilt jedoch nur, wenn Parlament, Regierung und Verwaltung sich verpflichten, die Ergebnisse ernsthaft zu prüfen – »abzuwägen«, wie es auf Verwaltungsdeutsch heißt. Für den Fall, dass Ergebnisse nicht übernommen werden, müssen die Auftraggeber zumindest klar begründen, weshalb sie einen Vorschlag ablehnen. Es gilt das Prinzip der »Accountability«, der Rechenschaftspflicht von Behörden.

Dies ist die Achillesferse des Losverfahrens wie aller Beteiligungsprozesse. Oft ist die Anbindung von Bürgerräten an die Entscheidungsgremien noch nicht verbindlich geregelt. Die Bürgerinnen und Bürger erwarten keineswegs, dass all ihre Ideen verwirklicht werden. Aber sie erwarten mit Recht einen transparenten und nachvollziehbaren Umgang damit und natürlich auch das Bemühen um praktische Realisierung.

Deshalb ist es besonders wichtig, dass vorher festgelegt wird, was mit den Ergebnissen geschieht. Wer wird sie zu hören bekommen, wer wird sie abwägen? Werden sie direkt in die Parlamente, Ausschüsse, Regierungen eingebracht? Wer legt Rechenschaft ab über den Entscheidungsprozess? Bleibt das ungeklärt, so wird sich der Nutzen in Grenzen halten. Immer mehr Auftraggeber haben aber inzwischen verstanden, dass der Vorteil einer umfangreichen Beteiligung von der tatsächlichen Befassung mit den Ergebnissen abhängt. Immer öfter geschieht dies auch.

Zugleich bedeutet die Befassung durch das Parlament keineswegs, dass die Ergebnisse der Bürgerräte tatsächlich realisiert werden. Von manchen Kritikern wird befürchtet, dass durch Bürgerräte Druck auf die Parlamentarier aufgebaut werde. Selbstverständlich trifft dies zu – sonst bräuchte ja niemand einen Bürgerrat. Aber der Druck durch Kampagnen in Medien, soziale Netzwerke oder Meinungsumfragen ist in Wirklichkeit ungleich größer und viel weniger mit rationalen Argumenten unterlegt als die Diskussion unter Zufallsbürgern.

Manche Anhänger des Losprinzips erhoffen, dass diese Gremien tatsächlich verbindliche Entscheidungen anstelle des Parlaments treffen können. Die Klimaaktivisten der Letzten Generation forderten zum Beispiel die Abhaltung eines Gesellschaftsrats per Losverfahren – der anstelle des ihrer Meinung nach allzu langsamen Bundestags eine weitreichende Klimapolitik verabschieden sollte. Das ist jedoch keineswegs der Weg, den Bürgerräte beschreiten können oder sollen. Die Anlehnung an die Ideen der revolutionären Rätedemokratie von 1918 ist hinderlich für die Akzeptanz von Bürgerräten und weckt nur Ängste vor Willkür. In liberalen Demokratien müssen sie vielmehr Teil des repräsentativen Prinzips bleiben. Gerade darin liegen die enormen Potenziale der Bürgerräte für eine Wiederannäherung der Bevölkerung mit der Demokratie.

Wer zu früh kommt, den bestraft das Leben

Ich hatte 2012 mit dieser Art von Beteiligung schon einmal durchaus Furore gemacht, und zwar beim »Filderdialog« mit zufällig ausgewählten Menschen aus Stuttgart und von den Fildern, einem Gebiet südöstlich der Landeshauptstadt, wo Flughafen und Messe liegen. Das Zufallsbürgerverfahren war noch weitgehend unbekannt, viele Medien äußerten sich skeptisch dazu, die Stuttgart-21-Gegner ohnehin. Selbst mein Freund und Kollege Klaus-Peter Murawski, Chef der Staatskanzlei, fand die Methode, gelinde gesagt, etwas merkwürdig. Der Ministerpräsident wahrscheinlich auch, man ließ mich aber gewähren.

Im Vorfeld dieses Dialogs geriet vor allem ich zur Zielscheibe der Medien und der Opposition. 400 Menschen hatten wir angeschrieben und gefragt, ob sie sich beteiligen würden. Es gab ganze vier Zusagen. Hämische Kommentare folgten. In einem zweiten Anlauf wurden dann über 4000 Menschen mittels der Einwohnerregister der Region ausgewählt und sehr freundlich gebeten, an diesen Gesprächen teilzunehmen. Immerhin ging es um mehrere Samstage mitten im Hochsommer. So gelang es, über 80 Teilnehmer zu gewinnen, zur Hälfte Frauen, etwa ein Drittel junge Leute. Der Dialog befasste sich an mehreren Wochenenden auf der Messe Stuttgart mit den schwierigen Fragen der Anbindung des Flughafens an den Stuttgarter Bahnhof. Die Gespräche erbrachten viele sinnvolle Vorschläge und waren für die meisten Beteiligten eine unerwartet positive Erfahrung. Allerdings zogen einige prominente Bahnhofsgegner unter Protest aus den Hallen aus. Für sie war das Ganze ein reines Alibiverfahren, obwohl alle unterschiedlichen Positionen gründlich von Experten erläutert wurden. Und leider hatten sie teilweise recht, denn es blieb weitgehend bei dem Makel, der schon 2010 die Stuttgart-21-Schlichtung unter Heiner Geißler gekennzeichnet und beschädigt hatte: Die Ergebnisse wurden von den verantwortlichen Akteuren einfach ignoriert. Bahn und Land waren in ihren Standpunkten und Interessen festgefahren, Handlungsspielraum gab es nicht. Heute, mehr als zehn Jahre später, werden einzelne Aspekte dieser Vorschläge jedoch realisiert oder immerhin ernsthaft diskutiert. Das Verfahren galt aber als geplatzter Versuchsballon, obwohl es deutlich machte, wie produktiv und ergebnisorientiert Bürgerinnen auch in einem solch vergifteten Milieu miteinander reden können.

Für die Zukunft allerdings machte der Filderdialog klar: Wenn Beteiligung stattfindet, so muss sie nicht nur von der Politik angestoßen und finanziert werden. Vielmehr muss sie rechtzeitig, also früh genug, stattfinden, sie braucht reale Handlungsspielräume und eine echte Bereitschaft der Politik und der übrigen Akteure, zumindest einige Vorschläge aufzugreifen und umzusetzen.

Für unsere Arbeit aber hatte ein Funke gezündet. Es öffnete sich nun ein viel weiterer Horizont für die Beteiligung auch zu sehr grundsätzlichen Fragen, nicht nur zur Infrastruktur.

Unbekannte Pioniere: Vorarlberg und Ostbelgien

Die Zufallsauswahl für die Bürgerbeteiligung hatte verschiedene Ursprungsorte. Einer ist weitgehend unbekannt, liegt aber in unserer unmittelbaren Nachbarschaft: in Österreichs kleinem Bundesland Vorarlberg. Dieses zählt nur knapp 400 000 Einwohner, ist aber das nach Wien am dichtesten besiedelte Bundesland der Alpenrepublik. Bekannt ist es als Touristenregion mit Bregenz und den Festspielen, dem Montafon oder Lech. Die auf den ersten Blick ländliche Anmutung trügt allerdings: Das Land ist hochindustrialisiert und produziert vorwiegend für den Export – ähnlich wie die Schweiz und Baden-Württemberg. Es hat seit dem 19. Jahrhundert eine starke Zuwanderertradition.

Vorarlberg wird seit Jahrzehnten fast durchgängig konservativ regiert. Es ist berühmt für innovative moderne Architektur, die wir sonst in Österreich nicht vermuten. Und es ist verblüffenderweise das erste Land in Europa, in dem ein Bürgerrat nach dem Losprinzip abgehalten wurde, nämlich 2006 in der Gemeinde Wolfurt im Bezirk Bregenz zum Thema »Erhaltung der guten Lebensqualität und des hohen Lebensstandards Wolfurts«.

In Vorarlberg gab es schon seit 1999 das »Büro für Zukunftsfragen«, heute »Büro des Landes für freiwilliges Engagement und Beteiligung«. Dort wurde eine spezielle Moderationsmethode entwickelt, die »Dynamic Facilitation«. Diese Methode hilft kleinen und mittelgroßen Gruppen von zwölf bis 16 Personen, zu oft erstaunlich kreativen Lösungen zu gelangen. Bedenken, Widerstände und heftige Gefühle, die in Gruppenprozessen sonst oft als störend empfunden werden, sind hier wertvoll und willkommen. Häufig erweisen gerade sie sich als entscheidende Impulse für eine tragfähige Lösung. »Dynamic Facilitation« zielt nicht darauf ab, bei Abstimmungen Mehrheiten zu erzielen, sondern legt ganz besonderes Gewicht auf Einzelmeinungen und ihre Würdigung. Die Methode ist deshalb besonders für kleinere Gruppen geeignet, für große Bürgerräte wurden andere Verfahren entwickelt.

Seit 2011 wird in Vorarlberg halbjährlich auf Landesebene ein Bürgerrat durchgeführt, mit rundum überzeugenden Ergebnissen. 2013 folgte ein bemerkenswerter weiterer Schritt: Es kam zu einer Verfassungsänderung durch den Landtag, mit der diese Form der partizipativen Demokratie sogar in der Landesverfassung verankert wurde. Jeweils 1000 Bürger können mit ihrer Unterschrift einen Bürgerrat zu einem von ihnen gewählten Thema installieren. In einer Sitzung der »Resonanzgruppe«, die sich aus betroffenen Vertreterinnen aus Politik, Verwaltung usw. zusammensetzt, werden die Vorschläge des Bürgerrats auf die Möglichkeit der konkreten Umsetzung hin überprüft und weiterführende Maßnahmen beschlossen. Anschließend erhalten die Teilnehmenden des Bürgerrats eine schriftliche Rückmeldung über die Realisierung der Ergebnisse.

Kein anderes Land in Europa hat bisher die Themensetzung von Bürgerräten durch die Bevölkerung verfassungsmäßig als Anspruch verankert. Dabei zeigt sich, dass viele Menschen grundsätzliche Fragen in Bürgerräten erörtern möchten. Der erste von unten initiierte Bürgerrat galt 2017 dem Umgang mit Grund und Boden. Die zentrale Aussage in diesem Bürgerratsprozess lautete »Mehr Nutzen als Besitzen«. Notwendig sei es, sich aus der Komfortzone herauszubewegen und mehr Toleranz für eine verdichtete Bauweise (höher, tiefer, auf weniger Fläche) zu entwickeln sowie alternative Wohnformen, wie zum Beispiel Mehrgenerationenhäuser oder Untervermietung, zu konzipieren. Das bedeute auch, dass Vorarlbergs Identität als Land der »Hüsle«-Bauer überdacht werden müsse. Notwendig seien sowohl Korrekturen an der Bodenpolitik als auch ein Bewusstseinswandel der Bevölkerung. Wohlgemerkt: Der Bürgerrat bestand aus zufällig ausgewählten Menschen aus der Mitte der Gesellschaft, die hier, wie so oft bei dieser Form, durchaus kühne, nach vorn gerichtete

Empfehlungen formulierten und gedanklich nicht ängstlich am Gegenwärtigen festhielten. Aber: Ins Utopische verirrten sie sich nicht. Das ist die große Stärke des Modells.

Die Bürgerräte in Vorarlberg sind inzwischen fester Bestandteil des dortigen demokratischen Systems. Inzwischen haben über 40 zu den verschiedensten Themen stattgefunden, darunter Mobilität, Landwirtschaft, Verkehr und lokale Entwicklung. Die Politik setzt keineswegs alles um, aber sie reagiert ausreichend, um das Instrument populär zu halten. Sie hat mit den Bürgerräten eine sehr gute Möglichkeit, um Stimmungen und Themen vor Ort zu ermitteln und diese aufzugreifen. Damit kann der Hetze von rechts und allzu ungestümen Veränderungswünschen von links entgegengewirkt und zugleich notwendiger Wandel angestoßen werden. Das hilft auch konservativen Politikern, sich für Veränderungen zu öffnen. Und es hilft Linken und Grünen, ihre Vorstellungen nicht über die Köpfe und Herzen der Menschen hinweg durchsetzen zu wollen. Vor allem haben die Entscheidungsgremien gelernt, das Instrument grundsätzlich wertzuschätzen. Ursprüngliche Bedenken, hier werde die repräsentative Demokratie unterhöhlt, sind überwunden. Ganz im Gegenteil.

Die Kooperation von Baden-Württemberg und Vorarlberg zum Thema Bürgerräte ist eng. Eine gemeinsame Website schildert die Erfahrungen und ermöglicht den Wissensaustausch. Doch nicht nur dorthin gingen wir zum Lernen, sondern auch in die deutschsprachige Provinz Ostbelgien, die den meisten Menschen in Deutschland gar kein Begriff ist. Das Gebiet wechselte historisch mehrfach die Zugehörigkeit, es war einst von Preußen annektiert, später vom Deutschen Reich. Mit rund 78 000 Einwohnern ist es die kleinste von drei politischen Gemeinschaften in Belgien, der französischen, der flämischen und der kleinen deutschen. Ihre Entstehung geht zurück auf die deutsche Kulturgemeinschaft in Belgien nach dem Ersten Weltkrieg und auf die Föderalisierung des zuvor zentral regierten belgischen Staates.

Die deutschsprachige Gemeinschaft Ostbelgiens verfügt über erhebliche Autonomie. Ihr Parlament beschloss 2019 per Gesetz, einen permanenten Bürgerdialog auf Losbasis einzurichten. Die Landesregierung hat ein gemäßigt konservativ-liberales Profil. Der Bürgerrat wurde als Mittel zur Verbesserung der Kommunikation zwischen Politik und Bürgern betrachtet, als konstruktives und keinesfalls disruptives Instrument zur Vertiefung und Ergänzung der parlamentarischen Demokratie.

Dieser Bürgerrat rolliert: Er besteht aus 24 Mitgliedern, von denen jährlich ein Teil neu per Los eingesetzt wird. Das Gremium diskutiert nicht selbst über die Fragen, sondern entscheidet über die Themen, die dann in den sogenannten Bürgerversammlungen bearbeitet werden. Diese umfassen jeweils 30 Mitglieder ab 16 Jahren und tagen für ein Jahr. Das Konzept ermöglicht also konsequent die Themensetzung von unten – deutlich stärker als in Vorarlberg, wo es dafür ja eine Unterschriftensammlung braucht. Für die Themensetzung kann der Bürgerrat Vorschläge aus den eigenen Reihen, aber auch aus der Politik oder der breiten Bevölkerung aufgreifen. Er entscheidet dann aber völlig autonom, welches Thema in einer Bürgerversammlung besprochen werden soll, und organisiert diese auch. Er überwacht die Umsetzung der Empfehlungen der Bürgerversammlungen durch die Politik. Die Ergebnisse der Versammlungen werden in die Ausschüsse und Beratungen des Parlaments eingespeist.

Die Mitglieder erwerben aufgrund der vielen Sitzungen tiefgehende Kenntnisse über das jeweilige Thema und erarbeiten zahlreiche konkrete Vorschläge. Nicht alle werden umgesetzt, aber die Regierung begründet dies ausführlich, wenn eine Umsetzung nicht möglich ist. So forderte eine Bürgerversammlung zum Thema Pflege nachdrücklich die Einführung einer dualen Ausbildung für Pflegeberufe, was aber im stark akademisch ausgerichteten Bildungssystem Belgiens nicht möglich ist. Viele Hinweise aus den Versammlungen werden aber in der Politik konstruktiv aufgegriffen. Bisher tagten Bürgerversammlungen zu den Themen Kinderbetreuung, Pflege, Inklusion in der Schule und Wohnraum. Das Modell wird ständig weiter beobachtet und verbessert. Es hat sich inzwischen gezeigt, dass die sehr eigenständige Themensetzung durch den Bürgerrat auch an Grenzen stößt – wo die Verzahnung mit den Prozessen und Meinungen in Parlament und Regierung zu schwach ist, drohen Ergebnisse zu versanden. Deshalb wird inzwischen wieder überlegt, die Themenfindung enger mit der Politik zu verknüpfen.

Dennoch ist deutlich geworden: Eine solche Institutionalisierung der deliberativen Methoden führt dazu, dass sie ein Instrument der praktischen politischen Bildung von Bürgerinnen und Bürgern werden. Die Mitglieder der Versammlungen erfahren aus nächster Nähe, wie Politik gemacht wird und welche Rolle die Institutionen spielen. Personen, die an solchen Prozessen beteiligt sind, haben mehr Vertrauen in die Demokratie, weil sie sie besser verstehen. In Ostbelgien ist – wie in Vorarlberg – zu beobachten, was bereits funktioniert und was noch verbessert werden muss. Es gibt auch immer mehr Initiativen, die diesem Beispiel folgen. So hat der Stadtrat in Paris ein ähnliches Verfahren eingeführt. Entscheidend bleibt aber, dass die Politik aufnahmebereit für die Ergebnisse ist.

Kleines Land, große Wirkung: die Citizen Assembly in Irland

Der wichtigste Anstoß für die rasche internationale Verbreitung von Bürgerräten in den vergangenen Jahren kam wohl aus Irland – dort unter dem Begriff »Citizen Assembly«. Auch in Irland wurde das Konzept nicht von einer besonders fortschrittlichen Regierung eingeführt, sondern unter der altgedienten bürgerlich-liberalen Partei Fine Gael. Die Finanzkrise von 2008 hatte das Land stark gebeutelt, viele Menschen verloren ihre Häuser, die Arbeitslosigkeit stieg stark an. Eine Bürgerinitiative mit dem Namen »We the citizens« ebnete gemeinsam mit der Regierung den Weg zu einem per Los ausgewählten Verfassungskonvent 2012, um dem Gefühl der Ohnmacht der Bürger eine Erfahrung der Wirksamkeit entgegenzusetzen. Die Initiative war von Professor David Farrell und Dr. Jane Suiter ausgegangen – wie in vielen Ländern waren es auch dort Wissenschaftler, die den Anstoß gaben und den Prozess in der Folge auch, mit öffentlichen Mitteln finanziert, wissenschaftlich begleiteten. Der Verfassungskonvent bestand in einem ersten Durchlauf aus 66 zufällig ausgewählten Bürgerinnen, die die demografische Zusammensetzung der Bevölkerung ungefähr abbildeten. Daneben nahmen auch 33 Politiker teil. Bei diesem Konvent wurden große strittige Fragen in dem katholischen Land erörtert, insbesondere die gleichgeschlechtliche Ehe.

Der Konvent tagte an neun Wochenenden und wurde von einem Expertenbeirat aus Verfassungsrechtlern und anderen Wissenschaftlerinnen unterstützt. Er ging in die Geschichtsbücher ein, weil er in diesem äußerst konservativen Land die Zulassung der gleichgeschlechtlichen Ehe befürwortete. Die Empfehlung wurde anschließend in ein Referendum überführt, und die als ausgeprägt traditionalistisch geltende Bevölkerung billigte zur Überraschung vieler den Vorschlag. 2015 wurde die gleichgeschlechtliche Ehe dann tatsächlich Teil der irischen Verfassung. Eindrucksvoll am Verfassungskonvent war nicht nur das Ergebnis. Vielmehr zeigte sich hier, wie sich aufgrund gründlicher Information und gemeinsamer Debatte die Einstellung von Menschen wirklich ändern kann.

Wie erwähnt, zeitigt es fatale Folgen, wenn Sachkunde und zivile Auseinandersetzung fehlen. Dafür ist der Brexit ein besonders prägnantes Beispiel. Das Referendum zu Großbritanniens Austritt aus der Europäischen Union fand ein Jahr später als das irische zur gleichgeschlechtlichen Ehe statt – wobei der Brexit auf völlig desorientierte Bürger ohne korrekte Informationen traf, ganz im

Gegensatz zur irischen Bevölkerung. Oft wird vermutet, dass bei einem Vorgehen wie in Irland das Brexit-Referendum anders ausgefallen wäre.

Ein zweiter Konvent fand in Irland ebenfalls 2016 statt. Diesmal wurde auf die Beteiligung von Politikerinnen verzichtet. Stattdessen wurden ausschließlich Zufallsbürger einbezogen, 100 an der Zahl. Die Assembly tagte an insgesamt 20 Tagen innerhalb eines Jahres. Sie erfuhr hohe öffentliche Aufmerksamkeit – die Plenarsitzungen wurden im Internet gestreamt. Über 13 500 Kommentare gingen ein. Unter den Themen war diesmal die Frage der Abtreibung besonders bedeutsam. Irland hatte eines der strengsten Abtreibungsgesetze der westlichen Welt, und vielfach wurde bezweifelt, dass die Bevölkerung diesen Verfassungsparagrafen geändert sehen wollte. Doch mit einer 64-prozentigen Mehrheit plädierte der Konvent in seinem Schlussbericht für eine Fristenregelung, und die Bevölkerung folgte dieser Empfehlung im darauffolgenden Referendum sogar mit 66 Prozent.

Expertinnen und Akteure waren ausgewogen zu Wort gekommen: die katholische Kirche und sogenannte Lebensschützer, Feministinnen und betroffene Frauen, Ärztinnen und Psychologen etc. Die meisten Mitglieder der Assembly waren anfangs ablehnend gegenüber der Abtreibung eingestellt. Das mehrheitliche Votum zugunsten der Fristenlösung überraschte dann sehr, nicht zuletzt die Organisatoren selbst.

Um die Erfahrungen in Irland für unsere Arbeit in Stuttgart zu nutzen, luden wir 2017 Professor David Farrell und sein Team aus Dublin nach Stuttgart ein. Der Besuch aus Irland trug die dortigen Erfahrungen interessierten Abgeordneten unseres Landtags vor. Damit bereiteten sie den Boden für das in Baden-Württemberg wenig später stattfindende Bürgerforum zum strittigen Thema der Altersversorgung von Parlamentariern.

Auf uns, auf mich wirkte dieses irische System elektrisierend. Es ist nicht einfach eine weitere Methode im großen Spektrum der Beteiligung, es zeigt vielmehr einen Weg auf, Bürgerinnen und Bürger strategisch wirksam auch in die wirklich großen Entscheidungen eines Landes und eben nicht nur in lokale Planungen einzubinden. Dazu allerdings bedarf es einer realen Verknüpfung mit Parlament und Regierung – die Politik muss mit von der Partie sein. In Irland wurde die Versammlung besonders wirkmächtig durch die Koppelung mit einem Referendum, dessen Ergebnis schlussendlich in die Verfassung einfloss. Auch in Baden-Württemberg hat sich auf kommunaler Ebene die Verknüpfung eines losbasierten Bürgerforums mit einem darauf folgenden Bürgerentscheid als besonders wirksam für die Umsetzung kontroverser Projekte erwiesen.

Nicht alle Aspekte der irischen Citizen Assembly blieben ohne Widerspruch. Teilweise wurde ihre Zusammensetzung als nicht repräsentativ genug bewertet, und viele ihrer Empfehlungen führten nicht zu greifbaren Ergebnissen. Auch war die Fluktuation unter den Teilnehmenden hoch. Das ist vor allem darauf zurückzuführen, dass es keine Aufwandsentschädigungen für die Mitglieder gab und die Anforderungen bei 20 Sitzungstagen hoch waren. Aber die beiden Verfassungsänderungen, die aus ihr hervorgingen, zeigten, dass es möglich ist, den gesellschaftlichen Wandel von Werten und Wünschen auf diese Weise in die Gesetzgebung einzubringen. Und zwar schneller und effektiver, als wenn sie nur im Parlament diskutiert würden. Dort sind die Ängste mancher Parteien und Abgeordneter, althergebrachte Positionen aufzuweichen oder gar aufzugeben, gerade bei den elementaren Themen oft zu groß.

Die Citizen Assembly ist inzwischen zu einem festen Element der irischen Politik geworden. Es haben weitere Räte stattgefunden, etwa zum Thema der alternden Bevölkerung und der bedrohten Biodiversität. 2022 empfahl eine Citizen Assembly die Direktwahl des Bürgermeisters von Dublin. 2024 wird dazu ein Referendum stattfinden – und zwar am Tag der Europawahl, um eine hohe Beteiligung zu ermöglichen.

2022 wurde auch eine sehr wichtige Änderung für die Teilnahme am Losverfahren eingeführt: Nunmehr können alle erwachsenen Einwohner Irlands per Zufallsprinzip in eine Citizen Assembly eingeladen werden, auch wenn sie keine irischen Staatsbürger sind. Das ist eine bedeutende und bisher in Europa einmalige Veränderung zugunsten der Mitsprache von Zuwanderern bei politischen Grundsatzentscheidungen.

Allerdings gibt es inzwischen auch substanzielle Kritik an der bisher etablierten Praxis für Citizen Assemblies. Professor Farrell, ihr geistiger Vater, warnte im Februar 2022 in einem Zeitungsartikel davor, beliebig viele neue Versammlungen einzuberufen, ohne bessere Mechanismen für die Organisation und den Umgang mit den Ergebnissen vorweisen zu können. Seine Einwände zielen darauf ab, dass zwar einige wichtige Erfolge erzielt, viele andere Bürgerempfehlungen aber einfach ignoriert wurden. Das bedeute eine Missachtung der Anstrengungen der Mitglieder und auch eine Verschwendung von Ressourcen. Die Themen würden außerdem zu einseitig von der Regierung gesetzt, sodass bisweilen eher nebensächliche Fragen erörtert würden, zum Beispiel, ob der Ministerpräsident den Zeitpunkt von Parlamentswahlen bestimmen kann. Nicht ersichtlich sei beispielsweise, warum etwa die Befassung mit dem Drogenproblem im Land entgegen einem anderslautenden Versprechen aufgeschoben wurde, ebenso wie die Frage nach der Lage der Jugendlichen auf dem Land oder nach der Zukunft des Bildungssystems. Generell sei das Verfahren zu stark von der Regierung bestimmt und verlaufe inzwischen zu mechanisch. Auch in Irland solle, wie etwa in Ostbelgien, ein Mitwirkungsrecht von Bürgern an der Themensetzung eingeführt werden. Und die Teilnehmenden sollten, wie in anderen Ländern auch, eine Aufwandsentschädigung erhalten. Farrell machte diese Anmerkungen nicht mit dem Ziel, die Citizen Assembly wieder abzuschaffen, sondern um ihre Mechanismen zu überprüfen und zu verbessern.

Frankreich: Bürgerdialoge statt Revolution? Leider nicht!

Straßenschlachten, brennende Autos in den arabisch dominierten Vorstädten: Die politische Öffentlichkeit in Europa nimmt in Frankreich vor allem die immer wiederkehrenden heftigen Konflikte wahr. Oder wenn monatelange Massendemonstrationen im ganzen Land wegen einer Erhöhung des Renteneintrittsalters auf 63 Jahre stattfinden. 2018 richteten sich die Gelbwestenproteste gegen eine Erhöhung der Steuer auf Diesel; sie wurden vornehmlich von Menschen getragen, die eher auf dem Land leben, ein geringes Einkommen haben und für ihren Alltag auf das Auto angewiesen sind. Diese Großkonflikte fanden die moralische Unterstützung der großen Mehrheit der Bevölkerung. Diese teilweise gewalttätigen Aktionen mit zerbrochenen Schaufensterscheiben, Feuern auf den Champs Élysées und besetzten Kreisverkehren gaben einen Vorgeschmack auf die heftigen Proteste, die sich inzwischen auch in anderen Teilen Europas gegen die Kosten der Energiewende richten. Jetzt, sechs Jahre später, fühlen sich in Deutschland, Frankreich, Belgien, Irland, in Spanien und Osteuropa vor allem Bauern von der Klimapolitik bedrängt und verlangen mit lautem Traktor-Protest und mit ihren Straßenblockaden planbare Einkommen und weniger Bürokratie. Die Ursache für ihre Probleme liegen in der verfehlten EU-Agrarpolitik des Wachsen oder Weichen der vergangenen Jahrzehnte, die Großbetriebe mit Monokulturen und Massenställen förderte. Doch die Lösungen, die die Bauern fordern, bedeuten oft nur noch mehr vom Gleichen. Die Politik indessen fürchtet kaum etwas so sehr wie Bauernaufstände und antwortet mit kurzfristigen Beschwichtigungen. Ob sie die Kraft findet, die Ursachen anzugehen, die der Klimawandel und der Verlust der Artenvielfalt so dringend notwendig machen, ist fraglich. Und wenn, dann nur mit großem Zeitverlust. Und nur, falls zentrale Forderungen für Biodiversität und Tierschutz die Agrarpolitik stärker mitbestimmen können.

Zurück nach Frankreich: Junge Leute mit Halstuch in revolutionärer Pose, arabischstämmige Kinder in vernachlässigten Vierteln als blindwütige Rächer – eine Gesellschaft, die die Revolution von 1789 wie eh und je im Herzen trägt. Die politische Kultur ist zutiefst geprägt von harten Fronten zwischen Kapital und Arbeit, zwischen Banlieue und Zentrum, einer tiefen Ablehnung gegenüber den Eliten in Wirtschaft und Politik durch große Teile der Bevölkerung – durch die Linke wie durch die populistische Rechte. Der verpönte »Elitismus«, beispielsweise in den mächtigen Netzwerken der Absolventen der Verwaltungshochschule ENA, wird für viele gerade vom napoleonisch anmutenden Präsidenten Macron verkörpert. Selbst wenn er sich volksnah gibt, strahlt er für viele eine arrogante und überlegene Kühle aus und wird stets des »Neoliberalismus« verdächtigt. Seine relativen Erfolge bei der Förderung der Wirtschaft und der Senkung der Arbeitslosigkeit kommen ihm nicht zugute. Punktuelle Investitionen in verbesserte Infrastruktur, Bibliotheken und Schulen in Problemstadtteilen gehen in Flammen auf. Alle Reformen stehen im Generalverdacht, dass lediglich der Sozialstaat demontiert und die Lebensqualität der Armen weiter zerstört werden solle zugunsten von Profitinteressen. Das Präsidialsystem begünstigt das Durchregieren.

Für Macrons sehr sinnvollen Versuch, im tief gespaltenen Frankreich eine Dialogkultur einzuführen, stehen drei Signale: Mit einer großen nationalen Debatte, dem Grand Débat, sollten 2019 die Stimmungen im ganzen Land erkundet, die Wünsche der Menschen festgehalten und daraus politische Entscheidungen abgeleitet werden. Die große nationale Debatte über drei Monate war die Antwort auf die militante Gelbwestenbewegung und bewirkte tatsächlich eine gewisse Beruhigung der Proteste. Eine riesige Maschinerie wurde angeworfen, an der sich über anderthalb Millionen Menschen aktiv beteiligten. Dabei kamen verschiedene Methoden zum Zuge. Teilweise wurde sogar auf Beschwerdeformen des Ancien Régime vor der Revolution von 1789 zurückgegriffen: In vielen Rathäusern lagen Beschwerdehefte aus, in denen insgesamt 720 000 Beschwerden handschriftlich notiert und auch ausgewertet wurden. Etwa 10 000 lokale Bürgerkonsultationen wurden veranstaltet, an denen 700 000 Menschen teilnahmen, im Schnitt 70 pro Veranstaltung. Außerdem fanden 21 regionale Bürgerkonferenzen mit insgesamt 1400 zufällig ausgelosten Personen statt, die sich auf Prioritäten und Lösungsmöglichkeiten verständigten.

Vorgegeben waren vier Themenbereiche: Umwelt, Steuern, Staatsaufbau und Demokratie. Der Präsident nahm an mehreren Ereignissen persönlich teil und diskutierte zwanglos mit. Viele Fotos zeigen ihn mit aufgerollten Hemdsärmeln konzentriert zwischen den Menschen sitzend, einen Notizblock vor sich. Der gesamte Dialog atmete den Geist von Teilhabe und Mitwirkung. Wohl noch nirgends in einer modernen Demokratie waren so viele Menschen in Grundsatzdebatten über die Zukunft ihres Landes aktiv eingebunden. Die Debatte mobilisierte viele, die noch nie an einer öffentlichen Veranstaltung teilgenommen hatten. Zwar gelang es nicht, die Unterprivilegierten und vor allem die Zuwanderergruppen so intensiv einzubeziehen wie erhofft. Zudem kamen zu den Veranstaltungen deutlich mehr Männer mit höherer Bildung, als es ihrem Anteil an der Bevölkerung entsprach. Dennoch zeigte sich die Mehrheit der Franzosen dem Instrument gegenüber aufgeschlossen und befürwortete die Fortsetzung solcher Dialogformate.

Aus dem großen Katalog der Wünsche wurde einiges Wirklichkeit, insbesondere die Aussetzung der höheren Dieselsteuer, die der Anlass für die Gelbwestenbewegung gewesen war. Zugesichert wurde, dass keine Schulen und Krankenhäuser mehr ohne Zustimmung des jeweiligen Bürgermeisters geschlossen werden durften. Eine Mindestrente von 1000 Euro bei einer Mindestzahl von Beitragsjahren fand leicht verändert ihren Weg in die Rentenreform 2023. Die Erhöhung des Strompreises wurde auf vier Prozent gedeckelt – er wäre sonst vielleicht zehnmal stärker angestiegen. Gerade diese Preisdeckelung war der Furcht vor den Gelbwesten geschuldet. Sie ist aber zweischneidig, denn in Frankreich ist dadurch der Wille zum Energiesparen bei der Bevölkerung deutlich weniger entwickelt als in Deutschland.

Dennoch waren viele enttäuscht vom Grand Débat. Es hatte die unrealistische Erwartung geherrscht, mit dem Dialog werde es möglich sein, zeitnah mehr Steuergerechtigkeit herzustellen, das Bildungssystem zu verbessern, die sozialen Verhältnisse grundlegend zu ändern. Es sollte, kurz gesagt, eine Art friedliche Revolution ausgelöst werden, und zwar ohne Rücksicht auf die komplizierte Maschinerie der Interessen in Politik und Wirtschaft. Es war nicht klar geworden, dass ein solcher Dialog in seiner Breite zwar die Richtung für gewünschte Veränderungen anzeigen, nicht aber parlamentarische Aushandlungsprozesse und Entscheidungen ersetzen konnte.

Ein ähnliches Schicksal ereilte den zweiten Weg, den Klimabürgerrat, den die Regierung als Reaktion auf den Grand Débat 2019 einberief. Es wurden 150 Bürgerinnen und Bürger ausgelost, um auf mehrtägigen Sitzungen die Treibhausgasproblematik zu erörtern. 149 sehr detaillierte Maßnahmen wurden empfohlen. Wiederum war der Prozess aufwendig und sorgfältig organisiert, mit Experten, Informationsmaterial, professioneller Moderation. Die Teilnehmenden erhielten 80 Euro pro Sitzungstag plus Spesen und Lohnersatz auf der Basis des Mindestlohns. Sie verbrachten sieben verlängerte Wochenenden damit, Experten aus den Bereichen Klima, Landwirtschaft und Handel anzuhören. Sie trafen sich mit Gesetzgebern, Ökologinnen und Branchenführern und berieten über Themen wie Wohnen, Verkehr, Fast Fashion, Plastik und Lebensmittel. Die 149 Bürgervorschläge, die mit großer

Mehrheit verabschiedet wurden, finden sich inzwischen zu insgesamt etwa 40 Prozent in Gesetzen und Maßnahmen wieder. Am 10. Februar 2021 legte die Regierung einen Gesetzentwurf zur Umsetzung von Empfehlungen des Bürgerrates vor. Darin wurden 19 ganz und 75 teilweise übernommen. Im Sommer desselben Jahres beschloss die Nationalversammlung ein umfassendes Gesetzespaket zum Klimaschutz, das unter anderem ein Werbeverbot für die klimaschädlichsten Produkte vorsieht, die verpflichtende Einführung von Umweltzonen in Ballungsräumen mit mehr als 150 000 Einwohnenden bis zum 31. Dezember 2024, ein Verkaufsverbot ab 1. Januar 2030 für Fahrzeuge, die mehr als 95 Gramm CO_2/km ausstoßen, sowie von Kurzstreckenflügen, bei denen das Ziel mit der Bahn in weniger als 2,5 Stunden erreichbar ist. Projekte für neue Flughäfen oder Erweiterungen können nicht als im öffentlichen Interesse liegend erklärt werden, wenn sie zu einem Anstieg der Emissionen im Vergleich zu 2019 führen. Auch wird ein Straftatbestand Ökozid geschaffen und nicht nur bei Gewässerverschmutzung verfolgt, sondern auch bei Boden- und Luftverschmutzung. Die Höchststrafen sind zehn Jahre Haft und eine Geldstrafe von 4,5 Millionen Euro.

Das ist eine beachtliche Erfolgsliste. In der Öffentlichkeit wurde sie jedoch überwiegend anders bewertet, denn drei Forderungen hatte Macron sofort und definitiv abgelehnt: die Verminderung der Höchstgeschwindigkeit auf Autobahnen von 130 auf 110 Stundenkilometer; eine vierprozentige Abgabe auf Dividenden zur Finanzierung der Energiewende sowie die Verankerung des Umweltschutzes als vorrangiges Ziel in der Präambel der französischen Verfassung. Dazu hatte Präsident Macron eigentlich ein Referendum versprochen – doch beide Kammern des Parlaments verweigerten dies 2021. Die brüske Ablehnung dieser Themen entgegen dem Versprechen einer ungefilterten Übernahme der Forderungen überschattete unglücklicherweise vollständig den Umstand, dass so viele Vorschläge tatsächlich im Klimagesetz berücksichtigt wurden, wenn auch oft in abgeschwächter Form. Gemessen am üblichen politischen Betrieb ist dies ein hoher Wirkungsgrad. Und darüber hinaus waren die bisher umfangreichsten, spektakulär gut ausgestatteten, gut organisierten Dialogprozesse in Europa angestoßen worden. Doch da im Land eine Kompromisskultur noch nicht tief verankert ist, konzentriert sich die öffentliche Meinung darauf, das Erreichte süffisant abzuwerten und nur das Nichterreichte zu thematisieren.

Auch in Deutschland folgen Medien leider zu gerne dieser negativen Bewertung der französischen Bürgerdialoge. Die tieferen Veränderungen in der Kultur, die wachsende Bürgerkompetenz, das Lernen der Verwaltung und die längerfristigen Wirkungen auf die politische Kultur bleiben unbeachtet.

Das dritte Element von Macrons Beteiligungsstrategie, der losbasierte Bürgerrat zur Sterbehilfe, legte seinen Bericht im April 2023 vor. Die Ergebnisse waren eindeutig: 75,6 Prozent der Teilnehmenden votierten für Möglichkeiten zur Sterbehilfe, ausformuliert in 67 Empfehlungen. Dabei spielte die Forderung nach einer umfassenden Verbesserung der Palliativmedizin, also der guten Begleitung Sterbender auch mit einer intensiven Schmerztherapie, eine große Rolle. Andererseits sollte niemand aus dem Medizinbereich zur Sterbehilfe verpflichtet werden. Der Bericht, der auch darauf achtet, die Minderheitenpositionen gegen eine aktive Sterbehilfe detailliert darzulegen, lässt jedoch viel Raum für die Beurteilung durch den Gesetzgeber.

Der Vorbildcharakter dieses Bürgerrats lag übrigens auch darin, dass die Teilnehmenden eher großzügig bezahlt wurden – wegen der in Irland gemachten Erfahrung, dass dies vor allem für Menschen mit geringem Einkommen eine große Rolle für ihre Bereitschaft zu einem längeren Engagement spielt. In Frankreich gab es eine Aufwandsentschädigung von 2500 Euro für die insgesamt neun dreitägigen Sitzungen, also für 27 Tage. Das entsprach 92 Euro pro Sitzungstag. Diese Anzahl an Sitzungen ermöglichte tatsächlich eine gründliche Befassung. Wer in dieser Zeit Verdienstausfälle hatte, erhielt dafür zusätzlich elf Euro pro Stunde. Außerdem wurden alle Kosten für Reisen, Unterkunft, Verpflegung und ggf. Kinderbetreuung übernommen. Die finanzielle Komponente trug viel zum Gefühl des Ernst-genommen-Werdens bei. Wir wissen aus der Forschung, dass die Bezahlung für Menschen aus der Mittel- und Oberschicht zwar meist nicht entscheidend für ihre Teilnahmebereitschaft ist, aber bei Geringverdienenden spielt sie sehr wohl eine Rolle, und bei einem so hohen Zeitaufwand ist sie außerdem ein echtes Signal für die Bedeutung und Wertschätzung von Expertise.

Das Verfahren wurde gemeinsam mit den Bürgern gestaltet. Sie konnten bestimmte Fachleute oder Organisationen anhören und auf Wunsch einen Besuch in einer Gesundheitseinrichtung oder im Ausland fordern. Fachleute versorgten die Teilnehmenden mit Informationen. Auf 100 Seiten wurden reale Patientengeschichten präsentiert, um sich mit dem bestehenden gesetzlichen Rahmen vertraut machen zu können. Hinzu kamen grundsätzliche Informationen wie Schlüsselzahlen und Infografiken sowie ein Überblick über die Gesetzgebung in anderen Ländern. Der jüngste Teilnehmer war 20, der älteste 87 Jahre alt.

Der Bürgerrat zum Thema Sterbehilfe könnte für sich genommen wirklich ein großer Erfolg werden und als Modell für einen besseren Austausch von Bürgern und Politik und für eine Vertiefung der Demokratie dienen. Während ich dies schreibe, ist allerdings noch nicht klar, wie weit das Parlament den Vorschlägen folgen wird.

Jedoch macht es die Gesamtsituation in Frankreich sehr schwer, ein solches Format wirksam in den politischen Entscheidungsprozess einzufügen. Das Präsidialsystem hemmt jede Kompromissbildung. Die Politik des Dialogs muss aber in die grundsätzliche Bereitschaft von Regierung und Parlament eingebettet sein, Partizipation zu einem Grundprinzip ihrer Ent-

scheidungsfindung zu machen sowie selbst Kompromisse untereinander zu finden. In Macrons Frankreich steht dem leider zu
vielen Themen eine verzweifelt rigide Politik der Durchsetzung
von Gesetzen von oben entgegen. Millionen demonstrierten im
Mai 2023 gegen eine Rentenreform, die die Regierung für dringend erforderlich hält. Sie wurde dann mit einem verfassungs-
rechtlichen Kniff ohne Abstimmung im Parlament durchgesetzt.
Das wiederum verschärfte die demokratische Glaubwürdigkeits-
krise des Präsidenten. Konsequent wäre es gewesen, er hätte auch
zu diesem Konfliktthema einen Bürgerrat einberufen – das hätte
die Chancen auf einen sachlichen Dialog sicher verbessert. So
aber wurde wieder einmal die unbarmherzige Haltung des strik-
ten Dagegenseins von links wie rechts verstärkt.

Bei den Unruhen in den migrantisch geprägten Vorstädten
liegen die Probleme noch tiefer als bei den Sozialreformen. Seit
Jahrzehnten haben es die diversen Regierenden versäumt, die
nordafrikanischen Familien gesellschaftlich zu integrieren. Dabei
sind sie oft ins Land gekommen, weil sie einst in Algerien die französische Kolonialmacht unterstützt hatten. Die Lektion: Wenn
jeglicher politische Rahmen für die Bearbeitung eines schwer-
wiegenden Missstands fehlt, ist ihm auch mit Dialogen nicht
beizukommen. Seit 2017 darf die Polizei sogar Schusswaffen bei
Verkehrskontrollen benutzen, was sehr zur Eskalation beiträgt. Es
sterben immer wieder junge Menschen.

Inzwischen schlägt Macron allen Ernstes vor, bei extrem gewalttätiger Randale von Jugendlichen, wie in den Vorstädten im
Juni 2023, die Eltern zu bestrafen, zur Not auch mit Gefängnis.
Es sind meistens Alleinerziehende! Das ist eine veritable populistische Kapitulation – ähnlich wie manchmal in den USA bei
Rassenkrawallen. Wichtiger wäre es, darüber zu sprechen, dass die
Polizei in Frankreich keinen intensiven Kontakt zur Bevölkerung
hat, dass sie sehr wenig von Deeskalation und Prävention ver-
steht und politisch sehr weit rechts steht. Das war schon bei den

Studentenunruhen 1968 so. Und die liegen 55 Jahre zurück. Der Weg von einer verfestigten politischen Kultur der Spaltung zu einer Dialogkultur ist weit.

Und es droht der konservative Rollback. Allerdings hat Macron im Januar 2024 mit Gabriel Attal einen neuen Premierminister berufen, der als junges Abbild des Präsidenten gilt. Er ist populär, eloquent und bemüht sich, konservative Kreise stärker einzubinden, insbesondere durch eine restriktive Migrationspolitik und eine offensiv säkulare Schulpolitik. So hatte er als Bildungsminister das Tragen der Abaya, des bodenlangen Gewandes aus dem islamischen Kulturkreis, für Schülerinnen verboten. Attal ist homosexuell und steht zugleich für eine gewisse gesellschaftliche Liberalität: ein jüdischer Vater und eine russisch-orthodoxe Mutter, gepaart mit einer französischen Eliteerziehung, verbinden ihn mit vielen Milieus. Vielleicht findet er den Mut, die entstehende demokratische Dialogkultur in Frankreich zu festigen.

Er bewegt sich jedenfalls auf einem schmalen Grat zwischen der Anerkennung konservativer Wünsche, die im demokratischen Spektrum liegen, und der Anbiederung an extremistische fremdenfeindliche Positionen. Diesen Tanz auf einem dünnen Drahtseil führen inzwischen etliche Parteien in Europa auf – das Schauspiel wird gerade ergänzt durch eine Darbieterin in Deutschland namens Sahra Wagenknecht. Auch sie folgt dem neuen Drehbuch von Bewegungen, die ganz auf eine Person zugeschnitten sind – wie es schon Emmanuel Macron, Sebastian Kurz oder Donald Trump vorgemacht haben.

Kapitel sechs

The Länd: der Bürgerdialog als Regelfall

In Baden-Württemberg wurden in den vergangenen Jahren gute Erfahrungen mit konstruktiven Problemlösungen gerade durch zufallsbasierte Bürgerforen gemacht. Sogar zu einem großen, seit Langem gärenden Streitthema: nämlich zur Frage, ob das Gymnasium weiterhin achtjährig oder nicht doch neunjährig sein soll, sodass es wie früher erst nach 13 Schuljahren zum Abitur führt. Die meisten westdeutschen Bundesländer sind nach einer mehrjährigen Phase von G8 aufgrund erheblicher Elternproteste zu einem neunjährigen Gymnasium zurückgekehrt. In den neuen Bundesländern, Berlin sowie Hamburg und Bremen blieb es bisher ohne größere Debatte beim achtjährigen Zugang. In Baden-Württemberg ist die Rückkehr zu G9 bisher auch nicht erfolgt. Das G8-Abitur war dort unter der CDU/FDP-Regierung 2005 auf Druck der Wirtschaft eingeführt worden mit dem Ziel, junge Menschen früher an die Universität und in den Arbeitsmarkt zu bringen und mit dem »Turbo-Abitur« eine höhere Effizienz des Schulsystems zu erreichen. Die Wirkungen von G8 sind gesellschaftlich hochumstritten, die wissenschaftliche Datenlage ist äußerst unklar. Klar dagegen ist die Stimmungslage, die vermittelt, dass eine große Mehrheit der Eltern von Gymnasiasten für eine Rückkehr zu G9 eintritt.

Die Grünen als Regierungspartei unterstützen jedoch weiter die G8-Variante für das Gymnasium und weisen darauf hin, dass auf den berufsbildenden Gymnasien und teilweise auch an Gemeinschaftsschulen ein neunjähriger Weg zum Abitur offensteht. Inzwischen liegt die Quote der Abiturienten aus den beruflichen Gymnasien in Baden-Württemberg tatsächlich bei deutlich über einem Drittel. Diese Schulen laufen im G9-Betrieb. Das ist für den Arbeitsmarkt wichtig, denn gerade diese berufsorientierten Absolventen bedienen den sehr knappen Arbeitsmarkt für Fachkräfte. Rührige Mütter haben mit einer Unterschriftensammlung jedoch einen Volksantrag initiiert. Fast 107 000 Unterschriften standen unter der Forderung, die neun Jahre auch im klassischen Gymnasium wieder einzuführen.

Die Möglichkeit für einen solchen Volksantrag war 2015 von der damals grün-roten Landesregierung beschlossen worden. Ein solcher Antrag benötigt ein halbes Prozent oder gegenwärtig rund 39 000 – von der jeweiligen Wohngemeinde beglaubigte – Unterschriften aller Wahlberechtigten. Der Landtag muss sich nun aufgrund des hohen Unterschriftenergebnisses mit der Forderung nach Wiedereinführung von G9 befassen. Im Falle einer Ablehnung will die Initiative mit 10 000 weiteren Unterschriften ein Volksbegehren für eine Volksabstimmung. Um dies zum Erfolg zu führen, bräuchte es dann allerdings zehn Prozent aller Wahlberechtigten, immerhin etwa 760 000 Stimmen. In dieser Gemengelage wurde ein Bürgerforum zum Thema nach dem Zufallsprinzip einberufen. Kretschmann erklärte, er sei sich sehr bewusst, dass die große Mehrheit der Eltern für die Wiedereinführung von G9 sei, wolle aber die Argumente den Bürgerinnen und Bürgern gründlich zur Abwägung vorlegen.

Von den 55 Personen war knapp die Hälfte selbst ohne Abitur, mehr als ein Drittel mit Migrationshintergrund. Es ging also darum, die Debatte mit Menschen aus allen Altersgruppen und Lebenslagen zu führen. Das Forum befasste sich nicht nur eng mit der Frage der Dauer des Gymnasiums, sondern auch mit weiteren Themen, die damit eng zusammenhängen: mit Bildungszielen und Anforderungen an die Schülerinnen und Schüler, Bildungs-gerechtigkeit, Auswirkungen auf Freizeit und Sport, auf Wirt-schaft, Hochschulen, Zivilgesellschaft und Ressourcen. Es setz-te sich in den Beratungen bei den Teilnehmenden die Meinung durch, der neunjährige Weg zum Abitur sei für die Jugendlichen in schwierigen krisenbelasteten Zeiten die bessere Form des Er-wachsenwerdens. Sie sind damit Teil der westdeutschen öffent-lichen Meinung, die in Ostdeutschland und im Ausland oft auf Verwunderung stößt, etwa in Österreich, Frankreich oder Skan-dinavien, von den USA und England ganz zu schweigen. Ledig-lich meine Enkelkinder in Italien finden sich in einem ähnlich be-hüteten Gymnasialmodell mit 13 Jahren Schulzeit.

Nach sechs Sitzungen wurde im Dezember 2023 die Kurz-fassung des Bürgergutachtens vorgestellt und eine Rückkehr zum neunjährigen Gymnasium empfohlen, wobei in jedem Landkreis mindestens ein G8-Gymnasium weiter angeboten werden sollte. Allerdings ist diese Empfehlung sorgfältig mit anderen Forderun-gen verknüpft, etwa der nach einem stufenweisen Aufbau von G9. Es müssten die Auswirkungen auf andere Schularten geprüft und neu bereitgestellte Gelder dürften keinesfalls nur für Gymnasien verwendet werden. Nach Meinung des Bürgerforums geht es um eine ganzheitliche, schulartübergreifende Reform für eine bessere Umsetzung der Bildungsziele.

Das Gutachten trug erheblich dazu bei, die stark polarisierte Diskussion zu öffnen und mögliche Kompromisse anzudeuten. Mit dem Rückenwind der sehr differenzierten Bürgervorschläge und unter dem Druck des Volksantrags, wird nun von der Landes-regierung zeitnah ein Fahrplan zur Rückkehr zu G9 entwickelt – begleitet von intensiven Verbesserungen im Grundschulbereich. Das ist gerade in diesen Zeiten eine Herausforderung, aber für die Zukunft des Landes insgesamt wohl unausweichlich. Die schon lange angedachte echte Einbeziehung der Vereine in die Nachmittagsbetreuung und damit auch der Zugang etwa zu verschiedenen Sportarten für alle Kinder wird dabei wohl eine wichtige Rolle spielen. Und das Bürgerforum bietet der Landesregierung die Möglichkeit, ihre bisherige Position mit dem Rückenwind aus der Bevölkerung zu korrigieren. Es geht jetzt darum, die verschiedene Akteure, auch die Kommunen, weiterhin an dieser Umgestaltung zu beteiligen.

In den Medien herrschte zu Beginn des Bürgerforums eine etwas unklare und oft herablassende Einstellung zu dem Vorgehen. Eben weil der Bürgerrat möglicherweise Kompromisslinien eröffnet, wurde er mit Misstrauen betrachtet oder eher als Larifari oder Gedöns abgetan. Die Tonlage hat sich inzwischen merklich verändert. Allgemein wird das Bürgerforum inzwischen als wichtiger und inhaltlich seriöser Beitrag zur Debatte gewürdigt. Eine Entwicklung, die wichtige Perspektiven eröffnet: Schon allein, dass ein Volksantrag gestellt wurde, hatte demokratische Wirkung gezeigt und die Regierung letztlich gezwungen, sich der Thematik neu zu stellen. Da das Bürgerforum eine Reaktion der Regierung auf den Volksantrag war, verkörpert es die Themensetzung für Bürgerräte von unten, wie sie oft gefordert wird und auch in Vorarlberg und Ostbelgien bereits möglich ist. Im Koalitionsvertrag des Landes von 2021 steht die Absicht, genau dieses Anrecht auf Durchführung eines Bürgerforums in der Verfassung zu verankern. Oder auch, jeden Volksantrag durch einen Bürgerrat zu begleiten. Die Gremien sind in Baden-Württemberg inzwischen gut in den politischen Entscheidungsprozess integriert, viel selbstverständlicher als in anderen Bundesländern oder auf Bundesebene.

Ein Parlament geht voran

Neben der Landesregierung hat in Baden-Württemberg auch der Landtag das Instrument der Zufallsauswahl erfolgreich an-

gewandt. So bei einem heftigen Konflikt 2017 um die Abge-
ordnetenversorgung, als sich die Parlamentarier nicht auf ein Modell einigen konnten. Die innovative grüne Landtagspräsidentin
Muhterem Aras erkannte das Potenzial eines Bürgerdialogs zu
diesem sehr kontroversen Thema. Das Bürgerforum zur Abge-
ordnetenversorgung, wie stets bunt zusammengesetzt, einigte
sich nach umfangreicher Experteninformation einstimmig auf
den Vorschlag, die Abgeordneten sollten wie die Parlamentarier
von NRW einem Versorgungswerk beitreten, keinesfalls aber
eine Staatspension erhalten. Ein parallel zum Bürgerrat tagendes
Expertengremium kam zu ähnlichen Überlegungen, allerdings
nicht einstimmig, und ließ zugleich mehrere Alternativen offen.
Die Presse begleitete das Bürgerforum insgesamt wohlwollend.
Der Landtag schloss sich dem Bürgervotum tatsächlich an.

Ich habe dieses Bürgerforum sehr befördert, da es den Beteiligten Gelegenheit gab, sich einmal näher mit dem Beruf des
Abgeordneten zu befassen. Bereits seit meiner Kindheit kannte
ich die vielen Vorurteile gegenüber Parlamentariern: Sie seien
faul, inkompetent, erschienen nicht zu den Sitzungen, verdienten
zu viel Geld. Jetzt hatten die Teilnehmenden Gelegenheit, Abgeordnete zu begleiten und zu befragen. Sie gewannen dabei viel
Respekt für deren komplexe Aufgaben, befürworteten auch eine
gute Bezahlung und angemessene Alterssicherung, lehnten aber
dennoch den Wunsch nach einer Beamtenpension ab mit der Begründung, dass die Parlamentarier näher an den Lebensverhält-
nissen anderer Menschen bleiben sollten.

Der Landtag in Stuttgart führte ab Herbst 2022 ein weiteres
Bürgerforum als Begleitung der parlamentarischen Enquête-
kommission »Krisenfeste Gesellschaft« durch. Den traurigen Anlass dafür hatte die Flut im Ahrtal in Rheinland-Pfalz im Sommer 2021 gegeben. Das Forum bestand aus 62 Personen, davon
ein Drittel mit Migrationshintergrund. Es tagte sechsmal, davon
dreimal virtuell.

Teilweise nahmen Abgeordnete an den Treffen teil und tauschten sich mit den Bürgern aus. Die Begegnung von Abgeordneten mit einem Bürgerrat ist generell ein wichtiges Thema. In Irland waren zwar nach der ersten Citizen Assembly Abgeordnete als Teilnehmer wieder ausgeschlossen worden, weil sie die Diskussion zu stark dominiert hatten. Allerdings bleibt es eine ungelöste Frage, wie denn Abgeordnete der Intelligenz, Begeisterung und Kreativität der Menschen in den Bürgerräten tatsächlich begegnen können. Ein im Ausschuss vorgelegtes Papier kann das nicht vermitteln. Auch Parlamentarier bewegen sich bekanntlich sehr oft in ihrer jeweiligen politischen Landschaft und haben selten Zeit und Gelegenheit, sich wirklich vertieft und objektiv jenseits ihrer Ausschüsse mit neuen Themen zu befassen. Eine bessere institutionelle Verknüpfung von Bürgerrat und Abgeordneten bleibt daher eine wichtige Aufgabe.

Im internationalen Lernumfeld gibt es gerade dafür neue Lösungen. So hat das Regionalparlament von Brüssel sogenannte Deliberative Committees eingesetzt, also Ausschüsse, in denen Abgeordnete und Zufallsbürger gemeinsam Themen setzen und bearbeiten. Die Abgeordneten stellen 15 Mitglieder, 45 weitere sind zufällig ausgewählte Personen. Die Arbeit an Themen erfolgt in Kleingruppen, die Abgeordneten nehmen intensiv daran teil. Dieses Format erwies sich als sehr erfolgreich. Durch die Zusammenarbeit über mehrere Sitzungen hinweg verstehen die Abgeordneten die Argumente der Beteiligten viel besser und engagieren sich stärker für die konkrete Umsetzung von Empfehlungen durch das Parlament. Umgekehrt steigt die Bereitschaft von gewöhnlichen Bürgern, sich an einem solchen gemischten Ausschuss zu beteiligen, weil sie sich mehr praktischen Umsetzungserfolg versprechen. Abgeordnete werden auf Wunsch für diese Komitees gezielt geschult, etwa in aktivem Zuhören, aber auch in »Co-Kreation«, also dem gemeinsamen Erarbeiten von Positionen. Ihnen bietet sich so eine große Chance, ihre Arbeitsweise neu zu denken und zu erleben. Möglicherweise wird eine solche echte Zusammenarbeit von Abgeordneten und Bürgern bei Bürgerforen in den nächsten Jahren deutlich zunehmen oder sogar der neue Standard von Beteiligung werden. Es könnte ein wichtiger Hebel zur größeren Wirksamkeit von Bürgerforen werden.

Kommunen als fruchtbare Beteiligungslandschaften

Die größte Verbreitung fand die Beteiligung in Baden-Württemberg indessen auf der kommunalen Ebene. Hier ist es auch am wirkungsvollsten gelungen, Protest mit Dialogverfahren zu verknüpfen, und zwar indem ein Bürgerforum oder ein anderes intensives Beteiligungsverfahren vor einem Bürgerentscheid angesetzt wird. Ein Beispiel für einen solchen Kompromiss ist ein Bürgerentscheid im Januar 2023 in Bischweier bei Rastatt. Dort ist im Auftrag der Mercedes Benz AG ein Standort für Vormontage und Logistik geplant, der mit einer starken Erhöhung des Verkehrs einhergehen wird. Der Standort grenzt an Wohngebiete, was bei den Anwohnern zu großen Vorbehalten gegenüber dem Projekt führte. In einem Bürgerforum im Herbst 2022 diskutierten 34 zufällig ausgewählte Bürgerinnen und Bürger in viermal vier Stunden die Schwerpunktthemen Verkehr und Auswirkungen auf die Region. Eine umfangreiche Themenlandkarte bildete alle wichtigen Fragestellungen ab. Im Zug der Beratungen wurde das ursprüngliche Konzept für den Standort tatsächlich verändert. Es wurde neben der Logistik ein Teil der Vorproduktion an den Standort verlagert, damit überhaupt Gewerbesteuer für den Ort anfällt, die dann der Gemeinde zugutekommt. Und es wurden Straßenanbindungen so verändert, dass die Bewohner deutlich weniger belastet sind. Die sehr transparente Debatte und das Entgegenkommen der Investoren bewirkten, dass der Bürgerentscheid im Januar 2023 zugunsten des Projekts ausfiel, und zwar mit einer deutlichen Mehrheit von 76 Prozent.

Ein solcher Verlauf ist alles andere als selbstverständlich. Hin und wieder kommt es immer noch vor, dass Bürgerentscheide ohne begleitende Beteiligung durchgeführt werden und wichtige Ansiedlungsprojekte dann tatsächlich scheitern, zum Beispiel in Aichelberg im Kreis Göppingen im Mai 2023 ein neues Gewerbegebiet.

Ablehnungen können für Baden-Württemberg in seinem gegenwärtigen Strukturwandel gefährlich sein. Für die Zukunft ist es entscheidend, nicht nur die Planung und die Genehmigungsverfahren zu beschleunigen, sondern auch Beteiligungskonzepte zu entwickeln, die echte Kompromisse zwischen Anwohnenden und Investoren ermöglichen unter Einhaltung des Naturschutzes und der Eindämmung des Flächenverbrauchs. Diesen Gegensatz einzuhegen gelingt nur, wenn dafür seitens der Investoren volle Transparenz hergestellt und echte Zugeständnisse an die Bürger gemacht werden.

Hier kommt die von der Landesregierung eingerichtete Servicestelle ins Spiel, die im November 2023 ihre Arbeit aufgenommen hat. Sie wurde aus der seit 2011 bestehenden Stabsstelle für Zivilgesellschaft und Bürgerbeteiligung ausgegliedert und hat die Aufgabe, alle öffentlichen Stellen, besonders aber die Kommunen, bei Beteiligungsvorhaben zu unterstützen. Dabei kann es um Zufallsbürgerforen gehen, aber auch um alle anderen Modelle der Beteiligung, von Bürgerentscheiden bis zu runden Tischen, World Cafés oder Nachbarschaftsgesprächen. Die Servicestelle berät kostenlos. Sie nimmt Behörden vor allem die Arbeit und die Kosten für Ausschreibungen ab, mit denen Moderationsbüros gewonnen werden müssen. Das klingt sehr technisch und banal. Aber solche Ausschreibungen bilden eine große Hürde, denn sie erfordern viele Kenntnisse und Personen, die oft vor Ort nicht vorhanden sind. Gleichzeitig sind Ausschreibungen für größere Beteiligungsverfahren unvermeidlich. Die Servicestelle hält auch eine Liste von Moderationsbüros vor, die jederzeit und kurzfristig für eine Beteiligung abgerufen werden können und deren Qualität gesichert ist. Sie hat Erfahrung, was die gröbsten Fehler bei Beteiligungsverfahren sind, und hilft, sie zu vermeiden. Das Angebot ist freiwillig. Für die wirtschaftliche Zukunft des Landes aber kann es sehr hilfreich sein.

Lange Zeit hatte der Gemeindetag, die Organisation der kleineren Gemeinden, die stärkere Verankerung von Beteiligung und direkter Demokratie im Land durch die grün geführte Regierung heftig kritisiert. Die Zulassung von Bürgerentscheiden über Bebauungspläne in der Gemeindeordnung wurde als großes Hindernis für die Ortsentwicklung und den wirtschaftlichen Erfolg betrachtet. Das hatte sich in einer eigens dazu erstellten Studie der Verwaltungshochschulen zwar keineswegs bewahrheitet, doch die Skepsis vieler Bürgermeister blieb lange ungebrochen und schwelt weiter. Daher werden in Baden-Württemberg die Kommunen ab sofort durch die Serviceagentur dabei unterstützt, Bürgerbeteiligung durchzuführen. Das bedeutet oft eine Koppelung von Zufallsbürgerforum und Bürgerentscheid. Dabei lassen sich oft Lösungen finden, die sowohl bürger- als auch wirtschaftsverträglich sind.

In Baden-Württemberg hat gerade diese nun institutionell gesicherte Kompetenz für dialogische Bürgerbeteiligung eine strategisch wichtige Bedeutung für die wirtschaftliche Zukunft des Landes. Sie kann beispielsweise gezielt dort von den Kommunen genutzt werden, wo ein Windpark durch einen Bürgerentscheid gefährdet ist, die Industrie aber genau diese Windenergie dringend verlangt. In Bayern dagegen hat die Landesregierung im Januar 2024 ein Desaster erlebt. Die Bürger des kleinen Dorfes Mehring im Landkreis Altötting haben einen geplanten Großwindpark im Chemiedreieck mit deutlicher Mehrheit abgelehnt. Gegen das Werben von Lokalpolitik und Staatsregierung. Es war eine Niederlage mit Ansage. Der Gemeinde standen keine Experten für dialogische Beteiligung zur Verfügung. Es fand null Bürgerbeteiligung statt. Die öffentliche Unterstützung des bayerischen Ministerpräsidenten Markus Söder und seines Koalitionspartners Hubert Aiwanger für das Projekt stieß auf taube Ohren bei der Bevölkerung. Allzu lange hatten beide die Windkraft verteufelt und den Ausbau verhindert. In Baden-Württemberg gibt es systematische Unterstützung für Gemeinden in dieser Lage. Es gilt, eine Verbindung von direkter Demokratie und konstruktivem Dialog zu schaffen. Das ist heutzutage kein Hexenwerk mehr.

Gefühlt größter Etappensieg

Die Auswahl der Beteiligten von Bürgerräten erfolgt in Deutschland oft mithilfe der Einwohnermelderegister. Das ist nicht trivial, denn grundsätzlich herrscht das Paradox, dass zwar jede private Firma das Einwohnermelderegister nutzen kann, um Werbung zu verschicken. Der Staat aber darf das bisher nicht, nur Kommunen können diese Daten nutzen. Aus der historisch begründeten Sorge vor einem möglichen Missbrauch der Daten blockieren bisher Bundesgesetze die Nutzung vieler der bei der Verwaltung vorhandenen Daten. Dieses sperrige Thema ist hinlänglich bekannt etwa aus dem Bereich der Gesundheitsdaten, aber auch aus der Wissenschaft.

In den vergangenen Jahren wurden mehrere bundesweite Bürgerräte durchgeführt, bei denen dennoch auf lokale Daten zurückgegriffen wurde, jedoch geschah dies in einer Art rechtlicher Grauzone. Manche Kommunen verweigerten die Zusammenarbeit.

Es erschien uns deshalb dringlich, die Zufallsauswahl von der rechtlichen Unsicherheit zu befreien. In sehr langen Verhandlungen mit dem Datenschutzbeauftragten des Landes gelang es, ein Gesetz zu formulieren, das genau diesen Zweck erfüllt. Durch dieses »Gesetz zur dialogischen Bürgerbeteiligung« wird die Methode der Zufallsauswahl zur öffentlichen Aufgabe erklärt. Nach Jahren des Zweifels vor allem von Juristen an der Sinnhaftigkeit oder Zulässigkeit solcher Beteiligung erlebte ich dies wie einen Ritterschlag im juristischen Umfeld. Eine Landesbehörde muss nun laut Gesetz der Meldebehörde darlegen, nach welchen Auswahlkriterien und für welche Bürgerbeteiligung die Daten erhoben werden sollen. Diese Daten dürfen dann ganz offiziell für das jeweilige Beteiligungsformat verarbeitet werden. Das ist ein großer Schritt auf dem Weg zur festen Verankerung von Zufallsbürgerbeteiligung als legitimem Baustein demokratischer Entscheidungsfindung.

Das Gesetz wurde im Februar 2021 verabschiedet. Für mich war es kurz vor meinem Ausscheiden mit der Landtagswahl im März ein gefühlt großer Etappensieg auf dem Weg zu einer neuen Beteiligungsdemokratie für das Land und weit darüber hinaus. In anderen Bundesländern und auf Bundesebene fehlt eine solch sichere Rechtsgrundlage noch.

Nicht immer bilden jedoch Melderegister die Basis für die Teilnehmerauswahl von Bürgerräten. In Frankreich wird oft die Wasserrechnung als Adressquelle benutzt. Auch Telefonbücher werden häufig verwendet, obwohl sie inzwischen längst nicht mehr alle Haushalte erfassen. Oder es gilt das Prinzip, bei jeder fünften oder zehnten Wohnung zu klingeln.

Für die Gewinnung der Teilnehmer der Citizen Assembly zur Sterbehilfe in Irland hatte ein Markt- und Meinungsforschungsinstitut Telefonnummern zufällig generiert, und zwar 85 Prozent Handynummern und 15 Prozent Festnetznummern. Diese Auswahlmethode könnte wegweisend sein auch für andere Länder, gerade wenn es keine Einwohnermeldedaten gibt.

Und die junge Generation heute?

Die heutige junge Generation im Umfeld von Grünen, Jusos, Fridays for Future oder sogar Extinction Rebellion ist insgesamt wesentlich sachkundiger, konkreter, weniger aggressiv und viel dialogbereiter, als es meine Generation war. Sie ist auch keineswegs antidemokratisch im Sinn der Liquidierung oder »Überwindung« des Parlamentarismus, auch wenn der oft heftige zivile Ungehorsam der Klimaschützer nicht immer den strengen Regeln des demokratischen Rechtsstaats folgt. Doch dies geschieht eher aus Verzweiflung über das reale oder vermeintliche Versagen des parlamentarischen Prozesses und mündet nicht, jedenfalls bisher nicht, in Aufrufe zur Abschaffung der Parlamente. Im Hinblick auf die Wirtschaft schwanken ihre Forderungen zwischen der entschlossenen Förderung erneuerbarer Energien und der Entwicklung einer praktischen Kreislaufwirtschaft, Konsumverzicht und der Überwindung des Kapitalismus als Wirtschaftssystem insgesamt. Die Transformation wird insgesamt gewaltfrei gedacht. Eine Klima-RAF ist nicht in Sicht. Auszuschließen sind verzweifelte Radikalisierungen allerdings nie, zumal wenn sich die Klimakrise weiter deutlich verschlimmert.

Zum konkreten politischen Betrieb hat aber auch diese neue Jugendbewegung wenig Zugang. Vielmehr hat sie – verständlich angesichts der drängenden Klimaprobleme – große Mühe, die komplizierten, mühseligen und oft zu langsamen Prozeduren und Entscheidungen zu akzeptieren. Die meisten dieser jungen Leute können sich persönlich mit der Perspektive etwa eines späteren Bürgermeisteramtes oder Gemeinderatsmitglieds in der Provinz nicht anfreunden, obwohl sie oft von dort kommen. Sie verlassen ihre Herkunftsorte meist für ein Studium. Eher denken sie an eine Zukunft in internationalen Organisationen, bei Verbänden, NGOs, Thinktanks, bei Medien. Manche begeben sich direkt aus dem Hörsaal in die Politik, selten, indem sie sich in einer Wahl bewähren, sondern beispielsweise als Mitarbeitende von Abgeordneten in den Parlamentsfraktionen. Von dort aus wagen später manche den Sprung in eine Kandidatur – und umgehen so die konkrete Erfahrung lokaler Gemeindepolitik etwa in Bürgerinitiativen oder Umweltgruppen. Auch gut ausgebildete, politisch engagierte Frauen machen oft lieber gleich den Schritt in die Bundespolitik oder nach Europa, als sich in den Niederungen der Kommunal- oder Landespolitik zu bewegen. Nicht zuletzt, weil dort die Männerdominanz besonders stark ausgeprägt ist.

Andererseits studieren heute an den Verwaltungshochschulen Baden-Württembergs überwiegend Frauen. Diese Hochschulen sind traditionell die Kaderschmieden für Bürgermeister in Baden-Württemberg. Doch die jungen Frauen, die hier anzutreffen sind, sehen sich eher als fachlich kompetente Verwaltungsbeamtinnen, vielleicht auch als zukünftige Amtsleiterinnen. Die Belastungen und massiven Konflikte, die ein Bürgermeisteramt gerade heute oft mit sich bringt, schrecken sie dagegen eher ab.

Schon mit 16 in die Räte?

Die grün geführte Regierung im Land verfolgt die Idee, die Attraktivität der Kommunalpolitik auf besondere Weise zu steigern. 2015 änderte der Landtag in der Gemeindeordnung unter anderem den Paragrafen 41a und hat so die Rechte von Kindern und Jugendlichen bei kommunalen Entscheidungsprozessen deutlich gestärkt. Kinder *sollen* und Jugendliche *müssen* nun an Entscheidungen beteiligt werden, von denen sie betroffen sind. Das klingt für naive Ohren trivial, ist es aber nicht. Denn viele Gemeinden waren vorher der Ansicht, sie leisteten schon genug für die Jugend.

Ein noch größerer Schritt ist die Herabsetzung des Wahlalters für Kommunal- und Landtagswahlen auf 16 Jahre. Damit werden junge Leute in einer Phase erreicht, in der sie noch nicht von beruflichen oder familiären Anforderungen vereinnahmt sind. Bei der baden-württembergischen Kommunalwahl 2014 konnten 16-Jährige erstmals mitmachen und beteiligten sich stärker als die über 18-Jährigen. Niedersachsen hatte diese Möglichkeit als erstes Bundesland bereits 1996 eingeführt. 2022 wurde auch das Wahlalter für die Landtagswahlen in Baden-Württemberg auf 16 Jahre abgesenkt. Für die kommende Europawahl 2024 hat der Bundestag ebenfalls das Wahlalter 16 beschlossen. In vielen Ländern Europas besteht dagegen starker Widerstand, weil konservative Parteien fürchten, damit jungen eher linken oder grünen Kräften zu viel Raum zu geben.

Spannend zu beobachten wird sein, wie sich eine im Vergleich mit anderen Ländern richtig weitgehende Neuerung auswirken wird: Bei der Kommunalwahl 2024 in Baden-Württemberg können erstmals 16-Jährige auch als Kandidaten aufgestellt werden. Und 18-Jährige können Bürgermeister werden. Beide Entscheidungen sind nicht unumstritten, aber anerkennenswert ist das Bemühen, jungen Menschen mehr Gewicht in der Politik zu geben, damit ihre Zukunft nicht so stark von der Generation der Rentner und Pensionäre bestimmt wird.

Kapitel sieben

Der Bürgerrat erreicht die Bundesebene

Der Verein »Mehr Demokratie« hat seit der Wende mit großem Engagement und Erfolg dazu beigetragen, Volks- und Bürgerentscheide in den Verfassungen von mehreren Bundesländern zu verankern oder zu erleichtern. Eines der wichtigsten Ziele des Vereins ist die Einführung des Volksentscheids auf Bundesebene. Unsere Politik in Baden-Württemberg, die sehr stark auf informelle und frühe Beteiligung setzt und damit teilweise Bürger- oder Volksentscheide ausbremst oder erst dann ansetzt, wenn Kompromisse in Sicht sind, wurde von den Vertretern von »Mehr Demokratie« dagegen oft sehr kritisch kommentiert.

Das Ziel eines Volksentscheids auf Bundesebene ist bisher auch in den Parteiprogrammen von Grünen und SPD, von FDP und AfD enthalten. Nur die CDU hat dies bisher strikt abgelehnt und argumentiert, sie baue konsequent auf die repräsentative parlamentarische Demokratie. In der Bevölkerung gibt es in allen Umfragen eine starke Befürwortung von Volksentscheiden. Jedoch sinkt sie bemerkenswerterweise mit höheren Bildungsgraden. Bildungsferne Menschen erhoffen sich, nicht ganz zu Unrecht, dass sie bei der direkten Demokratie leichter als sonst Entscheidungen verhindern oder erzwingen können.

Spätestens seit dem britischen Brexit ist aber deutlich geworden, dass das Modell Volksentscheid in Deutschland gegenwärtig keine großen Realisierungschancen hat. Die Bedenken, dass es dabei zu irrationaler Aufhetzung der Bevölkerung kommen kann, wiegen nun schwerer als früher. (Dabei haben in der Geschichte durchaus auch Parlamente den Weg für Diktaturen freigemacht, man erinnere sich an Hitlers Ermächtigungsgesetz von 1933.) Hinzu kommt als Kritik, dass die direkte Demokratie am lautesten von ganz rechts gefordert wird, mit einem stark gegen die parlamentarische Demokratie als solche gerichteten Zungenschlag. Oft sollen dabei mit offener Unterstützung der Bevölkerung die Gewaltenteilung, der Rechtsstaat und die Meinungsfreiheit zugunsten eines ungebremsten Durchregierens eingeschränkt werden.

Angesichts der Tatsache, dass in Deutschland die Bereitschaft, einen Volksentscheid auf Bundesebene in der Verfassung zu verankern, stark nachgelassen hat, beschlossen die Vorstandsmitglieder des Vereins »Mehr Demokratie«, Claudine Nierth und Roman Huber, einen Politikschwenk für ihre Organisation. Zu meinem großen Erstaunen und meiner großen Freude suchten sie mich 2018 in der Villa Reitzenstein auf und berichteten, dass sie nunmehr auch auf das Konzept von Bürgerräten nach dem Zufallsprinzip setzen wollten. Dafür suchten sie den Austausch mit unserer Stabsstelle, mit unseren praktischen Erfahrungen, die wir sehr gern teilten. Das sollte sich im guten Sinne als folgenreich erweisen, denn ohne ihren Einsatz wäre die Entwicklung hin zu Bürgerräten auf Bundesebene niemals so schnell vorangegangen.

Von der relativ unbekannten Schöpflin-Stiftung in Lörrach hatten sie eine großzügige Förderung für die Durchführung eines bundesweiten Bürgerrats zur Gestaltung der Demokratie der Zukunft erhalten. Dies zeigte wieder einmal, dass Stiftungen eine sehr wichtige Rolle für die Demokratieentwicklung spielen können, so wie es ja auch die Bertelsmann Stiftung national und für Europa tut und die von der extremen Rechten so verteufelte Open Society Foundation von George Soros auf internationaler Ebene. Der ehemalige bayerische Ministerpräsident Günther Beckstein von der

CSU hatte sich bereiterklärt, diesen Bürgerrat zu moderieren. Es war die erste bundesweite Bürgerversammlung, bei der die Mitglieder per Losverfahren bestimmt worden waren. »Die Teilnehmenden bilden von Geschlecht, Alter, Bildung, Wohnort, Gemeindegröße und Migrationshintergrund her einen guten Querschnitt der Bevölkerung ab – ein echtes Mini-Deutschland. Von der jungen Mutter bis zum Rentner, vom Hauptschüler bis zur Akademikerin sitzen hier ganz unterschiedliche Menschen gemeinsam am Tisch. Das ist ein neues Element der politischen Beteiligung, das den gesellschaftlichen Zusammenhalt stärkt«, erklärte Claudine Nierth. Und weiter: »Frauen, junge Menschen, Nichtakademiker und Menschen mit Migrationshintergrund sind in den Parlamenten unterrepräsentiert. In unserem gelosten Bürgerrat wird die Vielfalt der Gesamtbevölkerung besser abgebildet.«

Einen Bürgerrat für das ganze Land hatte es in Deutschland zuvor noch nie gegeben. Es waren 98 Gemeinden verschiedener Größenklassen nach einem wissenschaftlichen Schlüssel ausgelost und angeschrieben worden. 76 Gemeinden hatten sich bereiterklärt, eine Zufallsauswahl aus ihren Einwohnermelderegistern zu ziehen. Die Wissenschaft hatte 160 Teilnehmende vorgeschlagen, um den Föderalismus ausreichend abbilden zu können. Die auf diese Weise per Los ermittelten Bürger wurden angeschrieben und nach Leipzig eingeladen. 250 bewarben sich, 160 davon aus 50 Kommunen wurden erneut ausgelost und waren nun dabei. Die Teilnehmenden staunten, dass es wirklich möglich war, sich auf Prioritäten zu einigen. Sie plädierten für Volksentscheide auf Bundesebene, sprachen sich aber auch ganz nachdrücklich dafür aus, Zufallsbürgerräte zu wechselnden Themen bundesweit einzuführen. Außerdem votierten sie dafür, auf Bundesebene eine Stabsstelle ähnlich der in Baden-Württemberg zu schaffen, angesiedelt beim Kanzleramt. Dies wurde bei der Regierungsbildung 2021 leider nicht aufgegriffen – Kanzler Scholz ist dem Thema gegenüber eher zurückhaltend. Er setzt bekanntlich darauf, die

Menschen mit erfolgreichen Maßnahmen zu »versorgen« und zu beruhigen, ohne allzu viel störende Beteiligung. Der damalige Bundestagspräsident Wolfgang Schäuble nahm die Ergebnisse des ersten Bürgerrats entgegen und setzte sich dafür ein, den Bundestag für die Inhalte zu interessieren. Ganz praktisch schuf er ein Referat, das zukünftige Bürgerräte am Bundestag vorbereiten sollte. Er hatte schon früher im persönlichen Gespräch mit mir Interesse an diesem Format geäußert, während er gegenüber Volksentscheiden sehr skeptisch blieb – wie seine ganze Partei.

Auf den Bürgerrat zur Zukunft der Demokratie folgte im Januar und Februar 2021 ein zweiter, diesmal unter Schäubles Schirmherrschaft, der sich mit »Deutschlands Rolle in der Welt« befasste und wegen der Coronakrise virtuell stattfand. Dieser Bürgerrat wurde vor allem von Stiftungen finanziert, vom Verein »Mehr Demokratie« organisiert und war nicht direkt mit dem Bundestag verknüpft. Eine äußerst eindrucksvolle Expertenliste aus den Bereichen Wissenschaft, Diplomatie, Politik und Publizistik referierte zu verschiedenen Sachfragen, angeführt vom britischen Historiker und Doyen der Europolitik, Timothy Garton Ash. Ein Bundeswehrgeneral sprach neben anerkannten Friedensforschern, Vertretern der Entwicklungshilfeorganisationen, der Wirtschaft und Parteien. Die Liste liest sich wie ein hochkarätiger, äußerst ausgewogener Expertenkongress zum Thema mit dem Unterschied, dass diese ganze Expertise aufgeboten wurde, um 160 ausgeloste Normalbürger in ihrer Meinungsfindung zu unterstützen. Es handelte sich also um eine Art verdichtetes Seminar in einer Bürgerwinteruniversität.

Das Thema war allerdings sehr breit gefasst, aus heutiger Sicht wohl zu breit. In vier Untergruppen zu den Themen Nachhaltigkeit und Entwicklung, Wirtschaft und Handel, EU sowie Frieden und Sicherheit wurden 139 (!) Empfehlungen für die Politik erarbeitet, die meisten davon mit nur wenigen Gegenstimmen. Sie zeichneten ein Bild, das Deutschland als Partner für andere

Länder in einer eher »weiblichen« Vermittlungsrolle, fest eingebunden in multilaterale Strukturen, sah. Wünsche aus dem Ausland, Deutschland solle mehr Führungskraft zeigen, wurden zurückhaltend bewertet – auch könne Deutschland nicht wirklich Vorbild für andere sein.

Die Wirtschaft solle deutlich auf Nachhaltigkeit ausgerichtet werden und Deutschland dies auch in seinen Handelsbeziehungen vertreten – einschließlich eines starken Lieferkettengesetzes. Die Bundeswehr solle eher auf Friedenssicherung und Spezialeinsätze hin orientiert sein, allerdings das Zwei-Prozent-Ziel für Verteidigungsausgaben eingehalten werden. Und das, obwohl der Ukrainekrieg und die Zeitenwende im Sicherheitsdenken zu diesem Zeitpunkt nicht einmal vorstellbar waren! Für Europa sahen die Teilnehmer auf jeden Fall eine stärkere Vereinheitlichung der Entscheidungsfindung und die Schaffung von Mehrheitsentscheidungen vor sowie ein gemeinsames Asylrecht als notwendig an. Auf keinen Fall solle Deutschland international dominant auftreten.

Insgesamt spiegelten die Ergebnisse das wider, was in der deutschen Gesellschaft vor der Zeitenwende bürgerlich-liberal-ökologisch kompromissfähig war und sich für politisches Handeln in der kommenden neuen Koalitionsregierung von 2021 gut anbot. Ein Abgleich des Koalitionsvertrags mit den Handlungsempfehlungen zeigt, dass sich tatsächlich viele der Bürgerempfehlungen dort wiederfinden, aber kaum, weil sie aus dem Bürgerrat kamen, sondern weil sie sozusagen dem aufgeklärten Zeitgeist entsprachen, mit einer Extraportion Friedensorientierung. Die Befürchtung, Bürgerräte könnten sich in extreme Positionen verirren, war wieder einmal deutlich widerlegt.

Bei den Abstimmungen der Mitglieder der Bürgerrats über die einzelnen von ihnen entwickelten Vorschläge erhielten diese meist eine überwältigende Zustimmung. Interessanterweise aber stimmten 38 Personen gegen den Vorschlag, mit China einen stärkeren, auch kulturellen Austausch zu pflegen. Doch noch war die

Hoffnung auf eine gedeihliche Kooperation groß: Nur 25 Personen stimmten gegen den Vorschlag, sich für ein partnerschaftliches Verhältnis zu Russland einzusetzen und durch die Partnerschaft demokratische Werte zu vermitteln. 31 Gegenstimmen fand folgender Vorschlag: »Deutschland muss internationale Maßstäbe setzen, indem es Nachhaltigkeit im Grundgesetz verankert und ein Nachhaltigkeitsministerium einsetzt, welches die Koordination, Kontrolle und Überwachung über andere Ministerien innehat und für Transparenz sorgt.« Dem standen 116 Jastimmen entgegen. Ein Zeichen, dass 2021 ein breiter Konsens zugunsten einer entschlossenen, durchaus rigiden Nachhaltigkeitspolitik unter den Menschen bestand.

Dieser so wichtige Konsens ging erst im Frühjahr 2023 teilweise verloren, als Teile des Parlaments und der Medien im Rahmen der Heizungsdebatte mit oft äußerst polemischen Argumenten grundsätzliche Zweifel an dieser politischen Haltung schürten und letztlich das entschlossene und auch schnelle Handeln im Hinblick auf den Klimawandel bei immer größeren Teilen der Bevölkerung in Misskredit geriet – ungeachtet der Tatsache, dass weltweite Hitzewellen und Fluten die Dringlichkeit gleichzeitig ständig vor Augen führten.

Insgesamt war der Bürgerrat eine spektakulär hochwertige Weiterbildung für die Menschen, vorgetragen von den Besten ihrer Disziplinen und dabei politisch ausgewogen. Er blieb jedoch folgenlos. Die meisten Parlamentarier befassten sich nämlich nicht konkret mit den Ergebnissen, obwohl sie in etlichen Ausschüssen und Gremien und auch in der Regierung vorgestellt wurden. Wie denn auch? Es fehlte an konkreter Zuspitzung auf ein Thema oder wenigstens an einigen markanten und handhabbaren Resultaten, die dann in einen Gesetzgebungsprozess hätten einmünden können. Deshalb ließ dieser Bürgerrat die Abgeordneten entweder etwas ratlos oder gleichgültig zurück, wenn auch diffus bestärkt in einigen Grundorientierungen. Wer genau hinsah, erkannte, dass die Bürger keineswegs utopische und politisch verantwortungslose Konzepte vertraten, sondern eher pragmatisch orientiert waren. Doch für das Parlament ergab sich daraus kein sinnvoller Handlungsauftrag.

Die fehlende institutionelle Verknüpfung mit dem Bundestag zeigte sich noch einmal und noch krasser bei einem weiteren Bürgerrat, der 2021 zum Klima stattfand. Dänemark, Finnland, Frankreich, Großbritannien, Irland und Schottland hatten solche Bürgerräte mit unterschiedlicher Verbindlichkeit bereits durchgeführt. Nun sollte Deutschland folgen. Da es keinen direkten Auftrag durch die Regierung oder das Parlament gab, entschloss sich die Zivilgesellschaft selbst zum Handeln und ließ sich durch 70 Organisationen vertreten, die vom Parlament völlig unabhängig waren. Schirmherr war der frühere Bundespräsident Horst Köhler. Wieder kamen 160 zufällig ausgewählte Menschen zusammen und diskutierten in zwölf Sitzungen über mögliche Maßnahmen zum konkreten Umgang mit der Klimakrise. Wiederum wurden sie von hochkarätigen Expertinnen und Experten aus Wissenschaft, Wirtschaft und Zivilgesellschaft bestens informiert. Wieder finanzierten Stiftungen, darunter Schöpflin, Mercator und die Open Society Foundation, einen sehr sorgfältig geplanten professionellen Ablauf.

Die Beratungen betrafen vier Themenfelder: Energie, Gebäude und Wärme, Ernährung, Mobilität. Die zahlreichen Empfehlungen orientierten sich konsequent an der Einhaltung des 1,5-Grad-Ziels für die Erderwärmung und an der Priorität des Klimaschutzes. Ein Tempolimit wurde nur knapp befürwortet, aber insgesamt sprachen sich die Teilnehmer in allen Sektoren für entschlossene Maßnahmen aus, die auch staatliche Eingriffe verlangten. Der Bürgerrat fand im Frühjahr 2021 statt, um der nach den Wahlen erwarteten neuen Regierung den Wunsch vieler Menschen für entschiedenen Klimaschutz mit auf den Weg zu geben. Hier aber zeigte sich der Pferdefuß: Weder die Regierung noch das Parlament begleiteten die Veranstaltungen oder befassten sich mit dem Gutachten, es fand auch nicht Eingang in die Beratungen zum Koalitionsvertrag.

In den Medien gab es keine ausführliche Berichterstattung dazu: Weder stellten sie die Empfehlungen breit dar, noch wurde verfolgt, welche Vorschläge von der Politik umgesetzt wurden.

Doch diesen Rückhalt suchte die neue Ampelregierung auch gar nicht, als sie ihre kontroversen Gesetze vorlegte. Sie war damit beschäftigt, lang gehegte Pläne nun endlich möglichst rasch durchzusetzen. Zudem hatte sie schon ein halbes Jahr nach Regierungsantritt wegen des Ukrainekriegs die Energiekrise zu managen. Man war sich der Zustimmung der Menschen allzu sicher – denn bis heute gilt, dass die große Mehrheit der Menschen im Land ernsthafte Klimaschutzmaßnahmen fordert.

Ein Aha-Erlebnis

Das Thema Bürgerräte und Zufallsauswahl hat also seinen Weg nach oben, auf die Bundesebene, gefunden. Sie sind nun seit 2021 glücklich im Berliner Koalitionsvertrag verankert. Mit großer Erleichterung hatte ich diesen kleinen Passus gelesen: »Wir werden Bürgerräte zu konkreten Fragestellungen durch den Bundestag einsetzen und organisieren. Dabei werden wir auf gleichberechtigte Teilhabe achten. Eine Befassung des Bundestages mit den Ergebnissen wird sichergestellt.« Nur wussten viel zu wenige Parlamentarier oder Regierungsmitglieder etwas damit anzufangen. Die Mehrheit der Abgeordneten und der Regierungsmitglieder und überwiegend auch die politische Öffentlichkeit und Medien hatten keinerlei Vorstellung, was dies bedeuten könnte.

Im Herbst 2023 startete dann nach heftigem Ringen intern der erste Bürgerrat beim Bundestag, und zwar unter der Überschrift »Ernährung im Wandel. Zwischen Privatangelegenheit und staatlichen Aufgaben«. Im Mai, als die Weichen endgültig gestellt werden sollten, stimmte die Union mit einem Mal der Einsetzung des Bürgerrats durch den Bundestag nicht zu. Diese Ablehnung war bedauerlich und kam völlig unerwartet, denn die Fraktion hatte nicht nur das Ernährungsthema vorgeschlagen, sondern dank Wolfgang Schäuble die Idee von Bürgerräten am Parlament auch praktisch vorangebracht. Das plötzliche Nein war wohl der gesamtpolitischen Lage 2023 geschuldet: Als Opposition hatten CDU und CSU offenbar beschlossen, keine gemeinsamen Projekte mehr zusammen mit der insgesamt stark kritisierten Ampelkoalition zu betreiben. Philipp Amthor, der CDU-Abgeordnete aus Mecklenburg-Vorpommern, äußerte sogar mehrfach im Fernsehen, Bürgerräte dienten der Delegitimierung des Parlaments, dafür sei jetzt nicht die Zeit.

Nicht nur die Union, auch die Nahrungsmittelindustrie und andere Interessengruppen beobachteten die Vorbereitungen äußerst skeptisch. Rasch zeigte sich jedoch bei den Sitzungen, dass dieser Bürgerrat sich anders entwickelte, als viele erwartet hatten. Wer aber befürchtet oder gehofft hatte, die Diskussion werde sich auf vegetarische oder vegane Ernährung konzentrieren, sah sich getäuscht. Ein starker Fokus lag stattdessen auf dem Tierwohl. Hohe Priorität wurde zudem klaren staatlichen Labels mit nachvollziehbaren Kriterien eingeräumt, die nicht von beliebigen privaten Stellen ausgegeben werden sollten. Und ganz unerwartet von der Öffentlichkeit kam der Wunsch nach kostenloser, gesunder und schmackhafter Schulverpflegung auf den ersten Platz der Liste der Forderungen, wiewohl die Teilnehmenden darüber aufgeklärt waren, dass dies sich im föderalen Deutschland letztlich an die Länder richte. Sie beharrten aber darauf, vom Bundestag zu verlangen, entsprechende Initiativen zu ergreifen. Denn das kostenlose gemeinsame Schulessen könne verhindern, dass viele Kinder gar keine Erfahrung mit gesundem Essen und einer gemeinsamen Esskultur mehr machen. Es entlaste Eltern und verhindere eine Ausgrenzung von Kindern aus ärmeren Familien. Insgesamt zeichnete sich ab, dass die Menschen vom Staat Qualitätskontrolle erwarten, kluge gezielt Steuerregeln, etwa zum Umgang mit Zucker, finanzielle Hilfe sowie umfassende Information und Beratung – nicht jedoch direkte Eingriffe in die persönlichen Essensentscheidungen oder gar Verbote. Mit einer Ausnahme: Eine Tierwohlabgabe auf Fleisch und andere tierische Produkte wurde von 71 Prozent der Teilnehmenden befürwortet, obwohl dies eine mäßige Preiserhöhung für die Verbraucherinnen bedeuten würde.

Grundsätzlich zeigte dieser Bürgerrat, dass die Ernährungsdebatte insgesamt in der Bevölkerung tatsächlich andere Schwerpunkte hat als in vielen städtischen und akademischen studentischen Milieus, wobei deren vegane oder biologische Orientierung ja keineswegs falsch ist, aber eben nur ein Mosaikstein von vielen. Ganz entscheidend war für mich außerdem, dass 15 Abgeordnete aller Fraktionen, auch der AfD, an einer der Sitzungen teilgenommen haben. Für die meisten war die Begegnung mit der Arbeitsweise des Bürgerrat ein echtes Aha-Erlebnis, die teilweise vorhandene Skepsis wich einer Anerkennung für die ausgewogenen engagierten Debatten auf hohem Niveau.

Die Ergebnisse werden in einer Plenardebatte diskutiert und dann an die zuständigen Ausschüsse des Bundestages übergeben. Ein weiteres gemeinsames Vorgehen zur Umsetzung einzelner Punkte ist vorstellbar, auch wenn kurz vor dem Ende die Union doch wieder ausscherte. Die Ergebnisse des Bürgerrats werden nach der Übergabe zeitnah in einer Plenardebatte diskutiert werden – eine hohe Wertschätzung für das Ergebnis – und dann an die zuständigen Ausschüsse des Bundestags überwiesen. Es ist nicht unwahrscheinlich, dass einige der Empfehlungen auf den Weg gebracht werden können, zumal etwa der Vorschlag für eine Tierwohlabgabe von einer Kommission stammt, die noch von der früheren CDU-Landwirtschaftsministerin Julia Klöckner eingesetzt worden war. Und zumal das Thema durch die Bauernproteste stark an Dringlichkeit über die Parteigrenzen hinweg gewonnen hat. Leider hat sich der Erste Parlamentarische Geschäftsführer der CDU-Fraktion Thorsten Frei anlässlich der Ergebnisse in einem Post negativ zum Instrument Bürgerrat geäußert, obwohl er im Bundestagswahlkampf 2021 Bürgerräte als Hilfe zur Entscheidungsfindung sehr begrüßt hatte. Der Schwenk war eine bedauerliche taktisch-parteipolitische Meinungsänderung und heftiger Affront gegenüber den Teilnehmenden des Bürgerrats, die da gerade in mehr als 18 Stunden Videositzungen und an drei ganzen Wochenenden ihr demokratisches Engagement aktiv ausgedrückt und sich dabei sehr konstruktiv auf den Bundestag bezogen hatten.

Langfristig könnten und sollten jedenfalls gerade große Streitthemen wie Asyl und Migration, Integration, die europäische Erweiterung oder die Sicherheitsarchitektur Europas bearbeitet werden. Denn Volksentscheide zu solchen Fragen wären zu explosiv. Fundierte sachliche Debatten dagegen können extremen Positionierungen und Desinformationskampagnen entgegenwirken.

Der Schatten der Revolution von 1918 und andere Bedenken

Ich habe viel darüber nachgedacht, warum in der Öffentlichkeit, in der Politik, in den Medien und auch in der Wissenschaft weiterhin dieses gewisse grummelnde Unbehagen gegenüber dem Modell der Bürgerräte besteht. Ein Faszinosum, mit dem sich sogar ein Nobelpreisträger befasst hat, weil »lustig« sei, so der Wirtschaftswissenschaftler Robert Shiller bei einem Vortrag in Yale, »dass Erfindungen, die einfach und naheliegend erscheinen, irgendwie lange Zeit brauchen«. Der Rollkoffer sei ein Beispiel dafür, dass sich das Potenzial einer scheinbar bahnbrechenden Idee oft erst im Nachhinein erweise. Die Zufallsbeteiligung wird ihr Orchideenimage auch nur sehr langsam los. Auch wenn etliche Autoren und manche Aktivistinnen sie sogar als möglichen Ersatz für gewählte Parlamente sehen mit der Begründung, Letztere könnten wegen der kurzen Wahlperioden nur kurzfristig denken und entscheiden und deshalb Fragen mit langfristiger Perspektive nicht lösen. Insbesondere könnten sie keine unbequemen Anforderungen an die Menschen stellen, weil sie wiedergewählt werden wollten.

Parteien müssen sich behaupten, auf sich und ihre Positionen aufmerksam machen. Sie handeln aufgrund der Konkurrenzlogik im Konfliktmodus, um sich voneinander abzugrenzen. Daher sind in den Medien, in der veröffentlichten Meinung, Kompromisse nicht wirklich gut beleumundet, weil – wegen Klicks und Quote – vor allem in den Mittelpunkt gerückt wird, wer verloren und wer gewonnen hat, statt die Bemühungen im Sinne des Gemeinwesens zu erläutern. Wer ganz ohne Vorurteile Bürgerräte in ihrer unerschrockenen Diskussionsweise, ihrer pragmatischen und konstruktiven, parteiübergreifenden Logik und ihrer Freude beim schrittweisen Ersinnen gemeinsamer Konzepte erlebt, könnte tatsächlich versucht sein, sich die Zukunft der Demokratie eher so vorzustellen.

Jetzt folgt das große Aber: Es fehlt ihnen die Legitimation der Wahl in der parlamentarischen Demokratie. Trotz der stetig wachsenden Praxis wirken sie deshalb eindeutig nicht als Ersatz für gewählte Gremien, sondern als Ergänzung. Als Hilfe bei der Vorbereitung von Entscheidungen. Als Chance, die Sichtweisen der nicht organisierten Menschen in die Entscheidungsfindung einzubeziehen und damit als Korrektiv zu dienen. Immerhin hören die Parlamente traditionell ja auch Verbände und Experten an, ehe sie Gesetze verabschieden. Lobbys haben sichtbar und unsichtbar großen Einfluss. Für einfache Bürgerinnen und Bürger aber gibt es keine unmittelbaren Zugänge zum Parlament. Um genau diese Möglichkeit geht es – als Ergänzung. Kontinuität und Professionalität, die in der heutigen komplexen Welt unverzichtbar sind, garantieren dagegen Berufspolitik und Expertentum. Winfried Kretschmann hatte dies 2011 Stuttgarter Bürgern mit folgenden Worten erklärt: »Ihr sollt in Zukunft genauso viel Einfluss bekommen wie die Lobbys der Wirtschaft.« Viele Medien, Wissenschaftler und Politiker fordern, statt Bürgerräte einzurichten, solle das Parlament, sollten auch die Parteien selbst wieder sichtbarer werden, sich mehr Bedeutung und Sichtbarkeit zurückerobern.

Natürlich ist es sinnvoll, dass Parlamente und ihre Debatten wieder mehr Bedeutung, mehr Sichtbarkeit und Selbstbewusstsein bekommen, dass Abgeordnete sich kraftvoll genau dafür einsetzen. Aber Bürgerräte stehen dazu nicht im Gegensatz. Im Gegenteil: Durch sie bekommen wichtige Fragen, die im parlamentarischen Betrieb entschieden werden müssen, eine größere Sichtbarkeit. Bundestagspräsidentin Bärbel Bas hat genau das erkannt, die Sozialdemokratin setzt sich sehr für Bürgerräte ein. Sie sieht hier die Chance einer lebendigeren Öffentlichkeit und einer besseren Verknüpfung ihrer Arbeit mit den Menschen im Land. Deshalb hat sie die Strukturen für die Durchführung von Bürgerräten am Bundestag deutlich gestärkt.

Ich bin mir sicher, dass auch vage Erinnerungen an die Arbeiter- und Soldatenräte nach dem Ersten Weltkrieg diffuse Ängste gerade bei Älteren hervorrufen, die daher eine gewisse Skepsis gegenüber Bürgerräten hegen. Diese Räte waren keineswegs zufällig zusammengesetzt, sondern bestanden aus Wortführern der lokalen revolutionären Linken, die die Geschicke anstelle eines gewählten Parlaments lenken sollten. Sie fanden oft ein blutiges Ende, sehr schnell wurden sie durch die parlamentarische Demokratie der Weimarer Republik ersetzt, die zwar eine wegweisende Verfassung erhielt, aber leider niemals im ganzen Volk aus Überzeugung akzeptiert wurde. Den einen war sie nicht revolutionär genug, für die anderen verkörperte sie die Macht des Pöbels anstelle der untergegangenen Monarchie. Da die Erinnerungen an diese Phase den Begriff »Bürgerrat« von vornherein bei manchen Menschen mit Misstrauen belasten, haben wir uns in Baden-Württemberg dafür entschieden, stattdessen möglichst oft den Begriff »Bürgerforum« zu wählen. Revolutionen aller Art sind in Deutschland nicht positiv besetzt – anders als in Frankreich und Amerika.

Mythen und Halbwissen: Repräsentativ? Stimmt ja gar nicht!

Noch eine Frage wird mir sehr oft gestellt, und ich vermute, es wird leider noch lange dauern, bis die Antwort in einer breiteren Öffentlichkeit auf fruchtbaren Boden fällt. Auch deshalb schreibe ich dieses Buch. Es geht um die Zusammensetzung der Räte und darum, ob sie, weil sie nicht wirklich repräsentativ zusammengesetzt sind, überhaupt legitim seien. Das Zufallsprinzip soll zwar gewährleisten, dass Menschen aus allen Schichten und mit den unterschiedlichsten Lebenserfahrungen an einem Bürgerforum teilnehmen. Doch der Zufall regiert hier nicht blind: Durch Quoten wird darauf geachtet, dass die Geschlechter, Altersgruppen, Bildungsabschlüsse und Regionen ungefähr entsprechend ihrem Bevölkerungsanteil einbezogen werden. Um dies zu erreichen, werden aus den freiwilligen Rückmeldungen entsprechende Gruppen gebildet. Die Ziehung erfolgt nach komplexen Algorithmen – für manche Kritiker ist dies eine unzulässige Aufweichung des Zufallsprinzips.

Andere monieren, dass die Verteilung grundsätzlich äußerst verzerrt sei – denn in der Tat nehmen an Bürgerräten zwar Menschen aus verschiedensten Milieus teil, aber in der Regel doch solche, die ein Mindestinteresse an politischen Fragen haben. Durch ordentliche Aufwandsentschädigungen und persönliche Ansprache ist es gelungen, die Anteile von finanziell schlechter gestellten Menschen deutlich zu erhöhen, aber gänzlich politikfeindliche Milieus sind in der Tat wenig vertreten.

Immer wieder werde ich auch gefragt, ob Bürgerräte ein Mittel sein können, populistisch radikalisierte Menschen für konstruktive Gespräche und insgesamt für die Demokratie zurückzugewinnen. Das ist wohl eher selten der Fall, da sich viele dieser Personen Gesprächen mit Andersdenkenden von vornherein verweigern. Ich selbst habe in meiner Jugend eine solche Phase der Abschottung innerhalb eines vermeintlich revolutionären Milieus durchgemacht.

Dort sind die Abwehrmechanismen gegenüber Außenstehenden und anderen Argumenten heftig. Bürgerräte können aber dazu beitragen, Zweifelnde und unsichere Menschen im Gespräch zu halten, ihre geistige Abwanderung in geschlossene Hasswelten zu verhindern, sozusagen die Mitte zu verbreitern und zu festigen.

Die umgekehrte Sorge ist, dass Bürgerräte vielleicht von extremen Positionen dominiert sein könnten und deshalb undemokratische Vorschläge entwickeln würden, etwa völkische im Sinn der AfD. Die Erfahrung zeigt, und zwar international: Dem ist nicht so. Die Menschen finden Lösungen, die meistens innovativ und zukunftsweisend sind, sich aber stets im demokratischen Rahmen bewegen und von einem herzhaften Pragmatismus gekennzeichnet sind.

Dafür ist allerdings eine intensive Berichterstattung in den Medien wichtig, die leider keineswegs selbstverständlich ist. Die Veranstalter müssen regelmäßig viel Zeit und Energie darauf verwenden, Zeitungen oder Fernsehen dafür zu interessieren. Wie oft bin ich in Interviews nur nach Konflikten bei der Bürgerbeteiligung gefragt worden, und die Enttäuschung beim Gegenüber war unübersehbar, wenn es keine heftigen Auseinandersetzungen zu vermelden gab. Leider sind es Konflikte, Skandale und Negativmeldungen, die das Medieninteresse am meisten befeuern. Hinderlich für die Medien ist auch, wenn die Zusammenhänge tatsächlich kompliziert sind.

Von den Auftraggebern manipuliert!

Auch an der Ergebnisoffenheit von Bürgerräten wird häufig gezweifelt. Oft wird vermutet, eine Verwaltung, eine Regierung lasse nur erwünschte Fragen zu. Oder sogar nur die Ergebnisse, die sie erwarteten. Die mit der Durchführung beauftragten Institute handelten angeblich ebenfalls in diesem Sinn, um weiterhin Aufträge zu erlangen. Dabei liegt die große Chance der Bürgerforen genau darin, dass sie von den mit Macht ausgestatteten Institutionen veranstaltet werden. Denn sonst fehlt genau das, was sie wichtig macht: ihre Verknüpfung mit den Institutionen und deren Entscheidungen.

Ein Bürgerrat hat viel mehr Chancen, dass zumindest Teile seiner Forderungen verwirklicht werden, als Versammlungen, Demonstrationen, Protestmärsche. Er bietet die Chance, dass Parlamente, Regierungen und Verwaltung direkt wahrnehmen, wo »normale« Menschen ihre Schwerpunkte setzen, und auch erkennen, dass diese durchaus kühne Maßnahmen befürworten und keineswegs nur ängstlich den Status quo verteidigen. Dies gilt zumindest dann, wenn Politik und Medien nicht alle Energie darauf verwenden, jede Bereitschaft zur Veränderung durch übertriebene Zweifel an allem zu untergraben. Bürgerräte zwingen häufig Behörden dazu, sich mit Ideen zu befassen, die sonst wahrscheinlich links liegen gelassen würden. Sie schlagen nicht nur große Maßnahmen vor, sondern auch kleine Schritte, die im Lebensalltag spürbar sind, die aber den Abgeordneten oder Ministerien oft gar nicht wichtig erscheinen oder mit denen sie sich nicht ernsthaft befasst haben.

Die Franzosen lieferten dafür wunderbare Beispiele. Ihr Klimarat hat nicht nur auf das Verbot von Kurzstreckenflügen hingewirkt, sondern auch erreicht, dass als Beitrag zur Kreislaufwirtschaft nun Gutscheine im Wert von sechs bis 25 Euro für die Reparatur von Kleidung oder Schuhen ausgegeben werden, statt sie wegzuwerfen. Außerdem sollen in Schulen vegetarische Mahlzeiten angeboten werden, öffentliche Gebäude müssen Trinkbrunnen einrichten, und für schlecht isolierte Gebäude soll ein Mietendeckel gelten. Das Thema eines Rechts auf Reparatur von Haushaltsgeräten hat inzwischen sogar seinen Weg in das EU-Parlament gefunden, allerdings leider nicht gekoppelt mit Reparaturgutscheinen.

Diese Maßnahmen werden teils heftig kritisiert von Umweltorganisationen und linken Parteien als zu kleinteilig, mit dem Vorwurf, von den großen Aufgaben des Klimaschutzes abzulenken. Das Klima lasse sich nicht durch reparierte Hemdkragen und eingesparte Kaffeebecher korrigieren. Die Kritik lautet, es gehe um große Strukturveränderungen und nicht darum, armen Leuten ein schlechtes Gewissen zu machen. Natürlich kann Klimapolitik sich nicht darauf begrenzen, dass die Wegwerfmentalität bei Konsumentinnen und Konsumenten durch kleine Hilfen oder Vorschriften abgebaut wird. Aber die französische Regierung will erreichen, dass die Wirtschaft etwa die Hälfte der nötigen Anpassungsmaßnahmen erbringt, staatliche Behörden etwa ein Viertel und die privaten Haushalte ein weiteres Viertel. Auch in Deutschland hören wir solche Argumente. Es stimmt, arme Leute haben ohnehin einen geringen ökologischen Fußabdruck, aber ist es deshalb zynisch, sie zum Energiesparen aufzufordern? Maßnahmen, die Menschen im Kleinen praktisch ansprechen, sind sinnvoller und notwendiger Teil des Kulturwandels. Sein und Bewusstsein bestimmen einander wechselseitig, wie wir seit Marx und Hegel wissen. Zwar haben wohlhabende Menschen tatsächlich den größten negativen Fußabdruck – und sollten entsprechend stärker als bisher belastet werden. Dem widersetzen sich bekanntlich bestimmte liberale und konservative Kräfte, und das ist falsch. Aber es wäre geradezu fatal, Menschen mit geringem Einkommen aus dem mentalen Kulturwandel auszunehmen. Das verstärkt nur ihre Ressentiments gegenüber vermeintlich grünen Themen und damit die kulturelle Spaltung. Wer ein Balkonkraftwerk anbringt, seine Kaffeemaschine reparieren lässt, gezielt gebrauchte Kleidung kauft, erlebt das als ein Stück eigene Wirksamkeit. Fahrradfahren oder Zufußgehen mögen bei einigen Menschen aus Armut resultieren – sie können aber auch als selbstbewusstes Handeln erlebt werden. Durchaus mit Stolz.

Zurück zur angeblichen Manipulation der Bürgerräte durch die Politik. Es trifft keineswegs zu, dass die Bürgerräte in Deutschland und Europa von ihren Veranstaltern zu sehr thematisch eingeengt und beeinflusst werden. Richtig ist das Gegenteil. Die

Praxis der vergangenen Jahre zeigt, dass sie immer sorgfältiger geplant und durchgeführt werden und dass durch wissenschaftliche Begleitgremien intensiv auf Ausgewogenheit geachtet wird – eben damit die Ergebnisse ebenso wie die Auswahl der Menschen über den Zweifel der Einflussnahme erhaben sind. Größer ist die Gefahr, dass Auftraggeber die Ergebnisse willkürlich behandeln, beispielsweise manch Unbequemes unter den Tisch fallen lassen. Es ist deshalb sehr wichtig, dass von vornherein klar definiert wird, wo die Empfehlungen vorgetragen werden können. Dass die Politik einen Bürgerrat aufmerksam begleitet, auch durch persönliches Zuhören. Dass sie sich tatsächlich mit den Ergebnissen befasst und dass nachverfolgt werden kann, was damit geschieht. Insbesondere muss aber auch begründet werden, was warum nicht umgesetzt wird.

Doch entgegen allen Befürchtungen, die Menschen würden eher frustriert durch solche Veranstaltungen, weil sie nicht den gewünschten Erfolg hätten, zeigt die Erfahrung vornehmlich eines, und zwar überwältigend: Wer dabei war, ist fast immer dankbar für die neuen Erkenntnisse, für die erlebte Wertschätzung und die unerwartete Möglichkeit, Politik konstruktiv mitzudenken und zu beeinflussen. Wer dabei war, entwickelt auch fast immer Verständnis für die Schwierigkeiten und Dilemmata der Politik. Genau hier aber liegt der tiefere Grund für die Skepsis so vieler Kritiker und so vieler Journalisten. Nach dem Motto: Es kann doch gar nicht sein, dass Missmut und Wut durch ein Klima der Kooperation ersetzt werden; da muss doch Manipulation im Spiel sein!

Wir sind das Volk

Oft wird als Kritik an Bürgerräten geäußert, die Abgeordneten verträten die Interessen des Volkes doch ausreichend und seien anders als die Räte durch Wahl legitimiert. Auch viele Verbände

und Organisationen der Zivilgesellschaft, darunter etwa Natur-
schutzverbände, vertreten die Ansicht, Zufallsbürgerräte seien
überflüssig. Sie selbst, die sogenannten Träger öffentlicher Be-
lange, werden ja bereits bei der Gesetzgebung angehört – wenn
auch je nach Ausrichtung der Regierung mit unterschiedlichem
Gewicht. Bei der SPD und der Linken genießen Gewerkschaften
und Sozialverbände mehr Gehör als Wirtschaftsverbände, bei grünen Ministerien haben Umweltverbände und Zivilgesellschaft ein
größeres Gewicht, bei der CDU spielen neben der Wirtschaft auch
die Kirchen eine große Rolle, bei der FDP der Mittelstand usw.
Oft kritisieren die Verbände zwar, dass die Anhörungen zu spät
erfolgen und oberflächlich bleiben. Jedoch sind die Anhörungen
unstrittig Teil des Verfahrens. Dieses Recht wurde mühsam er-
stritten.

Viele Verbände sind der Meinung, durch sie seien die Interessen der Bevölkerung ausreichend abgebildet. Da brauche es nicht
noch Laien mit zu wenig Sachverstand, die sich nun einmischen
wollen und sogar sollen. Vielfach sehen Verbände ihre Wirkung
durch Bürgerräte bedroht, teilweise zu Recht – denn es stimmt
tatsächlich, dass Bürgerräte oft andere Schwerpunkte setzen und
andere Forderungen stellen. So haben etwa Lehrergewerkschaften
oft deutlich andere Wünsche als Eltern oder Schülerinnen und
Schüler. Die Empfehlungen der Bürgerräte sind damit auch ein
Korrektiv manch enger Verbandspositionen.

Theoretisch liegt aber auch für die Verbändepolitik in Bürgerräten ein großer Gewinn, weil in diesen die Vorstellungen und
Lösungsvorschläge »normaler« Menschen jenseits jeglicher
Klientelpolitik zum Ausdruck kommen. Denken wir nur an die
schwindende Organisationskraft der Gewerkschaften, die viele
Gruppen nicht mehr ansprechen. Oder an die rückläufigen Mit-
gliederzahlen bei den Kirchen. Ganz zu schweigen von den Parteien. Mit Bürgerforen lässt sich sicher manche Schwäche überwinden.

Doch es bestehen nicht nur Bedenken und Skepsis aufseiten von Politik und Verbänden. Gegenwind kommt auch und gerade von politisch engagierten Menschen aus der Zivilgesellschaft. Protestbewegte Aktivistinnen blicken mit Argwohn auf Bürgerräte, die dem Parlament oder der Regierung zuarbeiten.

In Deutschland sind Umstürze aber kein anerkanntes Politikmodell. Durch das Betriebsverfassungsgesetz und die Mitbestimmung im Betrieb wurde das international hoch angesehene Modell der Mitwirkung in der Wirtschaft geschaffen, das auf Ausgleich und Dialog setzt. Selbst der bekannte Kapitalismuskritiker Thomas Piketty preist dieses Modell als vorbildlich – etwa für die USA. Der soziale Frieden in Deutschland wurde immer wieder auch durch den wirtschaftlichen Erfolg gesichert, der nun, in der Transformation, aber oft brüchiger geworden ist. Streiks sind inzwischen (wieder) Teil der Normalität – doch finden sich am Ende oft Kompromisse. Ausgehandelt in Nachtsitzungen, verkündet von bleichen Unterhändlern im Morgengrauen. Der gewerkschaftlich ausgehandelte Kompromiss gilt in Deutschland nicht als ehrenrührig, auch wenn die Ergebnisse der Wirtschaft meist zu hoch erscheinen und vielen Arbeitnehmenden als zu niedrig.

Der andere Ort, an dem Kompromisse entstehen, sind die Parlamente. Hier bilden sich Kompromisse in Ausschüssen und letztlich unter Ausschluss der Öffentlichkeit – die Antagonisten rücken dabei teilweise von ihren Positionen ab. Die Anliegen der Zivilgesellschaft werden dabei oftmals brüsk abgebügelt. Viele Forderungen, ob von Jugend- oder Frauengruppen, Migrantenvereinen, Umweltinitiativen oder Fahrradaktivisten, wurden im Laufe der Jahre im Ausschuss eines Gemeinderats, eines Landtags oder im Bundestag still beerdigt, die Wünsche nach Geldmitteln oft unter Verweis auf den Vorrang der Pflichtaufgaben beiseitegeschoben.

In der informellen Bürgerbeteiligung, wie wir sie in Baden-Württemberg mit einer Verwaltungsvorschrift und einem Leitfaden vorangetrieben haben, wurde diese Logik der Intransparenz und Abwehr durchbrochen, stattdessen wurde mit Transparenz und Partizipation eine Basis für die Vertrauensbildung geschaffen. Die Menschen werden früher und besser informiert, Verwaltungen lassen sich auf die Argumente der Bürger ein. So wird der Versuch unternommen, Brücken zwischen den verschiedenen Lagern zu schlagen. Zwar stehen sich bei dieser Art der Bürgerbeteiligung Gegner und Befürworter von Positionen gegenüber – als Interessenvertreter und Stakeholder. Aber Kompromissbildung funktioniert inzwischen auch in diesem Format leidlich gut; nicht selten entsteht dabei sogar ein Geist der Kooperation statt Gegnerschaft.

Ich denke beispielsweise gern an die Beamten aus dem Baden-Württembergischen Justizministerium, die sich 2015 zunächst mit innerlich großen Reserven auf das Beteiligungsverfahren für die Justizvollzugsanstalt Rottweil einlassen mussten und später voller Lob auf diese Phase zurückblickten. Dort waren Bürgerinnen und Bürger sogar aktive Teilnehmer am Architektenwettbewerb und erreichten schließlich, dass ein unkonventionelles Architekturmodell den Zuschlag erhielt: Ein gut in die Landschaft eingefügter Bau, dessen Sporthalle die umliegenden Gemeinden in Zukunft mit nutzen können. Vorangegangen war ein langwieriger Prozess der Standortsuche. Ich selbst stand damals bei mehreren Bürgerversammlungen aufgebrachten und skeptischen Menschen gegenüber. Gefängnisse, so die Erkenntnis, lassen sich nur sehr schwer mit Bürgerzustimmung errichten. So kehrte das Verfahren nach Rottweil zurück, wo schon seit mehreren hundert Jahren ein Gefängnis steht und die Menschen Erfahrung mit der Justiz haben. Und der mutige dortige Oberbürgermeister unterstützte eine sorgfältige Beteiligung.

Protestgruppen und Protestbewegungen haben gegenüber offiziellen Bürgerbeteiligungen aller Art oft eine sehr kritische Haltung – außer zu Bürger- und Volksentscheiden. Sie fürchten, dass ihre Ziele abgeschwächt oder verwässert werden, dass sich letztlich mächtigere Interessengruppen durchsetzen. Dass ihre Mitwirkung missbraucht wird, um die Gegnerschaft zu schwächen.

Manchmal mag es für eine Protestgruppe strategisch richtig sein, sich der Mitwirkung an einem Beteiligungsprozess zu verweigern. Dann nämlich, wenn sie stark genug ist, ihre Bedenken tatsächlich politisch durchzusetzen, denken wir etwa an die Antiatombewegung. Hier kämpften die Demonstranten grundsätzlich gegen den Bau von Atomkraftwerken oder Wiederaufbereitungsanlagen. Sie verhandelten nicht über das »Wie« solcher Anlagen, es ging vielmehr um das »Ob«. Ihr fundamentaler Widerstand zahlte sich letztlich aus – wobei wir uns heute allerdings fragen können, ob der völlige und kurzfristige Atomausstieg und die Abschaltung der letzten Atomkraftwerke in 2023 wirklich die einzig sinnvolle Lösung waren. In der Regel aber haben Protestbewegungen diese Durchschlagskraft nicht, selbst wenn sie groß und mächtig scheinen, wie es bei Fridays for Future zu Beginn der Fall war. Sie lösten zwar eine Welle von Veränderungen aus, die aber inzwischen im politischen Betrieb umso heftiger ausgebremst werden. Der Widerstand der Bauern wiederum verweist auf viel tiefer liegende strategische Probleme, etwa der EU-Agrarpolitik. Vielleicht vermag er langfristig hier Änderungen anzustoßen – doch vielleicht führt er auch zu einem opportunistischen Weiter-so durch Beschwichtigungsmaßnahmen.

Bei ausgelosten Bürgerräten ist eine völlig andere Dynamik im Gang als bei der klassischen Bürgerbeteiligung oder in der Protestbewegung. Oder auch als im Parlament. Hier geht es darum, nicht Gegner oder Befürworter einer bestimmten Position zu Wort kommen zu lassen, sondern eher unbeteiligte Menschen als Vertretung des Gemeinwohls einzuladen. Sie können Transformatoren sein, die die hohen Wellen des politischen Sturms in produktive Bahnen lenken und der Politik neue Vorschläge zur Gestaltung unterbreiten können. Das aber stößt unweigerlich auf Skepsis und

Misstrauen in jedem aktivistischen Milieu. Aber Bürgerräte sind eben eine Brücke vom Protest hin zu konkreten Maßnahmen der Politik und unterstützen die Bereitschaft zum Wandel in der Bevölkerung und in den Parlamenten. Sie signalisieren aber auch, wo eine Bereitschaft zum Wandel (noch) nicht vorhanden ist.

Das Konzept der Bürgerräte kann helfen, notwendige Veränderungen zu unterstützen – aber auch zu erkennen, wo viele Menschen skeptisch bis ablehnend bleiben. Das ist besonders wichtig für Kräfte, die sich als besonders fortschrittlich verstehen und unbedingt sehr schnell und tiefgreifend handeln möchten. Sie haben zwar meiner Meinung nach in vielerlei Hinsicht recht, doch ohne ein praktisches Bündnis mit konservativeren Menschen wird der Wahltag immer wieder zum bitteren Zahltag werden. Bürgerräte können den Raum für gemeinsames Handeln in der Mitte festigen und damit die Politik handlungsfähiger machen. Sie können helfen, eine ökologische und Soziale Marktwirtschaft konkret auszugestalten und die Interessen der einfachen Bürgerinnen und Bürger besser zu berücksichtigen. Je krisenhafter das Umfeld, desto wichtiger ist diese Rückbindung an die Menschen. Konsequent angewendet, kann sie die Hinwendung zum Autoritären – hoffentlich – bremsen.

Bürgerräte allein reichen so wenig wie Wahlen, um solche Gefahren zu mindern. Entscheidend ist, dass es auch eine aktive Zivilgesellschaft gibt, die Widersprüche artikuliert. Wo diese widerständigen Formen, durchaus auch mit konservativen Inhalten, zur Migrationsfrage, zur Klimapolitik, zu Menschenrechten, zur Geschlechteridentität oder zur Gesellschaftspolitik insgesamt erlahmen oder unterdrückt werden, wo Politik und Medien diese Kontroversen systematisch ausblenden oder einseitig darstellen, ist der Erhalt der Demokratie in Gefahr.

Letztlich sind Bürgerbeteiligung und Bürgerräte Ausdruck einer neuen Stufe der demokratischen Entwicklung. Ursprünglich waren die gewählten Vertreter der parlamentarischen Demokratie

beauftragt, die Interessen der Bürgerinnen und Bürger als ihre Re-
präsentanten umzusetzen. Sie selbst gehörten überwiegend den Eliten an; mit der Arbeiterbewegung wurden dann erstmals Vertreter
des einfachen Volks in die Parlamente integriert. Bis auch diese
Vertreter wieder mehr und mehr aus den Eliten stammten – als Ergebnis der unvermeidlichen Professionalisierung der Politik.

Es genügt vielen Menschen aber nicht mehr, dass sie außer bei
Wahlen keinen Einfluss haben – sie sind es gewohnt, als Kundin-
nen und Kunden, als Familienmitglieder, auch am Arbeitsplatz
ein gewisses Mitspracherecht zu haben. Meinungsumfragen erfüllen diesen Anspruch nicht. Digitale Demokratie wie einst bei
der Piratenpartei überfordert die Menschen durch ständige Auf-
forderungen zur Rückmeldung. Eine unbedingte Basisdemokratie
bewirkt einen dauernden Alarmzustand, den die meisten Menschen nicht wünschen. In Bürgerbeteiligungen und Bürgerräten
auf allen Ebenen der Gesellschaft besteht der Missing Link, das
bisher fehlende Zwischenstück, für die Demokratie des 21. Jahrhunderts. Deutschland kann sich mit diesen Instrumenten hoffentlich als Staat der Partizipation und der liberalen parlamentarischen
Demokratie behaupten, im konstruktiven Streit und mit aktiven
Bürgerinnen und Bürgern. Viele andere Nationen und Regionen
setzen darauf, die Menschen in politischer Gleichgültigkeit und
Uninformiertheit zu halten, emotional bisweilen aufzuputschen,
Meinungsvielfalt zu unterdrücken und autoritäre Führungs-
figuren zu installieren. Für Autokraten und ihre Anhängerschaft
hat das einen dunklen Reiz. Wer zu wenig gehört wurde oder
wird, ist dafür besonders anfällig. Gefühlte Ohnmacht rächt sich
in der Politik und wendet sich wütend gegen Entscheidungen und
sogar gegen Kompromisse, siehe die Bauernproteste, und schließlich auch gegen die Demokratie. Parteien, Verbände, Kirchen und
Gewerkschaften als Interessenvertretungen reichen als Vermittler
nicht mehr aus, da sie selbst inzwischen nicht mehr eng genug mit
der Bevölkerungsmehrheit verbunden sind.

Kapitel acht

Wiedergewählt für eine Mobilitätswende

Nicht erst seit 2023 hat sich die politische Großwetterlage im Hinblick auf die Klimapolitik und die Migrationsfrage deutlich verändert. In ganz Europa entstand ähnlich wie in den USA eine gesellschaftliche Spaltung zu diesen Themenkomplexen, die nicht mehr in einem sinnvollen Streit über die richtigen Maßnahmen ihren Ausdruck findet, sondern sich in einen entgleisten Kulturkampf verwandelt hat. Jedwede Klimapolitik wird von immer breiteren Kreisen auch in den Medien mit undemokratischer Beschränkung der Freiheit gleichgesetzt. Maßnahmen, die die Klimaerwärmung eindämmen könnten, geraten in den Verdacht einer »Ökodiktatur«, und staatliches Handeln wird zunehmend delegitimiert. Anders als während der Pandemie und auch zu Beginn des russischen Angriffskriegs, als eine Energiekrise vermieden werden sollte und ein großer Teil der Bevölkerung das staatliche und auch europäische Handeln befürwortete, schwingt derzeit das Pendel nicht zuletzt unter dem Einfluss mächtiger Medienkampagnen und mutwilliger Politiker heftig zurück. Manche Unionspolitiker und Liberale verwahrten sich immer lauter gegen »Verbote« und triumphierten, als das Bundesverfassungsgericht im November 2023 den Haushalt von 60 Milliarden Euro des Klima- und Transformationsfonds blockierte.

Es wird in der Klimapolitik inzwischen deutlich wichtiger, Rücksicht zu nehmen auf die Lage am Arbeitsmarkt, auf den Wohnungsmarkt, auf die Situation der bäuerlichen Betriebe und die Sicherung der industriellen und wirtschaftlichen Zukunft insgesamt. Das ist einerseits tatsächlich dringend notwendig, bietet aber auch für manche eine willkommene Gelegenheit, die Klimapolitik insgesamt deutlich aufzuweichen und abzuschwächen. Der alte Slogan von Bill Clinton »It's the economy, stupid« – »Es ist die Wirtschaft, Dummkopf« – tritt wieder in den Vordergrund. Was bei den ökolibertären Grünen bereits vor 40 Jahren klar formuliert wurde, nämlich dass sich Marktwirtschaft und Ökologie verbinden müssen, ist jedoch noch immer nicht bei der gesamten grünen Basis angekommen. Die bequeme Haltung etwa von Fridays for Future und Teilen der Umweltverbände, stets nur zu beklagen, dass alle bisherigen Maßnahmen nicht ausreichen, trägt nicht mehr, wenn auf der anderen Seite schon das zu Wenige als zu viel beklagt wird. Wenn Grüne wie Peter Unfried, früherer Chefreporter der *taz*, eingesteht, 40 Jahre lang nur das Feuilleton der Zeitungen und nie den Wirtschaftsteil gelesen zu haben, so rächt sich das nun. Gleichgültigkeit oder Feindseligkeit gegenüber der Wirtschaft sind noch immer verbreitet im grünen Milieu. Die konkreten Anforderungen für den Umbau der Wirtschaft hin zur Klimaneutralität werden noch zu wenig verstanden. Es verfestigt sich in der Gesellschaft eine Bereitschaft, die Klimapolitik lieber deutlich zu verlangsamen, als Kerne der klassischen Wirtschaft ernsthaft zu beschädigen – etwa durch zu hohe Energiepreise. In Holland und Irland wächst der Widerstand gegen die geplante notwendige Verringerung der Viehbestände in der Massentierhaltung, was viele Bauern zum Aufgeben zwingen wird. Es sollten zwar hohe Entschädigungen an die bäuerlichen Betriebe bezahlt werden – aber die gefühlte Abwertung des Berufsstandes und das Gefühl, Bauern würden zu Sündenböcken gemacht und die ländlichen Lebensräume würden vernachlässigt, rächen sich nun bitter an den Wahlurnen, wie das unerwartet starke Ergebnis des Klimaleugners und Islamhassers Geert Wilders in den Niederlanden zeigt. Präsident Macron, bei seiner letzten Wahl noch Verfechter einer aktiven Klimapolitik für Frankreich, mahnt nun aus Angst vor der politischen Rechten eine Pause bei der Klimagesetzgebung in Europa an. Derweil glüht die nördliche Hemisphäre von Phoenix bis China – 2023 war das bisher heißeste der vergangenen 125 000 Jahre. Und der Wirtschaftsgipfel in Davos 2024 benennt die Hitze als größte Krise kommender Jahre.

Die nächsten Jahre werden von diesem Widerspruch bestimmt sein – auch im Hinblick auf die Umsetzung des European Green Deal. Die Mehrheit der Menschen ist (noch) bereit, Veränderungen mitzutragen – wenn sie sie mitgestalten können. Doch auch hier zeigt sich wie bei Wahlen vor einiger Zeit in Berlin, Madrid oder Uxbridge bei London, dem früheren Wahlkreis von Boris Johnson: Ohne intensive Debatte mit der Bevölkerung lassen sich klimafreundliche Entscheidungen vor allem in der Verkehrspolitik auch wieder rückwärts abwickeln oder blockieren. Ohne Unterstützung eines Teils der konservativ eingestellten Wähler, oftmals Sozialdemokraten, ist diese Politik auf Dauer nicht gesichert.

Als Franziska Giffey, damals noch Regierende Bürgermeisterin von Berlin, von einer Dienstreise nach Paris zurückkehrte, fand sie keinerlei anerkennende Worte für die dortige Verkehrspolitik der Bürgermeisterin Anne Hidalgo. Die Sozialistin packte die Mobilitätswende dort sehr entschlossen an und wurde auch deshalb wiedergewählt. Die Stadtautobahn entlang der Seine ist umgebaut zu einem Freizeitufer für Radler, Jogger, Flaneure und Caféliebhaber, die berühmte Rue de Rivoli ist nun von der Bastille zum Louvre und zum Place de la Concorde eine Fahrradstraße. Giffey hätte sagen können: Chapeau, hier können wir sehen, wie's geht. Sie erzählte stattdessen nur, ein Fahrrad habe sie fast umgefahren. Oder übersetzt: Das ist kein Modell für die Zukunft.

Je mehr diese Themen in einen Kulturkampf gezogen werden, desto mehr Menschen werden sich von den Veränderungen überrollt und überwältigt fühlen. Die Wut gefühlter Ohnmacht kann dann dazu führen, dass sie skrupellosen nationalistischen Verführern Glauben schenken. Das ist nicht nur in Ostdeutschland und Ungarn zu beobachten, sondern galt auch lange in Polen. Dort wurde der Green Deal durch die PiS-Regierung zu einem Komplott des liberalen und korrupten Westens und speziell, ganz offiziell, zu einem Komplott der »deutschen Ökoterroristen« erklärt, der die kohlebasierte polnische Wirtschaft schwächen solle. In den USA hat sich das Thema so weit verselbstständigt, dass Fernsehmeteorologen, die die extremen Wetterlagen mit dem Klimawandel in Verbindung bringen, regelmäßig mit einer Flut von Todesdrohungen überzogen werden. Auch in Deutschland lässt sich dies ansatzweise beobachten, etwa bei Twitter/X.

Dabei wird aktuell etwa von Teilen der Wirtschaft, der FDP und der CDU gern argumentiert, kommende technische Innovationen, etwa die Kernfusion oder die Speicherung von CO_2, würden die Probleme des Klimawandels ohnehin lösen, und deshalb seien Einschränkungen oder Verhaltensänderungen nicht wichtig. Dies gilt als Alternative zum Verzichtsmodell, das von vielen Klimaaktivistinnen vertreten wird, nach deren Ansicht nur deutliche Selbstbeschränkungen in puncto Konsum und Komfort die Welt vor dem Untergang bewahren können.

Die Grünen, zumindest ihre Regierungsvertreterinnen und -vertreter, sehen demgegenüber im Modell »Degrowth«, also im Ende des Wachstums, keineswegs den Weg in die Zukunft. Schon gar nicht für den Globalen Süden, der ohne Wachstum nicht einmal die Ressourcen hat, um sich durch moderne Infrastruktur besser an den Klimawandel anzupassen. Dies hat vor allem Ralf Fücks, früher Vorsitzender der Heinrich-Böll-Stiftung, heute Leiter des Thinktanks »Liberale Moderne«, so formuliert. Allerdings kann auch nicht alles so weitergehen wie bisher. Sondern es kommt darauf an, mit aller Entschiedenheit den Abschied von Öl und Erdgas in Wirtschaft und Privathaushalten rasch und konsequent zu verwirklichen und eine moderne Kreislaufwirtschaft zu etablieren. Kern dieser Strategie ist die Entkoppelung von Wachstum und Energieverbrauch, die im Übrigen schon ein ganzes Stück vorangeschritten ist.

Dazu zählt aber auch eine Neudefinition dessen, was als angenehmes und bequemes Leben gilt. Eine Stadt wie Kopenhagen, die noch vor 25 Jahren hässlich und heruntergekommen wirkte, glänzt heute mit hervorragender Architektur und einem Verkehrsmodell, das auch Fußgängern und Radfahrerinnen Raum gibt und so eine neue Aufenthaltsqualität schafft. Die reine Autostadt, selbst wenn sie durch Elektrifizierung klimaverträglicher wird, bietet nicht diese Qualität für alle Menschen, auch die Älteren und Kinder sowie für alle, die gerade nicht oder niemals Auto fahren. Es geht also weder um ein Verharren im Heute noch um ein Zurück zu einem längst verlorenen »Naturzustand«, sondern, wie Ralf Fücks es formuliert, um eine klimaneutrale »Koevolution« von Zivilisation und Natur. Das ist die Substanz moderner grüner Politik, die nach Mehrheiten suchen muss. Diese Mehrheiten schienen für einige Jahre in greifbarer Nähe, nun aber wieder weit entrückt. Dazu haben sicher grüne Fehler beigetragen, aber wir sollten nicht naiv sein: Sehr große internationale Netzwerke extrem konservativer Thinktanks, Tatsachen verzerrende Medien, Finanzierung durch arabische Regierungen und amerikanische Medienmogule wie die Gebrüder Koch ebenso wie russische Internettrolle tragen massiv und gezielt zu dieser Umkehr bei. Ich habe bisher nicht verstehen können, welche Antworten sie auf diese Fragen eigentlich wirklich haben. Denn alle diese Akteure haben doch auch irgendwo Familie, Kinder und Enkelkinder, oder nicht?

Moralische Sollbruchstelle Migration

Die kommenden Jahre in Europa werden vor allem geprägt sein von einem immer stärkeren Druck auf die Politik gegenüber Flüchtlingen und Asylsuchenden. Die Lage ist verfahren und paradox. Radikale Parteien besetzen dieses Thema und treiben die Mitte vor sich her. Flüchtlingsschutz gerät zur Nische für vermeintliche Hyperidealisten. Je mehr die verunsicherte politische Mitte die Antiasylthematik selbst aufgreift, umso stärker wird meist die äußerste Rechte. Ein Ausnahmefall ist Dänemark, dessen Migrationspolitik erfolgreich, aber unappetitlich und in dieser Form verfassungsmäßig nicht übertragbar ist. Verweigert sich die Mitte diesem Thema allerdings, so stumpft die Mehrheit der Menschen ebenfalls immer mehr gegenüber den Menschenrechtstragödien ab. Es gibt gefühlt einfach zu viele Brennpunkte auf der Welt, und selbstverständlich kann nicht die ganze Welt nach Europa flüchten. In der EU leben 450 Millionen, allein in Afrika werden es bald 1,5 Milliarden sein.

Die demokratische Antwort ist kompliziert und muss viele Themen umfassen. Vordergründig ist es unumgänglich, dass sich auch die demokratische Mitte dazu bekennt, die Zahlen der Ankömmlinge zu begrenzen und planbarer zu machen. Ohne das Bekenntnis zu einer solchen Kontrolle und eine spürbare Lenkung der Zuwanderung wächst in Europa die Bereitschaft, das Ruder der extremen Rechten zu überlassen. Es ist keineswegs undenkbar, dass im Zuge dieser Debatten das individuelle Grundrecht auf Asyl in Europa aufgeweicht oder abgeschafft wird, hoffentlich zumindest ersetzt durch jeweils ausgehandelte Flüchtlingskontingente. In der öffentlichen Diskussion spielen Abschiebungen als Mittel der Kontrolle eine sehr große Rolle – ihre tatsächliche Wirksamkeit wird jedoch dramatisch überschätzt. Denn die Rücknahmebereitschaft der meisten Herkunftsländer ist immer noch sehr gering. Eine ebenso große emotionale Rolle spielt der Grenzschutz mit Mauern und Zäunen, wobei gern auch an nationale Grenzzäune gedacht wird, die die Funktion der EU von innen heraus lähmen würden. Was manche wiederum nur allzu gern in Kauf nähmen. Das Mittelmeer lässt sich nur durch Vereinbarungen mit den undemokratischen Machthabern in Nordafrika und der Türkei einigermaßen abriegeln. Es wird auch versucht, Asylverfahren in Drittstaaten auszulagern, wie es England mit Uganda anstrebt. Das ist allerdings für große Zahlen in absehbarer Zeit kaum realisierbar und wird dennoch wie Falschgeld als realistische Lösung angeboten. Im Hintergrund spielt da bei allem das tiefe Misstrauen gegenüber Muslimen eine große Rolle. Und stets auch die Abwehr gegen schwarze Afrikaner.

Paradox ist, dass Europa gleichzeitig auf deutlich mehr Zuwanderer für seine Wirtschaft angewiesen ist, als heute illegal nach Europa einreisen, geschätzt mindestens eine Million, während die illegale Zuwanderung etwa die Hälfte beträgt. Paradox ist vor allem, dass es dafür einer echten Integrationsbereitschaft bedarf, gerade auch für legale Zuwanderung aus den Ländern, aus denen heute illegal eingereist wird. Beides gleichzeitig ist schwer zu realisieren in den Köpfen der Menschen – woher weiß ich denn, ob der Mensch aus Nigeria oder Syrien legal im Land ist? Und woher sollen all die Menschen kommen? Kanada plant seine Einwanderung ganz offiziell so, dass jedes Jahr legal eine halbe Million Menschen einreisen dürfen bei nur knapp 40 Millionen Einwohnern. Der Anteil von im Ausland geborenen Menschen dort beträgt heute etwa 25 Prozent, in Deutschland sind es 16 Prozent. In der gesamten EU mit 450 Millionen Menschen könnten nach dieser Rechnung 5,5 Millionen Menschen (!) jährlich offiziell aufgenommen werden. Das ist sicherlich schon deshalb kaum vorstellbar, weil Europa viel dichter besiedelt ist. In Kanada herrscht ein Punktesystem, das bestimmte Qualifikationen für die Einwanderung voraussetzt. Auch in Kanada gibt es kontroverse Debatten und reale Probleme im Hinblick auf die Einwanderung. Aber keine einzige Partei dort führt eine grundsätzlich fremdenfeindliche Debatte. Es herrscht Einigkeit, dass ohne Masseneinwanderung die wirtschaftliche Zukunft des Landes nicht gesichert ist. Insgesamt leistet vor allem das Bildungswesen dort sehr viel für das kulturelle Ankommen der Neubürgerinnen und Neubürger. Gerade in dieser Hinsicht sollte das Bildungswesen auch in Deutschland unbedingt gezielt gestützt werden.

Wie also weiter verfahren? Mehrere Hunderttausend Personen Zuwanderung pro Jahr für Deutschland sind wohl notwendig. Das wichtigste Mittel muss es deshalb mittelfristig werden, die illegale Zuwanderung durch legale Möglichkeiten zu ersetzen. Und zwar nicht nur für IT-Kräfte aus Indien, sondern gerade auch für Menschen aus Afrika. Während die so unbekümmert geforderte Durchführung von Asylverfahren in großem Stil in Afrika politisch sehr unrealistisch scheint, wäre eine stark erweiterte berufsorientierte Grundqualifizierung für afrikanische Einreiswillige vor Ort durchaus denkbar. Das wird schon sehr erfolgreich mit dem Westbalkan praktiziert. Baden-Württemberg hatte 2016 sehr auf die Einführung dieser Regelung gedrungen, als die Zahl von Asylanträgen von dort extrem angestiegen war.

Sie zielt darauf ab, den Bedarf an qualifizierten Arbeitskräften in Deutschland zu decken und gleichzeitig die Integration der Zuwanderer zu fördern. Ab Juni 2024 gibt es dazu eine wichtige Neuerung: Künftig dürfen pro Jahr bis zu 50 000 Arbeitskräfte aus den Westbalkanstaaten nach Deutschland kommen anstatt wie bisher 25 000. Die Möglichkeit steht allen Menschen offen, unabhängig von der formalen Qualifikation der Zuwanderungswilligen.

Diese Regelung war unglaublich erfolgreich – die Zahl der illegalen Einreisen ging schlagartig zurück. Übertragen auf Afrika und andere Herkunftsregionen würde sie bedeuten, dass dort mithilfe von Europa Ausbildungsstätten aufgebaut werden, die Kräfte für den europäischen Markt qualifizieren. Und dass es generell erleichtert wird, Menschen auch ohne formale Qualifikation, aber mit Berufserfahrung ins Land zu holen. Bedingung dafür ist, dass schon ein Arbeitsplatz gefunden wurde, was aber heutzutage meist kein Problem darstellt. Im Gegenzug käme die illegale Ausreise aus diesen Ländern fast zum Stillstand. Eine solche Strategie lässt sich nicht über Nacht, wohl aber über einen Zeitraum von mehreren Jahren umsetzen. Sie kostet viel, aber nicht mehr, als Menschen im Asylsystem zu beherbergen, und auch sicher nicht mehr, als die gleiche Anzahl von Arbeitskräften innerhalb Europas großzuziehen und auszubilden – wenn sie denn überhaupt geboren würden. Die heutigen Herkunftsländer werden nicht auf ewig Schlange stehen, um ihre jungen, gut ausgebildeten Menschen nach Europa zu schicken. Ebenso wenig wie Osteuropa – von dort ist der Exodus längst zum Stillstand gekommen.

Es wird also in Zukunft viel mehr als bisher um Beziehungen auf Augenhöhe gehen müssen – mit Chancen für eine echte Partnerschaft und eigenständige wirtschaftliche Entwicklung, etwa im Hinblick auf erneuerbare Energien. Immer heftiger wird beispielsweise auch vonseiten Lateinamerikas das Ende des »Extraktivismus« gefordert, bei dem die Länder nur als Rohstofflieferanten behandelt werden. Diese Konzentration auf Zugang zu möglichst billigen Rohstoffen beherrscht bis heute auch das Verhältnis Europas zu Afrika. Dieses Erbe des Kolonialismus wird heute in Verhandlungen von diesen Ländern offen thematisiert – mit dem Anspruch entweder auf Reparationen oder zumindest auf günstige Handelsverträge. Die Machtverhältnisse verschieben sich. Die Länder des Globalen Südens melden sich mit neuem Selbstbewusstsein zu Wort – sie wollen in Zukunft nicht Flüchtlinge exportieren, sondern vor allem weiterverarbeitete Agrar- und Industrieprodukte in fairem Rahmen.

Die Notwendigkeit der Zuwanderung wird von der extremen Rechten in Deutschland massiv bestritten. Dort gibt es sogar, wie im Januar 2024 öffentlich wurde und zu den mit größten

Demonstrationen in der bundesdeutschen Geschichte führte, seit Langem brutale und keineswegs nur geheime Pläne, im Fall eines Regierungserfolgs Millionen Zugewanderte zwangsweise zu deportieren. Das Stichwort dafür lautet »Remigration«. Solche gewalttätigen Vorstellungen sollten nicht als versponnene Ideen abgetan werden. Sie haben in Deutschland schon einmal zur Katastrophe geführt, weil sie von vielen Menschen nicht ernst genommen wurden. Politik folgt keineswegs immer wirtschaftlichen oder rationalen Interessen, sondern kann sich total ideologisch verselbstständigen, wie wir alle wissen.

Ausdruck der Machtverschiebung auf der Welt zugunsten des Globalen Südens ist auch die Debatte um die Restitution von Kunstgegenständen aus früheren Kolonien, die sich in unseren Museen befinden. Die meisten ethnografischen Sammlungen sind im Kern mit Raubkunst bestückt – das Humboldt Forum in Berlin etwa, einst Stadtschloss der Preußenkönige, ist ein Neubau, der in Zukunft viele Ausstellungsstücke wird abgeben müssen und für die verbleibenden Bestände ganz neue Partnerschaften mit den Herkunftsregionen eingehen muss. Das stößt vielen konservativen Kulturfreunden bitter auf. Bizarr erscheint es heute, dass die Debatte um die Nutzung des neu aufgebauten Berliner Schlosses für die ethnografischen Sammlungen aus Dahlem in dieser Hinsicht so lange völlig blind geführt wurde. Es gab keinerlei öffentliches Problembewusstsein zum Thema der Herkunft der Bestände. Die Debatte wurde von den Museumsdirektionen über Jahrzehnte verschleppt und tabuisiert. Gern will ich aber daran erinnern, dass es sehr früh die Grünen in Baden-Württemberg waren, namentlich Waltraud Ulshöfer, Ehefrau des früheren Stuttgarter Oberbürgermeisters Fritz Kuhn und damals Landtagsabgeordnete, die schon in den 1980er Jahren die Rückgabe von Kunstobjekten aus dem Stuttgarter Lindenmuseum an afrikanische Länder forderte.

Bürgerräte haben zu alledem ein reiches Betätigungsfeld. Unter Umständen zu hoch gegriffen wäre es, von ihnen eine schlüssige

Antwort auf übergeordnete Fragen vorzulegen zu Einwanderung, Integration, Mitmenschlichkeit und zur Verantwortung Europas im Vergleich zu anderen, deutlich ärmeren Weltregionen, die viel mehr Menschen aufnehmen. Allerdings hat Irland gezeigt, dass selbst ganz große Streithemen mit ihrer Hilfe entwirrt werden können. Bürgerräte können aber sicherlich zu konkreten Strategien der Integration eingesetzt werden und den Bogen spannen zum Alltag. Etwa zu der Frage, ob private Patenschaften und Bürgschaften wie in Kanada die Integration besser gelingen lassen. Bürgerräte können Übergangsmodelle für Zugewanderte gerade dort entwickeln, wo die Qualität im Pflegeheim unter Personalmangel leidet, wo Gasthöfe schließen und Autowerkstätten keine Termine mehr zum Wechseln der Reifen vergeben können. Dabei geht es um eine flexible Durchlässigkeit in den Arbeitsmarkt. Diese erfordert jedoch noch deutlich kreativere gesetzliche Öffnungen des Arbeitszugangs als bisher. Dabei sollten die neuen Arbeitskräfte nicht künstlich auf die untersten Berufe in der Hierarchie festgelegt werden, sondern Möglichkeiten beruflicher Weiterentwicklung und zum Studium bekommen, ihre Kinder erst recht. Neue Generationen überqualifizierter Ingenieure als Taxifahrer können nicht das Modell sein. Ohne Zuwanderung schrumpft die europäische Gesellschaft schnell, hat nicht das notwendige Personal für ihre Produktion und vor allem für ihre Dienstleistungen.

Künstlich erzeugter Hass auf Sündenböcke aller Art ist ein starkes Gift – wie der Brexit zeigte. Es gibt aber ein Gegengift: Die Bevölkerung Europas muss in diese schwierige Debatte ehrlich einbezogen werden. Es sollte deshalb Bürgerräte zur Migrationspolitik geben – auf allen Ebenen. Herauskommen würde in Beteiligungsverfahren vor allem eine zentrale Erkenntnis: Alle einfachen Antworten auf die Migration erweisen sich als Lügen.

Dann könnten Realitäten im nächsten Schritt deutlich unaufgeregter diskutiert werden: Deutschland ist historisch ein Land der Zuwanderung und der kulturellen Mischung. Die Landwirtschaft wanderte vor 6000 Jahren einst langsam aus dem fruchtbaren Dreieck Mesopotamiens über die Donau nach Süddeutschland ein. Juden siedelten in Deutschland seit der Römerzeit. Die dunklen Locken der bayerischen Eliten seien, wird oft gemunkelt, Spätfolgen der syrischen Bademeister aus der Römerzeit. Süddeutschland wurde von irischen Mönchen friedlich christianisiert, während das Christentum im Nordosten Deutschlands mit Gewalt durchgesetzt wurde. Italienische Baumeister bauten später die wundervollen Barockkirchen der Gegenreformation im Süden. Im Ruhrgebiet leben heute Hunderttausende Nachfahren polnischer Bergarbeiter aus der Zeit der preußischen Besatzung Polens.

Das Thema der heutigen Zeit kann deshalb nicht ernsthaft ethnische oder kulturelle Homogenität sein, obwohl sie als Idee wie ein Fiebertraum immer wieder aufflackert. Die Identitäten der meisten Menschen in Europa sind ohnehin gemischt – aus Staatsbürgerschaft, Region, Religion, Herkunft, sexueller Identität, Familienzugehörigkeit und so weiter. Doch wissen wir inzwischen auch, dass die Zuwanderung von Migranten für die Bevölkerung nicht mit dem Gefühl des Kontrollverlusts einhergehen darf. Dieses Gefühl erzeugt Wut. Es muss klare Verfahren geben – aber auch ein Bewusstsein dafür, dass Menschen aus anderen Ländern gebraucht und gewollt werden. Ohne Investitionen in die Infrastruktur, vor allem in den Wohnungsbau, und ohne starke konkrete Veränderungen im Bildungswesen kann dies nicht gelingen. Dazu braucht es weiterhin engagierte politische Kräfte, die nicht vor allem die Abschottung betonen, sondern die Aufnahme gestalten. Dann kann »Willkommen« wieder ein unverdächtiger Teil des Wortschatzes werden und steht nicht mehr wie jetzt für angebliche Blauäugigkeit oder Verantwortungslosigkeit. Das Land hat die Fähigkeit zu einer solchen Kraftanstrengung. Aber die Geister einer hasserfüllten Politik der Ausgrenzung und Entmenschlichung lauern noch immer. Oder schon wieder.

Ist Wokeness undemokratisch? Nein, aber …

Noch komplizierter ist der Umgang mit der sogenannten Wokeness – was eigentlich »Wachsein« bedeutet, sich »wach« einzusetzen gegen Rassismus, Sexismus und generell gegen Diskriminierung. Die Kritik an einem Sprachgebrauch, der verletzend sein könnte für manche Menschen, wurde in den USA zu einem zentralen Anliegen der »Black Lives Matter«-Bewegung, die sich vor allem gegen Unrecht und Polizeigewalt im Umgang mit Schwarzen richtet. Doch auch in Deutschland ist die Sensibilität gegenüber abwertendem Sprachgebrauch inzwischen weit verbreitet und führt zu großen Spannungen. Die Mädchensitzung des Kölner Karnevals, ausgestrahlt im ZDF im Februar 2023, machte es deutlich: Die dort vorgetragenen Herrenwitze mit ihren platten Anzüglichkeiten waren so altmodisch, so sexistisch, so wenig woke, dass vielen Frauen im Saal und vor den Bildschirmen das Lachen im Halse stecken blieb. Begeisterung aber kam beim gesamten Publikum auf, als es um Winnetou oder Pippi Langstrumpf ging. Die Namen allein reichten als Anspielung auf sogenannte Sprechverbote. Die aktuelle Debatte wurde gar nicht näher beschrieben, sie stand sofort präsent im Raum. Weiter ging es mit der Genderdebatte. Es ist ganz offensichtlich: Diese Themen rumoren sehr in der Volksseele, bei Jungen und Älteren.

Was oft einfach gedankenlos dahingesagt wird, entlarvt Menschen nun real oder scheinbar als Sexisten, Rassisten, homo- oder transphob. Es macht sie zu Sünderinnen und Sündern, es stellt sie bloß – auch wenn dahinter oft keine böse Absicht steckt. Das erzeugt Aggressionen und Unsicherheit und ist von heftigen Gefühlen und Ängsten begleitet. Ja, es ist richtig und nötig, nicht mehr von »Negern«, »Mohrenköpfen« oder »Schlitzaugen« zu sprechen. Und es müsste heutzutage wirklich selbstverständlich sein, Menschen nicht nach ihrem Aussehen zu bewerten und Frauen nicht auf den Po zu hauen.

Viele Menschen haben große Schritte gemacht. Automatisiert sind das Anders-Sprechen und -Verhalten aber noch nicht. Und für viele Menschen sind die vielen neuen Wahrnehmungen und Wertungen oft nicht nur anstrengend. Sie sind auch emotional belastend, weil sie tiefe und intime Vorstellungen infrage stellen. Denn viele dieser Veränderungen sind an Machtverlust gekoppelt. Die Dominanz der Männer ist längst infrage gestellt. Die heterosexuelle Kleinfamilie genießt keinen Ausschließlichkeitsstatus mehr. Die kulturelle und wirtschaftliche Dominanz Europas und des Westens bröckeln. Der Westen hat nicht mehr selbstverständlich überall das Sagen, die Demokratie erst recht nicht. Wokeness ist nicht undemokratisch und nicht unberechtigt. Aber teilweise überschreitet sie Grenzen und gerät zur bornierten Unduldsamkeit. Auch legitime Wünsche nach Respekt sollten nicht zu einer Kultur des permanenten Beleidigtseins und der Überempfindlichkeit führen. Die Demokratie verlangt von allen eine gewisse Robustheit und die Bereitschaft, auch Zumutungen zu ertragen.

Und es ist ein fataler Irrweg, wenn ein Land nur noch aus lauter Untergruppen besteht, die ihre eigene Situation und ihre Interessen in den Vordergrund stellen und ihre Mitmenschen streng nach Gruppenzugehörigkeiten einteilen und bewerten. Das ist es, was die sogenannte Identitätspolitik ausmacht – wenn die eigene Gruppe absolut gesetzt wird, geht die Möglichkeit einer Politik für alle Menschen oder auch für einen gemeinsamen Staat verloren. Die feministische Bewegung und Teile der Linken und Grünen haben diese Identitätspolitik vor Jahrzehnten mit ausgelöst, nicht ohne Grund. Doch diese hat sich dann verselbstständigt und wurde schließlich von der extremen Rechten gekapert. Dort steht Identitätspolitik für weiße Vorherrschaft, betonten Nationalismus, Ablehnung von Homosexualität, trotzige Männlichkeit und den Verzehr von rotem Fleisch.

Weltweit wird der Kulturkampf gegen die liberale Demokratie inzwischen vor allem über das Thema Wokeness geführt – von

Putin über Erdoğan bis zu Trump und der polnischen PiS-Partei. Wokeness ist in deren Kampagnen die Mutter aller Übel des westlichen Lebensmodells – woke Staaten untergraben angeblich die Familienwerte, verführen die Jugend zu queeren Lebensweisen und Drogenabhängigkeit und zum veganen Essen. Sie heizen angeblich unnötige Konflikte über die Vergangenheit an, indem sie Sklaverei, Kolonialismus, Holocaust, Geschlechtergerechtigkeit, Massentierhaltung und Klimawandel in den Schulbüchern thematisieren. Gerne werden nationale Kriegs- und Heldengeschichten dagegengesetzt – sodass in Russland heute Stalin und der Große Vaterländische Krieg wieder als identitätsbildend gefeiert werden. In manchen Staaten der USA wurde sogar die Evolution aus den Lehrplänen verbannt, Schulbücher wurden eingestampft und die Schulbüchereien teilweise von fast der Hälfte ihrer Bücher »gesäubert«.

Merkwürdige politische Verdrehungen entstehen im Gefolge: Alice Schwarzer, einst Vorreiterin des deutschen Feminismus, bekämpft heute Kopftücher und solidarisiert sich mit Putin, der doch für ausgeprägten Machismo, einen grausamen Angriffskrieg und eine politische Diktatur steht.

Es braucht dringend konstruktive gesellschaftliche Debatten rund um woke Themen – nicht nur in Schulen und Universitäten, sondern auch in Kirchengemeinden, Sportverbänden und Bürgerräten. Ein kleines digitales Seniorenprojekt aus Ulm machte es vor: Junge Menschen erklärten Seniorinnen, warum sie queer leben und was das für sie bedeutet. Umgekehrt konnten die älteren Menschen ihre Fragen und Ängste äußern. Das ist doch ein Anfang.

Dieser Zug ist abgefahren: der müßige Streit ums Gendern

Noch ein besonders hoch aufgeladenes Thema: das Gendern. Es mag sein, dass sich Gendersternchen und Doppelpunkte in der Schriftsprache nicht durchsetzen werden – ich persönlich finde, dass dies je nach Anwendungsbereich unterschiedlich sein kann. In wissenschaftlichen Texten mag es angehen, in Erklärungstexten für Migranten eher nicht, über Schulbücher lässt sich streiten. In Texten von Ministerien ist die Sachlage unterschiedlich – konservative Landesregierungen möchten Gendersterne verbieten und tun es teilweise. Der Glottisschlag für den Plural im öffentlichen Rundfunk und Fernsehen, wie der Knacklaut genannt wird, etwa bei Lehrer:innen, stört viele Menschen. Manche kämpfen gegen das neutrale Gerundium wie etwa »Lehrende«. Aber die Alltagssprache verändert sich rasend schnell – inzwischen wird von jüngeren Menschen, aber auch in Werbebroschüren der Wirtschaft kaum noch von »Studenten« gesprochen, sondern von »Studierenden«. Nicht mehr von »Teilnehmern«, sondern von »Teilnehmenden«. Die sprachlichen Kapriolen der Jugendsprache und das »Gettodeutsch« in Neukölln möchte ich hier gar nicht als Beispiele für Sprachveränderung anführen – aber als gelernte Linguistin doch erwähnen, dass sie Teil der Sprachevolution sind. Die heftigste Kritik am Gendern kommt sehr oft von älteren gebildeten Herren, gern von emeritierten Professoren, aber auch von einigen Wissenschaftlerinnen und konservativen Politikerinnen. Und bei Umfragen lehnt die Mehrheit der Bevölkerung diesen Sprachgebrauch im öffentlichen Rundfunk und Fernsehen heftig ab.

Nur: Der Zug ist dennoch schon abgefahren. So wie früher von konservativen Sprachaktivisten, aber auch von tüchtigen weiblichen »Lehrern« aus der früheren DDR vergeblich gegen den Begriff »Lehrerin« statt »Lehrer«, »Professorin« statt »Professor« oder »Ärztin« statt »Arzt« gekämpft wurde, weil dies die korrekte Grammatik des Deutschen verletze, sind heute die Gegner der Gendersprache längst auf dem Rückzug. Es stimmt offensichtlich: Die klassische deutsche Grammatik wird dadurch verletzt. Aber mein Ohr leidet viel mehr, weil der Dativ inzwischen so oft den Genitiv ersetzt. »Wir gedenken den Toten« ist heute allgemeiner Sprachgebrauch in den Medien und schmerzt mich grammatikalisch. Dieser für mein Sprachgefühl so grobe Trend aber wird hingenommen. Der Grund: Er verschiebt ja nicht die Gewichtung der Geschlechter, eines sehr eingeübten Machtverhältnisses, sondern verrät nur mangelnde Bildung. Schlimm, aber nicht schlimm genug für einen Feldzug im Feuilleton.

Im Fall von sprachlichen Veränderungen, der Frage nach der Umbenennung historisch belasteter Straßennamen und Plätze oder dem Entfernen von Denkmälern sind Bürgerdialoge und dialogische Beteiligung eine gute Antwort. Es sollte Lesegruppen dazu in Schulen und Büchereien geben, Debatten in Volkshochschulen. Aber auch Zufallsbürgerversammlungen. Es sollte jedenfalls innerhalb der Städte und Gemeinden hin und wieder darüber diskutiert werden. Im Wissen, dass diese Themen einen fruchtbaren Boden für die Mobilisierung starker Emotionen bieten. Da braucht es Geduld, eine Barriere gegen Militanz – und eine Portion Humor kann gewiss nicht schaden.

Notizen zum Extremprotest von Klimaschützern

Apropos Zumutung – wir haben gesehen: Protest und eine kritische Zivilgesellschaft, die Schwächen und Fehler benennt und manchmal unduldsam oder besserwisserisch scheint, sind unverzichtbar in einer lebendigen Demokratie. Protestbewegungen verlaufen aber nach bestimmten Regeln. Sie bauen sich auf wie eine große Welle, sie beeinflussen damit auch die öffentliche Meinung. In manchen Fällen führt dies relativ kurzfristig zu Antworten. Sie können jedoch auch völlig erfolglos versanden, selbst in Demokratien. So finden sich in den USA stets Tausende von Demonstranten, die nach Amokläufen an Schulen oder Colleges gegen die bestehenden Waffengesetze demonstrieren. Jedoch verhindert die viel zu mächtige und einflussreiche Waffenlobby seit Jahrzehnten eine echte Veränderung und Verschärfung dieser Gesetze. Die Umwelt- und die Friedensbewegung in Deutschland konnten hingegen beachtliche Wirkungen erzielen, die heute aber teilweise wieder infrage gestellt werden. War der Atomausstieg wirklich sinnvoll? War die Friedenspolitik zu naiv, jedenfalls für die heutige Zeit?

Im Lebenszyklus von Bewegungen ist es angelegt, dass sie mit der Zeit abflauen. Mobilisierungen gelingen, aber nicht auf lange Zeit. Das gilt für Deutschland wie für Frankreich oder Iran. Ein Teil der Aktiven zieht sich dann zurück und unterstützt die Thematik fortan eher emotional oder an der Wahlurne. Andere werden gleichgültig oder wenden sich ganz von den Inhalten ab. Manche tragen tatsächlich psychische Schäden davon. Ein kleiner Teil aber radikalisiert sich aus Frustration. Auf die Studentenbewegung folgte die RAF, die zu den Waffen griff und gewaltsam und hochkriminell handelte. Heute sind die Aktivisten der Klimabewegung dagegen konsequent auf Gewaltfreiheit ausgerichtet. Dennoch werden Spielräume ausgetestet, etwa von der Letzten Generation. Zunächst mit interessanten und ästhetisch überraschenden Aktionen auf Straßenkreuzungen. Als die Wirkung nachließ, griffen sie zu anderen Mitteln der Provokation, beschmierten in Museen – in der Regel mit Sicherheitsglas geschützte – Gemälde und putzten am Ende sogar die Farbe weg. Oder klebten sich auf der Straße fest. Die Reaktionen der Öffentlichkeit auf solche Aktionen sind selbstverständlich äußerst ablehnend. Die Bilder, auf denen Polizisten geduldig Personen vom Boden lösen, bewirken nicht etwa Zustimmung und Sympathie, sondern Rufe wie »Haut doch drauf!«. Keineswegs immer wollen die Aktivisten mit solchen Aktionen die öffentliche Meinung beeinflussen – weit gefehlt. Vielmehr geht es ihnen oft darum, Sand ins Getriebe des »Systems« zu streuen, in der vergeblichen Hoffnung, den Motor tatsächlich ins Stottern oder zum Stillstand zu bringen. Der Konsens der Mehrheit besagt, dass ein solches Verhalten demokratisch nicht legitimiert ist und streng bestraft werden muss. Die teilweise Kriminalisierung wird von Aktivisten dann wiederum als Beweis für die Schuld des Systems an seinem Untergang betrachtet: ein ziemlich leerer Kreislauf.

Ich meine, dass solche Aktionen weder ein Thema populär machen noch die Stimmanteile von Parteien steigern helfen, die das Anliegen teilen. Deshalb distanzieren sich grüne Politikerinnen und Politiker vermehrt davon. Ich meine aber auch, dass solche Entwicklungen unvermeidlich sind. Manchmal gewinnen sie sogar ikonische Bedeutung, etwa die frühen Aktionen von Greenpeace. So verharrten zum Auftakt der Chemiekampagne von Greenpeace 1982 zwei Aktivisten 26 Stunden auf dem Schornstein der Firma Boehringer, die die Umwelt mit Dioxinen und anderen hochgiftigen Chemikalien verseuchte. Drei Jahre später schlossen die Behörden die Fabrik. Das Transparent auf weißen Tüchern, das am Schlot hing, verkündete: »Erst wenn der letzte Baum gerodet, der letzte Fluss vergiftet, der letzte Fisch gefangen ist, werdet ihr feststellen, daß man Geld nicht essen kann.« Die Aktion war illegal, aber der Spruch prägte sich vielen Menschen auf Dauer ein.

Die Politik darf solche Konflikte allerdings nicht eskalieren helfen. Ohnehin gibt es Kräfte von rechts außen, die genau darauf aus sind. Trotzdem: Ein Land, in dem täglich einige Millionen Menschen in unzähligen Staus stehen, gerät nicht tatsächlich an die Grenzen seines Funktionierens, wenn zu Recht besorgte junge Leute irgendwo einen zusätzlichen Stau erzeugen, wobei die Bauernproteste mit deutlich machen, dass solche Proteste in der Öffentlichkeit durchaus mit verschiedenem Maß gemessen werden.

Und so, wie einst die Suffragetten verlacht und bekämpft wurden, als sie sich an Straßenlaternen festketteten, bleibt auch bei diesen heutigen Aktionen ein Stachel im Bewusstsein vieler Menschen: dass die Aktivisten trotz strafrechtlich relevanten, so oft als falsch empfundenen Handelns historisch auf lange Sicht vielleicht »im Recht« sein könnten. Es ist eine Ambivalenz, die leicht bis hin zur unverhältnismäßigen politischen Hysterie aufgeladen werden kann. Wie immer gilt: abwägen, deeskalieren und so wenig wie möglich und so viel wie nötig das Gewaltmonopol des Staates einsetzen. Allerdings auch nicht weniger, denn sonst können sich die Aktionen verselbstständigen und das politische Klima ernsthaft vergiften. Ein schmaler Grat für Politik und Zivilgesellschaft.

Kapitel neun

In Hirnen und Herzen nicht angekommen

Es ist jetzt Ende September 2023. Draußen herrscht ein geradezu irrealer Spätsommer mit viel zu hohen Temperaturen, die mich eigentlich nach draußen locken würden. Die wundersame Wärme ist jedoch die Vorderseite für eine ganz anders geartete Rückseite: die Wassermassen, die aus nässeschweren Regenwolken im Mittelmeerraum heruntergekommen sind und extreme Verwüstung angerichtet haben. Gefolgt von Tausenden klappriger Boote voller Flüchtlinge, die die tunesische Regierung auf den Weg nach Lampedusa schickt. Die Massenfluchten lassen den Populismus wieder anschwellen, dessen Wolken noch schwärzer sind als die Regenwolken. Endlich will ich das Schlusskapitel dieses Buches fertigstellen. Darin soll es um die Politik des Gehörtwerdens für Europa gehen und warum sie entscheidend werden könnte für die Zukunft. Es geht dabei um eine Art Wettlauf mit all denen, die nichts sehnlicher wünschen als die Schwächung oder Zerstörung eines gemeinsamen Europas – jedenfalls als eines demokratischen und weltoffenen Gebildes. Ich will auch darstellen, welchen spürbaren konkreten Beitrag unser kleines Baden-Württemberg als Modell dazu geleistet hat, von Brüssel aus den Menschen europaweit mehr Mitgestaltung zu ermöglichen. Dieses europäische Gehörtwerden wird nach heutigem Stand systematisch weiterentwickelt werden, jedenfalls dann, wenn die Europawahlen 2024 nicht eine drastische Kehrtwende bringen.

Neben der Landespolitik hatte mich meine Tätigkeit als Staatsrätin mitten hinein in die Europapolitik geworfen. Ich wurde Beauftragte für Frankreich und die Schweiz und als solche aufgefordert, die Fäden zur Zivilgesellschaft im Donauraum zu vertiefen. Denn Baden-Württemberg ist sehr engagiert im Rahmen der Donauraumstrategie der EU, die über Ungarn und den Westbalkan bis nach Moldawien und in die Ukraine reicht.

Diese europäischen Aufgaben wurden für mich zu einer Leidenschaft. Sie führten ein Thema fort, das schon meine Eltern geprägt hatte. Dabei hatte ich in meiner politischen Jugend das Projekt Europa keineswegs sehr ernst genommen. Ich fühlte mich damals vor allem als Weltbürgerin, mit den Bewegungen der früheren Kolonien in der sogenannten Dritten Welt verbunden, mit der internationalen Frauenbewegung sowie mit der Bürgerrechtsbewegung in den USA. Auch die Ökologie hatte sich für mich seit dem Bericht des Club of Rome über die Grenzen des Wachstums stets als globales Thema präsentiert. Die politische Einigung Europas war mir lange kein zentrales Anliegen. Ich begrüßte sie irgendwie, aber sie schien ja ohnehin voranzukommen.

Mit der vielleicht allzu schnellen Einführung des Euro 2002 regte sich jedoch heftiger Widerstand von konservativer Seite. Und in der deutschen Bevölkerung entstand ein verbreitetes Gefühl der Teuerung durch ebendiesen Euro. Die vielen Vorteile für die Wirtschaft, die Deutschland in seinem Gefolge erfuhr, kamen in den Herzen und Hirnen der Menschen hier nicht an.

Europa – Integration – Widerstand

Das Projekt Europa wurde stets von seinen Eliten vorangetrieben und keineswegs von der Mehrheit der nationalen Bevölkerungen. Die meisten Menschen in Deutschland oder in Frankreich hätten sich zu Beginn der 1950er Jahre das heute Erreichte weder ersehnt

noch vorstellen können und im Krieg von der Wehrmacht besetzte und verwüstete Nationen wie Polen oder Griechenland erst
recht nicht. Lassen Sie uns die Entwicklung noch einmal vergegen-
wärtigen: Der Kernauftrag Europas war zunächst nicht wirtschaft-
licher Natur. Vielmehr sollten ökonomische Verflechtungen zwischen Deutschland und Frankreich vor allem verhindern, dass die
beiden Länder ein weiteres Mal Krieg gegeneinander führen konnten. Dies wurde mit der Gründung der Montanunion 1951 durch
sechs Mitglieder verfestigt: Deutschland, Frankreich, Italien, Lu-
xemburg, Belgien und die Niederlande. Allerdings umfasste das
angedachte Tätigkeitsfeld damals gezielt nur die kriegswichtigen
Branchen Kohle und Stahl. 1957 unterzeichneten dieselben Länder die Römischen Verträge – diese waren der Auftakt für die
Gründung der Europäischen Wirtschaftsgemeinschaft (EWG).
Die Integration betraf nun die gesamte Wirtschaft und sicherte
vor allem Freihandel und Wettbewerb in der EWG. In unseren
Tagen wird aufs Neue klar, dass dieser Friedensauftrag durch
wirtschaftliche Verschmelzung tatsächlich die wichtigste Aufgabe
der EU bleibt. Denn es droht sonst auch heute wieder die Logik
gewalttätiger Konflikte zwischen Nationen auf diesem Kontinent.

Immer war die europäische Einigung von Widerstand begleitet. Der Vertrag von Maastricht 1992 markierte den Übergang
von der Wirtschaftsgemeinschaft zur Europäischen Union in ihrer
heutigen Form – mit der Einführung des Euro als Ziel. Ein Referendum in Dänemark lehnte ihn zunächst ab – das Land trat
erst bei, als es Ausnahmen zugebilligt bekam. Für Großbritannien
hatte Premierministerin Margaret Thatcher schon 1984 durchgesetzt, dass es geringere Zahlungen als eigentlich nach Ver-
teilungsschlüssel notwendig an die EU leisten musste – »I want
my money back« war ihr Slogan. Sie argumentierte mit Vehemenz
gegen die Entstehung eines angeblichen europäischen Superstaats
und die vertiefte politische Integration. Damit waren bereits die
Anfänge des Brexits von 2016 gelegt. Unter ihrem Nachfolger John

Major unterzeichnete Großbritannien den Vertrag aber dennoch. Mit dem Vertrag von Maastricht wurde die EU zu einer übergeordneten Instanz nicht nur für die Wirtschaft, sondern teilweise auch im Bereich von Außenpolitik, Justiz, Inneres und Sicherheit. Das Europaparlament erhielt deutlich mehr Kompetenzen, und damit war der Weg hin zu einer immer engeren Union eingeschlagen.

Viele Engagierte monieren allerdings bis heute, dass das EU-Parlament nicht über die gleichen Rechte verfügt wie ein normales nationales Parlament: Es kann nicht allein über den Haushalt entscheiden, es kann keine eigenen Gesetzesinitiativen einbringen. Die EU blieb auch nach diesem Vertrag bis heute ein sogenanntes intergouvernementales Konstrukt, in dem die nationalen Regierungen die wichtigsten Entscheidungen untereinander regeln und viel mehr Macht haben als das Parlament. Mittlerweile durchdringt die EU über ihre Regelungen das Alltagsleben ihrer Mitgliedsstaaten vollständig. Die meisten Menschen in Europa verfolgen diese Entwicklungen nur ganz am Rande, die mächtige Gesetzgebungsmaschine der EU war und ist für die meisten de facto unsichtbar und undurchschaubar. Viele empfinden dem »Apparat EU« gegenüber ein großes Unbehagen und wissen nicht, dass so viele wichtige und richtige Zertifikate und Vorschriften der EU zu verdanken sind. Sie wissen nicht, wie genau die EU gestrickt ist und wie da gestrickt wird.

Engagierte proeuropäische Kräfte wollten die politische Integration nach dem Maastrichter Vertrag durch eine gemeinsame europäische Verfassung noch weiter vertiefen. Deshalb wurde 2002 eine Europäische Verfassungskonvention, oft auch Konvent genannt, einberufen, bestehend aus Regierungschefs, Ministern, Europaabgeordneten und Expertinnen und Experten. Die Bevölkerung selbst kam allerdings auf direktem Wege nicht vor.

2003 präsentierte diese Kommission einen Entwurf. Er umfasste eine Präambel zu Demokratie und Rechtsstaatlichkeit, ferner eine Charta von Grundrechten für die Bürgerinnen und Bürger Europas. Und das Parlament sollte nochmals mehr Zuständigkeiten erhalten. Die meisten nationalen Parlamente unterzeichneten diese Verfassung tatsächlich – in Deutschland gab es dazu keine aufgeregte Diskussion. Doch 2005 kam dann ein Donnerknall: In Frankreich und den Niederlanden wurde der Text per Referendum verworfen. Die Gegner argumentierten ähnlich wie in Großbritannien mit der Sorge vor dem Verlust der nationalen Selbstbestimmung und der Herrschaft einer Brüsseler Bürokratie. Die Verfassung war damit gescheitert. 2007 wurde als Ersatz der Vertrag von Lissabon geschlossen, der das Parlament stärkte und Mehrheitsentscheidungen im Ministerrat, dem Entscheidungsgremium der nationalen Regierungen, erleichterte. Zwar ist bis heute die Einstimmigkeit in zentralen Fragen weiter erforderlich, etwa bei der Außenpolitik, für den Haushalt und für die Neuaufnahme von Mitgliedern, aber viele andere Entscheidungen können nun mit einer »qualifizierten Mehrheit« getroffen werden. Dafür müssen mindestens 55 Prozent der Länder zustimmen – das heißt mindestens 16 Regierungen –, und deren Bevölkerung muss mindestens 65 Prozent der EU-Bevölkerung ausmachen. Danach erlahmte aber die Debatte über eine weitere Vertiefung der Einheit. Die Eurokrise rund um Griechenland im Gefolge der Finanzkrise von 2008 wurde zur Zerreißprobe. Die EU als Ganzes wurde für die fast überall erstarkenden nationalistischen Kräfte zum Sündenbock. In Deutschland entstand 2013 die AfD.

Heute steht die Mehrheit der Bevölkerung in Europa fast überall noch oder wieder hinter der EU, auch aufgrund des für viele abschreckenden Beispiels Brexit, des relativ erfolgreichen Krisenmanagements während der Coronapandemie und angesichts der gemeinsamen Bedrohung durch den Krieg in der Ukraine. Nur die AfD fordert noch einen Austritt aus der EU – diese Stimmen sind in Italien und Frankreich verstummt. Die Hoffnung der extremen

Rechten in diesen Ländern richtet sich eher auf die Unterhöhlung der liberalen Demokratie von innen. Die Bildung der neuen Regierung unter Donald Tusk nach der polnischen Parlamentswahl im Herbst 2023 ist grundsätzlich ein Hoffnungsschimmer für die Demokratie – aber auch besonders für die EU, weil er grundsätzlich an der europäischen Weiterentwicklung interessiert ist. In den Niederlanden allerdings bekam die Forderung nach dem Austritt aus der EU mit dem starken Wahlergebnis für Geert Wilders im November 2023 ebenfalls wieder eine laute Stimme.

Die Aufnahme von weiteren Ländern in die EU, also des Westbalkans, aber auch der Ukraine, Moldawiens und sogar Georgiens, wird nun von vielen gefordert, auch aus geostrategischen Überlegungen. Diese Regionen sollen in den neuen unsicheren Zeiten nicht dem Einfluss Russlands, Chinas oder der arabischen Staaten überlassen werden. Eine Aufnahme dieser Länder macht aber neue Spielregeln in der EU dringend erforderlich, weil sie sonst weitgehend handlungsunfähig würde – vor allem in der Außen- und in der Agrarpolitik. Denn mit mehr Ländern wird eine Einigung im Konsens noch schwieriger, und nach den jetzigen Schlüsseln für landwirtschaftliche Förderung würde ein Großteil der jetzigen Empfängerländer zu Geberländern an die neuen, ärmeren Mitglieder.

Deshalb steht die Frage eines Verfassungskonvents oder zumindest einer Ausdehnung von Mehrheitsentscheidungen auch auf die zentralen Themen Haushalt, Rechtsstaatlichkeit und Aufnahme neuer Mitglieder wieder auf der Tagesordnung. Das Projekt Europa braucht, wenn es sich weiterentwickeln soll, überzeugende politische Führung und gleichzeitig die sehr intensive Einbindung seiner Bürgerinnen und Bürger – mit plausiblen Antworten auf ihre Fragen und Einwände. Ohne diese Art intensiver Rückkopplung ist die Anti-Europa-Agitation der Rechtspopulisten äußerst bedrohlich. Sollten diese die Hoheit über die Medienlandschaft und die öffentliche Meinung gewinnen – eine gefährliche

Entwicklung, die schon in den 1990er Jahren in Italien mit Silvio Berlusconi ihren Anfang nahm –, wird es äußerst schwierig, die Menschen in ein konstruktives Gespräch über die politische und gesellschaftliche Wirklichkeit in Europa zurückzuholen.

Doch es gibt eine gute Nachricht, die ich aus den vielen Bürgerdialogen in den vergangenen Jahren zu diesem Thema mitgenommen habe: Sehr viele Menschen sind gerade auch heute (noch) bereit, mehr Einheit mitzutragen als früher. Was sie erwarten und erhoffen, ist ein effektives, gemeinsam handelndes Europa. Es sind längst nicht mehr nur Eliten oder Großstadtmenschen, die für das Projekt Europa stehen. Die Regierungen dagegen bremsen oft, teilweise aus eigenen Bedenken, teilweise um ihres eigenen Machterhalts willen, den sie vom vermuteten Widerstand aus der Bevölkerung bedroht sehen. Ohne diese Schritte lässt sich aber auf die vielen anstehenden Herausforderungen nicht erfolgreich antworten, die da heißen Klimawandel, Kriege, digitale und energetische Transformation der Wirtschaft, Verschiebung der Machtbalance zwischen USA und China und vor allem Migration.

Die Schweiz – so nah, so fern

»Wohin verschwinden die Grenzen?« So lautet ein Spruchband aus Metall am kleinen Grenzübergang Vratenin, vormals Frattein, von Österreich nach Tschechien. Der Ort liegt nahe bei unserem Feriendomizil im österreichischen Waldviertel. Einst gehörte er zu Südmähren im Habsburgerreich. Das Spruchband wurde von einer enthusiastischen grenzüberschreitenden NGO nach der Grenzöffnung 2007 aufgestellt – mit finanzieller Förderung aus Brüssel übrigens. Ja, wohin eigentlich? Wir wissen inzwischen: Die Grenzen verschwinden noch lange nicht. Weder in den Herzen und Köpfen noch in der Politik oder der Verwaltung. An vielen Grenzen innerhalb Europas herrscht grenzüberschreitender pragmatischer Alltag bei Einkauf und Arbeit, aber auch Fremdheit, Distanz und Gleichgültigkeit sind reichlich anzutreffen. Wie soll daraus ein großes Ganzes werden?

Eine solche Fremdheit gibt es auch gegenüber der Schweiz. Die Begegnungen verlaufen insgesamt eher verhalten. Die Schweiz ist zu teuer zum Essengehen oder Einkaufen für viele Deutsche. Umgekehrt kaufen Schweizer Familien günstig im Discounter oder Möbelhaus auf der deutschen Seite, sie bevölkern die öffentlichen Strandbäder und Thermen wie auch die Parkplätze, die ohnehin schon übervoll sind.

Erst in der Zeit der faktischen Grenzschließung wegen der Coronapandemie regte sich ein deutlich anderer Geist: Es stellte sich heraus, dass es neben Schulbesuch, Arbeit oder Konsum tatsächlich viele freundschaftliche und verwandtschaftliche Verbindungen und auch Liebesbeziehungen über die Grenzen hinweg gibt. Erstmals machten diese Menschen laut auf sich aufmerksam und forderten, den gemeinsamen Lebensraum nicht willkürlich durch Grenzschließungen zu zerschneiden. Am Grenzzaun zwischen Konstanz und Kreuzlingen wurde fernsehtauglich dagegen demonstriert. Die von mir im Auftrag der Landesregierung organisierten grenzüberschreitenden Bürgerdialoge boten diesen Stimmungen eine wirksame Bühne, und prompt bemühten sich die Regierungen auf beiden Seiten, diese Hürden rasch wieder zu beseitigen.

Generell zeigten unsere Bürgerdialoge, dass dort trotz mancher Irritationen ein großes Bedürfnis nach besseren Verkehrsverbindungen und generell mehr Begegnung besteht, gerade auch bei Jugendlichen. Entscheidungen der Zentralregierungen in Berlin oder Bern nehmen auf solche Wünsche oft zu wenig Rücksicht. Vieles wurde gerade in der Pandemie ohne jede Absprache verkündet und umgesetzt. Auf der vorsichtigen deutschen Seite waren viele erschrocken, dass in der Schweiz Skigebiete und Lokale teilweise geöffnet blieben – auch für Ausländer –, als in Baden-Württemberg längst der Lockdown galt.

Die Schweiz ist der größte Handelspartner Baden-Württembergs, und auch die Strukturen der Wirtschaft sind sehr ähnlich. Die Eidgenossen sperren sich jedoch seit Jahren hartnäckig gegen den Abschluss eines sogenannten Rahmenabkommens mit der EU. Die bisherigen Verträge laufen nun nach und nach aus, was den Export in die EU drastisch erschwert und einem langsamen »Schwexit« ähnelt. Ganze zukunftsträchtige Industriezweige leiden. Zahlreiche einseitige Regelungen erschweren es deutschen Handwerkern, Aufträge aus der Schweiz anzunehmen. Außerdem kauft die Eidgenossenschaft den deutschen Arbeitsmarkt in den Gesundheitsberufen und der Gastronomie leer.

Die Verhandlungen zu all diesen Themen sind zäh und nicht sehr erfolgreich. Selbst die in anderen Ländern konsequent europafreundlichen Grünen stehen in der Schweiz fest zu derartigen Handelshemmnissen. Auch Konflikte um die Anflugschneisen zum Flughafen Zürich lasten auf den Beziehungen. Die Schweiz ihrerseits hat den Standort für ein Atommüllendlager sehr nahe an die Grenze gelegt. Die deutsche Seite wird zwar etwas einbezogen, würde sich aber mehr wünschen. Grenzüberschreitende Zufallsbürgerdialoge zum Atomendlager oder zu Flugrouten gab es bislang leider nicht.

Die offiziellen Beziehungen zwischen Baden-Württemberg und der Schweiz sind dennoch intensiv. Der erste Staatsbesuch von Winfried Kretschmann 2011 galt dem Kanton Aargau, wo zu unserem Erstaunen der rote Teppich ausgerollt wurde und eine Blasmusikkapelle aufspielte. Der Austausch ist inzwischen regelmäßig. Dabei wird intensiv und manchmal kontrovers über Auswirkungen und Anwendungen direkter Demokratie oder anderer Beteiligungsformate diskutiert. Unstrittig ist dabei die hohe Zufriedenheit der Schweizer Bevölkerung mit ihrer Demokratieform. Unstrittig ist auch, dass die Menschen in der Schweiz viel besser über politische Fragen informiert sind als in Deutschland, eben weil sie regelmäßig abstimmen können. Deutlich wurde aber auch, dass die direkte Demokratie vor allem für die Themen Migration und Verzicht auf Souveränität durch internationale Abkommen große Risiken birgt. In den vergangenen Jahren und zuletzt 2023 wurden manche Volksabstimmungen von der nationalkonservativen Schweizer Volkspartei (SVP) für äußerst zugespitzte demagogische Kampagnen gegen die »Masseneinwanderung« gekapert – und gewonnen. Dieses Problem begleitet die Volksabstimmungen in der Schweiz schon seit dem 19. Jahrhundert. So wurde 1893 mit deutlicher Mehrheit das Schächten von Tieren verboten, woraufhin sehr viele jüdische Familien auswandern mussten, wenn sie weiter religiös leben wollten.

Politisch Verantwortliche fast aller Parteien aus der Schweiz sind heutzutage auffallend zurückhaltend bei sämtlichen europäischen Partnerschaftsprojekten. Auf der Internationalen Bodenseekonferenz (IBK), an der ich lange teilgenommen habe, ist es zwar gelungen, den Bodensee vor schädlichen Einleitungen zu schützen. Auch erfolgreiche Kooperationsprojekte mit der mittelständischen Wirtschaft und zwischen Hochschulen wurden gestartet. Aber die Kantone der wohlhabenden Schweiz sind auffallend wenig großzügig, um nicht zu sagen: geizig bei der Förderung selbst sehr kleiner grenzüberschreitender Projekte oder einer gemeinsamen Infrastruktur wie eines Organisationsbüros. Die Angst der dortigen Politik, als zu europafreundlich zu gelten, ist mit Händen zu greifen. Wir haben als Landesregierung eine »Schweiz-Konzeption« mit vielen Vorschlägen erarbeitet und uns in vielen Gremien um Glättung bemüht. Aber die politischen Grundsatzprobleme stehen immer im Raum. Die Position der Schweiz als Drittland außerhalb der EU verstärkt jedenfalls die Entfremdung auf vielen Ebenen, trotz schöner Kongresse und wunderbarer Gastfreundschaft. Leicht ist es nicht, dieser Entfremdung konstruktiv zu begegnen.

Zur guten Nachbarschaft – und ein kleines bisschen zurück

Indes schützt auch eine gemeinsame EU-Mitgliedschaft nicht vor Entfremdung. In den vergangenen Jahren wurde dies besonders beklemmend zwischen Deutschland und Frankreich, zwischen Berlin und Paris. Es geht dabei um Grundsätzliches: Frankreich betont stärker die Idee einer europäischen Souveränität, Deutschland die der transatlantischen Kooperation. Besonders laut knirscht es im Gebälk gemeinsamer Rüstungsprojekte, denn beide Länder fürchten immer Benachteiligung. In der Gazakrise stellte sich Frankreich auf die Seite der Palästinenser bei der Forderung nach einem Waffenstillstand, während sich Deutschland bei der Abstimmung enthielt. Speziell hapert es auch mit der Harmonie bei der Energiepolitik. In der Migration fährt Frankreich einen harten Kurs und zögert beispielsweise nicht, Migranten unversorgt auf Straßen kampieren zu lassen. Die Bilder vom Ärmelkanal stehen vielen vor Augen. Und die Grenze nach Italien ist erbarmungslos abgeschottet. Der bisher so wichtige deutsch-französische Motor innerhalb der EU hustet und stottert.

Die sehr ausgeprägte grenzüberschreitende Kooperation zwischen Baden-Württemberg und Frankreich versucht dagegen gerade deshalb, enge Verbindungen aufrechtzuerhalten. Die Regierungen in Paris und Berlin setzen allerdings die Prioritäten. Während der Pandemie erließen beide Seiten teilweise unkoordiniert Maßnahmen, die bei der Bevölkerung teils auf massive Ablehnung stießen. In den von mir angesetzten grenzüberschreitenden Bürgerdialogen zum Thema Coronamanagement wurde sehr laut nach Sonderregelungen von und für Menschen in der Grenzregion gerufen: Schulkinder und Scheidungsväter, Liebespaare und Großeltern, aber auch Pferdebesitzer auf der jeweils anderen Seite der Grenze verlangten die gleichen Rechte und Möglichkeiten wie berufstätige Pendler. Der gemeinsame Lebensraum dürfe nicht willkürlich zerschnitten werden, hieß es – ganz ähnlich den Formulierungen im Grenzraum zur Schweiz. Wir trugen diese Forderungen in die Arbeitsgremien der Regierungen, gemeinsam mit Rheinland-Pfalz und dem Saarland. Und tatsächlich wurde das Grenzmanagement an der Westgrenze zu Frankreich und zur Schweiz gelockert, während etwa zwischen Bayern und Österreich oder Tschechien weiter sehr viel härtere Regelungen bestanden.

Die Generation derer, die nach dem Zweiten Weltkrieg parteiübergreifend und mit großem Elan die Aussöhnung mit Frankreich als ihr Herzensanliegen angingen, verlässt in diesen Jahren die Bühne. Das gilt in der großen Politik, aber auch für die vielen Menschen, die sich in den Städtepartnerschaften engagieren. Einst galten diese als »größte Friedensbewegung der Welt«. Die Idee bestand darin, die Kommune als Keimzelle der Demokratie zu stärken, um einen weiteren Weltkrieg unmöglich zu machen. Aus den Kontakten französischer und deutscher Bürgermeister entstand 1950 die erste deutsch-französische Städtepartnerschaft zwischen Montbéliard und Ludwigsburg. Es bildeten sich bis heute über 2300 Partnerschaften. Ein reger Besuchstourismus normaler Bürgerinnen und Bürger kennzeichnete die Anfangszeit, die Neugier auf das andere Land und seine Lebensweise.

Auf diese Versöhnung durch Kommunen und Zivilgesellschaft folgte am 22. September 1962 der Paukenschlag der berühmten Rede von Präsident Charles de Gaulle im Schloss von Ludwigsburg an die deutsche Jugend. De Gaulle intonierte mit höchstem Pathos: »Ich beglückwünsche Sie, junge Deutsche zu sein, das heißt Kinder eines großen Volkes. Jawohl, eines großen Volkes, das manchmal im Laufe seiner Geschichte große Fehler begangen hat […] Ein Volk, das in seinem friedlichen Werk wie auch in den Leiden des Krieges wahre Schätze an Mut, Disziplin und Organisation entfaltet hat. Das französische Volk weiß das voll zu würdigen, da es auch weiß, was es heißt, unternehmens- und schaffensfreudig zu sein, zu geben und zu leiden.«

Das waren starke Worte. Mein Mann war als Student extra hingefahren, um diese Rede zu hören, und war vom europäischen Grundton begeistert. Es war eine Rede, die all diejenigen aufrüttelte, die noch vom langen Mythos der Erbfeindschaft zwischen Deutschland und Frankreich geprägt waren. Diese These hatte seit den Befreiungskriegen gegen Napoleon zu Beginn des 19. Jahrhunderts die Entwicklung der deutschen Nation begleitet; sie war die Begleitmusik zum Deutsch-Französischen Krieg 1871 gewesen, der die deutsche Einigung unter Bismarck erst möglich gemacht hatte. Die hässliche Melodie wurde weiter gespielt über den Ersten Weltkrieg hinaus bis zum Ende des »Dritten Reichs«.

Ich selbst war während der Rede Austauschschülerin in den USA und hörte erst von ihr, als ich ein Jahr später einen Besinnungsaufsatz über sie schreiben sollte. Mir erschien das damals merkwürdig. Nichts war mir ferner als eine Erbfeindschaft mit Frankreich. Meine Eltern sprachen beide sehr gut Französisch. Es war in preußischer Tradition die erste Fremdsprache an den Schulen Berlins der 1920er Jahre gewesen. Mein Vater war seit seiner Jugend durch eine Brieffreundschaft eng verbunden mit einer französischen Familie. Während der Naziherrschaft war er als Mitglied der geheimen Widerstandsgruppe »Neu Beginnen« nach Paris gereist, um mit dorthin emigrierten Sozialdemokraten über eine Zusammenarbeit zu sprechen. Mit »Neu Beginnen« hatte er jüdischen Parteifreunden geholfen, aus Deutschland zu fliehen, einer von ihnen wurde später Bankier bei Rothschild. Dessen Sohn Pierre besuchte uns regelmäßig in den Ferien und erheiterte uns durch lebendiges Imitieren der Reden de Gaulles. Eine Erbfeindschaft mit Frankreich lag uns also geistig so fern wie Antisemitismus. Dass de Gaulle den Deutschen, die in drei Kriegen innerhalb von nur 80 Jahren Frankreich Tod und Zerstörung gebracht hatten, in dieser Pathos geschwängerten Form die Hand reichte, war ein entscheidender Schritt für die nun Fahrt aufnehmende europäische Einigung. Im Januar 1963 folgte der bahnbrechende Élysée-Vertrag. Er sah regelmäßige Konsultationen zwischen den Staats- und Regierungschefs sowie zwischen den Außenministern vor, zudem die Gründung des Deutsch-Französischen Jugendwerks, das seither fast zehn Millionen Jugendlichen Möglichkeiten zur Begegnung gab: ein großer Paradigmenwechsel von der Besatzungsmacht zur europäischen Partnerschaft.

2019 folgte dann der Aachener Vertrag zwischen Deutschland und Frankreich, der der Erneuerung der Grundgedanken des Élysée-Vertrags dienen sollte. Er hat zwar eine ähnliche Tonlage, jedoch vermag das nicht darüber hinwegzutäuschen, dass der Elan der Kooperation stark geschwächt ist und sich die derzeitige Bundesregierung erstaunlich wenig Mühe gibt, das zu kaschieren. Das gilt auch für den grünen Wirtschaftsminister und Vizekanzler sowie die Außenministerin. Die geplante Schließung dreier Goethe-Institute in Frankreich ab 2024 verdeutlicht diese Entfremdung auf drastische Weise. Auf Landesebene in Baden-Württemberg wird jedoch versucht, die Zusammenarbeit zu vertiefen.

Viele gute Ideen, wenig Geld

Im alltäglichen Neben- und pragmatischen Miteinander leidet die Zusammenarbeit oft darunter, dass die Entscheidungsstrukturen auf beiden Seiten nicht identisch sind, dass Frankreich sehr zentralistisch ist und dass es große Sprachbarrieren gibt. Die wachsen, statt kleiner zu werden. Im Elsass sind die Menschen, die Deutsch als Umgangssprache sprechen, inzwischen nur noch eine kleine Minderheit. Der Versuch, zu Beginn des Jahrtausends im badischen Teil Baden-Württembergs Französisch als erste Fremdsprache zu etablieren, scheiterte auch am Elternwillen. Winfried Kretschmann äußerte kürzlich ausgerechnet auf einem deutsch-französischen Treffen, man könne eventuell auf Französisch als zweite Fremdsprache in der Schule verzichten, da der Ertrag im Verhältnis zum Aufwand oft nur kümmerlich ausfalle. Zudem gehe es heute auch um andere Kompetenzen in der Schule, und künstliche Intelligenz werde in Bälde niederschwellige Übersetzungsarbeit zur Verfügung stellen. Dafür erntete er einen Sturm der Entrüstung. Doch ist es offensichtlich, dass es eine selbstverständliche Sprachbeherrschung des Deutschen und Französischen in Zukunft eher für Minderheiten geben wird, die beruflich oder privat darauf angewiesen sind oder die kulturell interessiert sind.

In meiner Amtszeit wurde eine Frankreichkonzeption erarbeitet, in die alle Akteure eingebunden wurden – für Theaterprojekte, Umweltthemen, Musikfestivals, Schülerbegegnungen, Sportereignisse und nicht zuletzt die Wirtschaft. Ein breites Bündel an Ideen und konkreten Maßnahmen wurde vorgeschlagen, auch um schon bestehende Kooperationen auf eine neue Stufe zu heben. Der ganze Prozess drohte zu scheitern beim sehr mühsamen Versuch, die bescheidenen Mittel dafür im Landesetat zu verankern. Ich verzweifelte schier daran. Letztlich bedurfte es sogar der Stimmen der (noch) deutsch-französisch orientierten älteren Landtagsmitglieder der CDU, um dies zu ermöglichen.

Neben der parlamentarischen und wirtschaftlichen Zusammenarbeit trat jedoch im Aachener Vertrag von 2019 erstmals die intensive eigenständige Begegnung der Zivilgesellschaft stärker in den Vordergrund und wird nun auch finanziell unterstützt. Ein Fonds für Bürgerbegegnungen wurde erstmals aufgelegt. Hunderte von Kunst-, Sport- und Kulturinitiativen können als sogenannte Kleinprojekte nun mit Mitteln von Bund, Ländern und EU durchgeführt werden.

Eine Herzensangelegenheit breiter Bevölkerungsschichten ist die deutsch-französische Begegnung dennoch nicht oder nicht mehr. Gerade deshalb sind die neuen Formate der Bürgerbeteiligung so wichtig. Die grenzüberschreitenden Zufallsbürgerdialoge der vergangenen Jahre sind auf großes Interesse gestoßen und gelten in Brüssel oft als Vorbild für andere Grenzregionen. Immerhin fast ein Drittel der europäischen Bevölkerung lebt in solchen Gegenden, und häufig sind die Probleme vergleichbar.

Dabei wird gern auf die Auswirkungen der Öresund-Brücke von Kopenhagen nach Malmö verwiesen. Auf einer Delegationsreise nach Dänemark und Schweden konnten wir erstaunliche Entwicklungen auf beiden Seiten als Teil einer geradezu explodierenden wirtschaftlichen Dynamik besichtigen. Auch die Bürgerinnen und Bürger bei den deutsch-französischen Dialogen betonen immer wieder die Notwendigkeit besserer regionaler Verbindungen und insbesondere die Bedeutung des Baus neuer Rheinbrücken. So soll nun auch endlich die alte Bahnverbindung von Freiburg über Breisach nach Colmar wiederhergestellt werden, die nach dem Krieg von den Franzosen demontiert wurde. Sehr wahrscheinlich haben die Bürgerdialoge in Brüssel, aber auch in Berlin und in Stuttgart dazu beigetragen, diese alte Bahnverbindung nach Jahrzehnten von Hoffnung und Scheitern endlich wahrzumachen.

Erinnerungskultur als Abgrenzung zwischen den Nationen

Die Toten gehörten bis jetzt jeweils der eigenen Nation. Geschichte ist bis heute in allen Ländern eine nationale Angelegenheit, bestimmt vor allem durch die Schulpolitik in den Schulbüchern, Straßennamen und die nationalen Gedenktage und Rituale. Und auch durch Film und Fernsehen. Was dort nicht abgebildet wird, woran dort nicht immer wieder erinnert wird, wird meist sehr schnell vergessen.

Schon meine Generation der unmittelbar nach dem Zweiten Weltkrieg Geborenen spürte als Kinder nicht mehr die Inbrunst, mit der die Elterngeneration Frieden und Versöhnung gerade in

Europa begrüßte und dabei die Bilder des Massensterbens junger Männer und der zivilen Bombenopfer noch lebendig vor Augen hatte. Wir Kinder spielten in den Ruinen von Pforzheim vergnügt Verstecken.

Die Erinnerung an das große Sterben im Ersten Weltkrieg ist in Deutschland weitgehend verblasst, während es in Frankreich intensiv gepflegt wird. Erst 100 Jahre nach Ausbruch des Ersten Weltkriegs, also 2014, besuchten Bundespräsident Joachim Gauck und Präsident François Hollande gemeinsam den bei uns weitgehend unbekannten Hartmannswillerkopf im Elsass, auf dem Tausende Soldaten beider Seiten in sinnlosen Stellungskämpfen verheizt worden waren. Errichtet wurde nun die erste gemeinsame Gedenkstätte.

1984 bereits hatte Präsident François Mitterrand gemeinsam mit Kanzler Helmut Kohl das viel größere Mahnmal bei Verdun besucht, wo über 130 000 unidentifizierte Tote beider Seiten in einem gespenstisch wirkenden Beinhaus bestattet sind – von insgesamt 230 000 Gefallenen. Das Treffen der beiden Staatsmänner, die Hand in Hand an den Gräbern standen, hatte seinerzeit international für viel Aufregung gesorgt. Es bleibt allerdings weiterhin eine nationale französische Gedenkstätte. Nur ein einziger deutscher Name wurde dort jemals eingraviert, im Jahr 2014, obwohl auch Zehntausende Deutsche dort begraben sind.

Nur ein einziges Mal wurde der Versuch gemacht, ein gemeinsames Geschichtsbuch zu verfassen. Den Wunsch hatten Jugendliche 2003 im deutsch-französischen Jugendparlament vorgetragen. Eine Expertenkommission aus beiden Ländern erarbeitete daraufhin ein dreibändiges Werk, das tatsächlich gedruckt, von den Schulbehörden jedoch kaum eingesetzt wird. Ein deutsch-polnisches Schulbuch ist analog seit Jahren im Entstehen und immer noch nicht fertiggestellt, geschweige denn im Einsatz.

Wie sinnvoll wäre es, in künftigen Bürgerdialogen mit den Menschen über gemeinsame Erinnerungskulturen, Feiertage,

Gedenktage für Europa zu sprechen! Diese Elemente gehören zu einem echten Zusammenwachsen – aber es fällt den jeweiligen Eliten sehr schwer, solche Symbole zu ergänzen oder zu verändern. Einfache Bürgerinnen und Bürger würden, da bin ich mir sicher, viel mehr Kreativität beweisen – sowohl binational als auch auf europäischer Ebene. Mit ihnen zusammen könnte es eines Tages auch möglich sein, gemeinsame Texte für Teile des Geschichtsunterrichts in ganz Europa zu entwickeln.

Neues aus dem gallischen Dorf

Und wo bleibt das Positive? Gerade entstehen neue Antworten, die sich vor allem dann durchsetzen werden, wenn viele Menschen um sie wissen, sie anerkennen und sie nutzen. Dann hat Europa gute Chancen, mit diesen Antworten seine Demokratie zu festigen und widerstandsfähig zu machen. Die Antworten beinhalten in jedem Fall die Vertiefung der Demokratie durch neue Formate der Partizipation auf allen Ebenen und mit verschiedenen Methoden: kommunal, regional, staatenweit und europaweit. Dadurch lassen sich Entfremdung und Ohnmachtsgefühle von Menschen verringern. Dies ist längst nicht mehr nur eine abstrakte Forderung. Von Barcelona, Paris und Amsterdam über Kopenhagen und London bis Frankfurt, Leipzig, Oberhausen und Rottweil gab und gibt es in Hunderten von europäischen und deutschen Kommunen Zufallsbürgerforen, die Mitgestaltung bei schwierigen Entscheidungen ermöglichen. »Take back control« für die Bürger. Nicht im Brexit-Sinne, um möglichst alles Fremde und Belastende auszugrenzen. Sondern in dem Sinn, Politik zu verstehen und mitzugestalten, auch wenn sie unbequeme Fragen beantworten muss.

Was Europa angeht, so haben wir von unserer Stuttgarter Regierung aus mit die Weichen dafür gestellt, dass auch Brüssel sich mittlerweile in der Europapolitik der Methode der Zufallsbürgerforen bedient. Diese Methode ist von den vielen möglichen Partizipationsinstrumenten heute dasjenige mit dem größten Potenzial.

Die EU-Kommission hatte sich bereits 2019, vor der Zeitenwende, die stärkere Mitsprache der Bürgerinnen und Bürger mithilfe einer Zukunftskonferenz auf die Fahnen geschrieben. Das ist heute weltweit ein USP, Unique Selling Point, ein Alleinstellungsmerkmal. Emmanuel Macron hatte ursprünglich die Idee. Die mit seiner Hilfe gewählte Kommissionspräsidentin Ursula von der Leyen machte sie bei ihrem Amtsantritt 2019 zum Programm. Allerdings waren die Umstände dann denkbar ungünstig. Eigentlich sollte die Konferenz zwei Jahre dauern, von 2020 bis 2022. Sie sollte sich vor allem mit Fragen der inneren Reformen der EU befassen: Soll es Spitzenkandidaten geben? Transnationale Listen? Soll das Parlament mehr Rechte bekommen? Braucht es einen neuen Verfassungskonvent?

Dann kam die Coronapandemie. Das erschwerte das Zusammentreffen der zufällig ausgewählten Teilnehmenden. Aber es veränderte auch den Rahmen der Debatten. Plötzlich nahm die EU eine aktiv koordinierende Rolle ein, in der Gesundheitspolitik, in der Finanzpolitik durch die Schaffung eines milliardenschweren Wiederaufbaufonds. Die Menschen konnten täglich im Fernsehen verfolgen, wie Themen gemeinsam europäisch erörtert wurden. Oft mit Konflikten, aber sehr wohl auch mit konkreten Ergebnissen. Die EU wurde von einer abstrakten Bürokratiemaschine zu einer offensichtlich handlungsfähigen gemeinsamen Entscheidungsinstanz. Das verschaffte ihr Anerkennung und gab der Mehrheit der Menschen ein Gefühl größerer Sicherheit.

Die Konferenz zur Zukunft Europas fand sich also plötzlich in einem Umfeld wieder, in dem die EU ihre Rolle und ihre Aufgaben gezwungenermaßen drastisch verändert und erweitert hatte. Die Konferenz wurde um ein Jahr verkürzt und fand nun von März 2021 bis Mai 2022 statt. Der Plan lautete: »Alle Euro-

päerinnen und Europäer sollten die Gelegenheit bekommen, eine
größere Rolle bei der Gestaltung der Zukunft der Europäischen
Union zu spielen.« Wie aber sollte das praktisch aussehen? Und
wie sollte eine solche Konferenz die für die meisten Menschen
völlig unübersichtlichen Entscheidungswege beeinflussen? Es
hatte schon öfter gut gemeinte Versuche der EU-Kommission gegeben, in einen Dialog mit den Bürgern zu treten – doch diese
Ansätze waren weitgehend im Sande verlaufen.

Ein gigantischer Anlauf wurde genommen, auch wenn er bei-
leibe nicht jedes Wohnzimmer erreichte. Wahrscheinlich haben
nur wenige Prozent der Menschen in Europa überhaupt davon
erfahren. Über den ganzen geografischen Raum, über alle 27 Mitgliedsstaaten hinweg, wurde ein Netz von mehr als 6000 Veranstaltungen gesponnen, an denen insgesamt 721 000 Bürgerinnen
und Bürger teilnahmen. Organisiert von Abgeordneten, von der
EU-Kommission, von einzelnen Regierungen, vom Ausschuss der
Regionen, von Kommunen, von der Zivilgesellschaft usw. Es ging
darum, die Vorstellungen der Menschen für die Zukunft Europas,
ihre Ideen für das Selbstverständnis und für die konkrete Politik
der EU zu bündeln und ins Herz der politischen Entscheidungswege weiterzuleiten. Viele Regierungen sahen das Vorhaben sehr
skeptisch bis ablehnend. Zwölf Staaten, vor allem die kleineren, ver-
fassten im Vorfeld ein Papier, in dem sie sich dagegen aussprachen,
dass sich die Konferenz mit Vertragsänderungen befassen dürfe.
Sie hatten die Befürchtung, dass die Menschen einseitig eine Stär-
kung der Rolle des Parlaments und der Kommission zulasten der
einzelnen Regierungen fordern würden. Auch in der fortschrittlichen Öffentlichkeit – der organisierten Zivilgesellschaft – wurde
befürchtet, es handele sich bei der Konferenz nur um Alibiveranstaltungen, die Politik werde sowieso nur das herauspicken, was
ihr genehm sei. Wenn überhaupt Änderungen nötig seien, so vor
allem mehr Macht für das Europaparlament und möglichst Änderungen der europäischen Verträge durch die Neueinsetzung

eines Verfassungskonvents – kein unverbindliches Geplapper mit den Bürgern. Es waren genau die gleichen kritischen Argumente, die wir in Baden-Württemberg seit 2011 immer wieder zu diesem Thema gehört hatten. Und die auch den ersten Bürgerrat beim Bundestag zum Thema Ernährung im Herbst 2023 begleiten.

Dennoch wurde das Vorhaben angepackt, in einer neuen Qualität. Zum ersten Mal wurde ein tatsächlich mehrsprachiger länder- und institutionenübergreifender Prozess organisiert, an dem Tausende Bürgerinnen und Bürger sowie politische Akteure, Sozialpartner, Vertreterinnen und Vertreter der organisierten Zivilgesellschaft und wichtige Interessenträger teilnehmen sollten.

Zufall auf Europäisch

Die wichtigste und innovativste Ebene bildete die Beteiligung der Bürgerinnen und Bürger. 800 Menschen aus allen Mitgliedsstaaten, von Malta bis nach Ungarn, wurden in vier Gruppen zusammengebracht, professionell ausgewählt nach dem Zufallsprinzip mit einem komplizierten Schlüssel. Sie erarbeiteten Vorschläge zur Weiterentwicklung der EU in den vier Bereichen Wirtschaft, soziale Gerechtigkeit und Beschäftigung; Demokratie in Europa, Rechtsstaatlichkeit und Sicherheit; Klimawandel, Umwelt und Gesundheit sowie Europa in der Welt und Migration. Die Bürgerforen trafen sich ab Herbst 2021 dreimal, einmal in Straßburg, einmal virtuell und einmal an je einer europäischen Hochschule, in Dublin, Florenz, Warschau und Maastricht. Sie hatten damit die Gelegenheit, sich tatsächlich als europäische Gruppe zu erleben, ähnlich wie Europaparlamentarier, Erasmus-Studierende oder Menschen, die in den europäischen Institutionen tätig sind. Sie erfuhren Europa nicht nur indirekt als äußere bürokratische Gesetzgebungsmaschine, sondern erstmalig als mitgestaltbaren Raum. Die Menschen erlebten dies nicht mit der Abgeklärtheit von Profis, sondern mit herzerfrischender Begeisterung für das Europäische. Sie konzentrierten sich in diesen Debatten nicht auf Konflikte, sondern auf konkrete Lösungsperspektiven für das große Ganze. EU-Beamte und Politikerinnen, die diese Art der Bürgerdebatte noch nie erlebt hatten, waren verblüfft und begeistert. »Seeing is believing«, sagten einige: Man muss es gesehen haben, dann wird man daran glauben. Jedenfalls gilt: Wo nationale Regierungen oft eng an nationalen Wahrnehmungen und Interessen festhalten wollen oder müssen, sind einfache Bürgerinnen und Bürger leichter zu einem übergreifenden Denken bereit. Diese Erfahrung wiederholt sich zuverlässig und eindrucksvoll bei all diesen Anlässen.

Damit wurden die Wünsche und Vorstellungen gerade nicht organisierter Menschen breit erfasst, wenn auch die bildungsferneren Mitglieder der Gesellschaft etwas weniger beteiligt waren als die Gebildeteren. Die Altersgruppe von 16 bis 25 Jahren stellte ein Drittel, eine gezielte Übergewichtung, damit die Jugend eine größere Sichtbarkeit erhielt, als ihr rein statistisch zukommt.

Die zweite Ebene war das Konferenzplenum. Diese Plenarversammlung sucht bisher ebenfalls weltweit ihresgleichen: Sie tagte insgesamt siebenmal und umfasste in barocker EU-Manier 321 Vertreter der EU-Institutionen, gewählte Vertreter auf nationaler, regionaler und lokaler Ebene, Sozialpartner, regionale Behörden sowie Vertreterinnen der Zivilgesellschaft, darunter 80 Vertreter der zufällig ausgewählten Bürgerforen, die also 20 Prozent der Teilnehmenden stellten.

Diese Bürgergruppe mit 80 Mitgliedern veränderte die gesamte Debatte entscheidend: Die Diskussion erschöpfte sich nicht wie üblich darin, dass Parteien- und Interessenvertreter sich voneinander abgrenzten und profilierten. Kompromisse und Lösungen werden nach diesem traditionellen Modell in Hinterzimmern und Ausschüssen erarbeitet. Stattdessen kam es im Verlauf der Konferenz zu einem tatsächlichen Austausch mit der Politik. Die

Bürgergruppe hatte dies heftig und empört eingefordert, nachdem die Plenarsitzungen zu Beginn eher dem traditionellen Ritual entsprochen hatten. Durch professionelle Begleitstrukturen gelang es, die breite Debatte zu komprimieren und schließlich 178 Empfehlungen zu 49 gemeinsamen praktisch relevanten Vorschlägen zu destillieren. Dieser Destillationsprozess war ausschlaggebend für die mögliche politische Wirksamkeit des ganzen Prozesses. Dabei wurden alle in den Kleingruppen geäußerten Meinungen von der Moderation sorgfältig »geerntet«. Sie wurden gesammelt und nach Themen geordnet – und darauf geachtet, die Kommentare von weniger wortmächtigen Menschen nicht zu übersehen. Es wurde sodann »priorisiert« – das heißt, es wurden Rangordnungen erstellt. Sofern abgestimmt wurde, wurde erfasst, welche Vorschläge die wenigsten Gegenstimmen erhielten. Die Bürgerschaft war an den Endformulierungen tatsächlich aktiv beteiligt. Ihre Beiträge wurden nicht wie sonst nur von professionellen Dienstleistern verwertet. Ein Novum in der europäischen Demokratiegeschichte! Eine mehrsprachige digitale Plattform hatte daneben Vorschläge aus ganz Europa eingesammelt. Sie erreichte aber nur knapp 60 000 Personen und wurde vor allem von bereits Organisierten aus der Zivilgesellschaft genutzt, deren Wünsche oft schon bekannt waren. Der Abschlussbericht der Konferenz griff vornehmlich die Empfehlungen der Bürgerforen auf und ergänzte sie um einzelne Punkte von der Onlineplattform und aus den Arbeitsgruppen des Plenums. Am 9. Mai 2022, am Europatag – und meinem Geburtstag –, erfolgte die Übergabe an die drei EU-Institutionen: an den Europäischen Rat der Regierungen, die Kommission und das Parlament. Es ging nun darum, wie die Vorschläge verarbeitet, ob sie tatsächlich Reformen und Veränderungen bewirken würden. Oder aber, ob der Schlussbericht wie viele andere Berichte vor ihm lediglich zur Kenntnis genommen und wieder in Vergessenheit geraten würde. So, wie es viele Skeptiker befürchtet hatten.

EU konkret erfahrbarer machen

Im Grundtenor des Abschlussberichts spiegelte sich die Erwartung nach mehr Verantwortung, Transparenz, Geschlossenheit und Handlungsfähigkeit der EU in fast allen Bereichen wider – von der Klimapolitik, der Energieversorgung und der Gesundheit über die Sozial- und die Steuerpolitik bis hin zur Außen- und Sicherheitspolitik. Auch die gemeinsame Verteidigung als Ziel stand unübersehbar im Raum. Der russische Angriffskrieg auf die Ukraine hatte dieses Anliegen in den Fokus gerückt. Das Prinzip der Einstimmigkeit in der EU, so wurde es in allen vier Foren formuliert, müsse durch kluge Mehrheitsregeln ersetzt werden. Die Bürgerinnen und Bürger wünschten sich, dass die EU die Energietransformation vorantreibe, Anreize für eine nachhaltigere Landwirtschaft schaffe, regionale Produkte schütze, höhere und nachhaltigere Importstandards einführe. Alle Bürgerforen erwarten mehr öffentliche Kommunikation zu Politikinhalten und Gesetzgebungsverfahren. Die EU müsse insgesamt verständlicher und viel sichtbarer dargestellt werden.

Gemeinsame Symbole wie ein gemeinsamer Feiertag wurden vorgeschlagen. Generell soll die EU auch emotional und sinnlich erfahrbar werden. Den Beteiligten waren Vertragsänderungen oder ein weiterer Verfassungskonvent nicht die wichtigsten Anliegen. Es zählte für sie vielmehr der Wunsch nach konkretem gemeinsamen Handeln. Sie empfahlen transnationale Wahllisten anstelle rein nationaler Listen – um eine gesamteuropäische statt nur eine nationale Diskussion in der Europawahl zu befördern. Ein Vorschlag, den der Rat, das Gremium der Staats- und Regierungschefs, jedoch sofort zurückwies.

Keineswegs fand sich in den Empfehlungen der Konferenz eine naive zentralistische Vorstellung über das Verhältnis von Brüssel zu den Nationen oder Regionen. Im Gegenteil: Es wurde gleichzeitig für mehr lokale Autonomie plädiert, für die Unterstützung und den Schutz lokaler kleiner Firmen und Erzeugnisse, seien es Nahrungsmittel oder regionale Handwerksprodukte, aber auch für den Schutz lokaler Traditionen. Es ging gleichermaßen um mehr Geschlossenheit im Großen und mehr Betonung des lokal Besonderen, um eine Perspektive also, die nationale oder regionale Identität nicht ersetzt, sondern ergänzt – was im Kern auch Forderungen vieler konservativer Kritiker aufgreift, die verlangen, die EU solle sich mehr auf das Wesentliche konzentrieren. Die Bürgerempfehlungen bedeuten eine deutliche Legitimierung bereits angelaufener und geplanter Großvorhaben der EU, des Green Deal, der gemeinsamen Verteidigung, der Digitalisierung und des Aufbaus einer Gesundheitsunion und des Einsatzes für mehr sozialen Ausgleich und Gerechtigkeit. In Bezug auf die Migration wurde mehr Kontrolle an den Außengrenzen bei faireren Beziehungen vor allem zu Afrika gefordert.

Viele der Beteiligten und der interessierten Beobachter sind zugleich enttäuscht davon, dass die Ergebnisse nicht zu bindenden Entschlüssen geführt haben und dass einige Forderungen – neben den transnationalen Wahllisten gerade auch der Wunsch nach mehr Einflussnahme des Parlaments auf das EU-Budget – sofort rundweg abgelehnt wurden. Doch tatsächlich sind viele Inhalte inzwischen bereits umgesetzt, oder die Umsetzung ist in Planung. Aber es zeigt sich wie bei dem großen französischen Bürgerdialog ein Grundmuster, das die Verfahren generell begleitet: Sie werden noch immer mit direkter Demokratie und Volksentscheiden verglichen oder sogar verwechselt. Der beratende Charakter wird noch nicht wirklich akzeptiert. Allen Seiten würde es helfen, sie im Rahmen der EU-Gesetzgebung fest zu installieren und den Empfehlungen mehr Verbindlichkeit zuzuschreiben.

Auf den größten politischen Widerstand, besonders im Europäischen Rat, stoßen diejenigen Bürgervorschläge, die verlangen, die Rechtsstaatlichkeit – vor allem aktuell die Unabhängigkeit der Justiz – mit wirksamen Mitteln und einer Vertragsänderung durchzusetzen und das Mehrheitsrecht drastisch auszuweiten. 13 Länder verwahrten sich sofort im Anschluss an die Konferenz dagegen. Der europafreundliche Wahlausgang in Polen im Oktober 2023 wird den Widerstand gegenüber europäischen Beschlüssen innerhalb der EU hoffentlich verringern und den Raum für die Rechtsstaatlichkeit wieder erweitern. Vielleicht gelingt es sogar in Ungarn mittelfristig, die dortigen demokratischen Fehlentwicklungen über Wahlen anstatt ausschließlich über rechtliche Sanktionen zu korrigieren. Niemand konnte ernsthaft erwarten, dass die Bürgerinnen und Bürger auf dieser Konferenz seit Jahren schwelende zentrale Zukunftsfragen für die EU auflösen könnten. Welch eine Hybris, von einer solchen Bürgerversammlung wie durch Zauberhand das Durchschlagen der verworrensten Knoten zwischen 27 Staaten zu erwarten.

Aber etwas anderes zählt: Unüberhörbar haben die Bürgerforen nicht nur für die Öffentlichkeit, sondern für alle europäischen Instanzen und ihre Vertreterinnen und Vertreter deutlich gemacht, dass die Menschen in Europa, wenn sie denn Gelegenheit zur gemeinsamen Erörterung bekommen, der EU mehr Handlungsmacht und mehr koordinierende Funktionen geben möchten, dass sie die Integration insgesamt eher vorantreiben als bremsen möchten. Deutlich ist damit für die Brüsseler Institutionen zu erkennen, dass von Bürgerseite – sofern die Menschen wirklich zusammengebracht werden – nicht der Wunsch besteht, vorwiegend nationale Interessen zu betonen, sondern gemeinsame Strategien zu entwickeln. Sorgfältige Diskussionen mit Bürgern aus allen EU-Ländern können in Zukunft sogar dabei helfen, kreative neue Antworten zum Thema Asyl, Flüchtlinge und Migration zu erarbeiten, jenseits der Diskussion über scharfe Grenzkontrollen und Abschiebegefängnisse. Diese mögen sinnvoll sein und verunsicherte Menschen psychisch entlasten – aber sie sind keine europäische Antwort auf ein Problem, das die gesamte EU auf Jahrzehnte begleiten wird. Es wird dabei ebenso um unvermeidliche Härten gehen wie um neue Arten der wirtschaftlichen Zusammenarbeit mit den Herkunftsländern. Und um die Entwicklung neuer Friedenskonzepte für den Nahen Osten. Sonst wird die Migrationspolitik ein Sisyphusvorhaben mit vergiftenden Wirkungen bleiben.

In meinen Augen ist deshalb das wichtigste Ergebnis der Konferenz, dass das Instrument der Citizen Assembly sehr wahrscheinlich nach der Europawahl 2024 fest im Rahmen der europäischen Entscheidungsprozesse verankert wird. Bürgerdialoge können dann zu generellen strategischen Fragen wie auch zu einzelnen Fachthemen angesetzt werden. Und es gibt auch konkrete Vorstellungen beim »Ausschuss der Regionen«, regionale Bürgerdialoge besser mit dem Brüsseler Diskussionsprozess zu verknüpfen, da die regionalen Inhalte oft zu wenig wahrgenommen werden. Darüber hinaus glaube ich, dass mittelfristig unbedingt auch eine inhaltliche Verbindung zu den äußerst produktiven kommunalen Bürgerdialogen in den großen und mittleren Städten in ganz Europa hergestellt werden sollte.

Mit einer solchen echten inhaltlichen Anbindung der regionalen und kommunalen Bürgerdialoge an die großen Brüsseler Mühlen ist auch die falsche Wahrnehmung vieler konservativer Akteure zu korrigieren, dass die großen Metropolen nicht wirklich zu ihren Ländern gehören, wie es oft demagogisch von rechts vertreten wird. Warschau gehört nicht wirklich zu Polen, Paris nicht zu Frankreich, Budapest nicht zu Ungarn, Berlin nicht zu Deutschland? Wo doch wichtige neue Antworten der Daseinsvorsorge, der Integration, der Umsetzung des Klimawandels, der Mobilitätswende, aber auch der wirtschaftlichen Dynamik gerade in diesen Kommunen entwickelt werden? Die unsinnige Spaltung von Europa in eine Provinz der angeblich echten Bürger und dekadente wurzellose multikulturelle Großstädte ist jedenfalls kein Zukunftsrezept für die EU. Wo noch vor zehn Jahren große Skepsis gegenüber Ergänzungen im demokratischen Prozess durch neue Formen der Partizipation bestand, wird nun überwiegend der große Erkenntnisgewinn betont, der dadurch für die Politik möglich ist. Der italienische EU-Parlamentspräsident David Sassoli hatte es 2022, kurz vor seinem Tod, treffend formuliert: »Bürgerdialoge sind ein sinnvolles und notwendiges Update für die europäische Demokratie.« Wichtig wird nun, die Ergebnisse aus den Dialogen in die Entscheidungsprozesse einzubringen. Und vor allem, dass den Teilnehmerinnen und Teilnehmern und der Öffentlichkeit das Schicksal der Vorschläge deutlich kommuniziert wird, dass transparent ist, was wo wie und wann realisiert wird, was nicht und warum. Dafür sind die Wege noch viel zu ungenau beschrieben.

Entscheidend für die langfristige Wirkung ist vor allem, die Bürgerforen weithin viel stärker bekannt zu machen, in den Medien und der gesamten Öffentlichkeit, und ihnen wichtige gesamteuropäische Themen zur Bearbeitung zu unterbreiten. Aber ich bin sehr zufrieden mit dem, was sich in nur wenigen Jahren entwickelt hat, mehr noch: Ich habe das bei meinem Amtsantritt niemals so erwartet. Selbst ein möglicher extremer Rechtsruck in Europa kann zwar vielleicht nicht dauerhaft verhindert, aber hoffentlich gemildert werden. Konservative Regierungen sind nicht zwangsläufig undemokratisch, ebenso wenig wie linke Regierungen zwangsläufig demokratisch sind. Die direkte Stimme von Bürgerinnen und Bürgern kann jedenfalls ein gutes Korrektiv bilden, sofern sie gehört wird.

Von der Macht und Ohnmacht der Medien

Für die Zukunft des demokratischen Zusammenlebens in Kommunen und Ländern, für eine insgesamt lebendige europäische Öffentlichkeit, die Debatten leidenschaftlich, aber nicht gehässig führt, braucht es, und zwar nicht begleitend, sondern als Eckpfeiler, eine europäisch orientierte Medienlandschaft, die sich verantwortlich fühlt für die demokratische politische Kultur und das demokratische politische Miteinander. Davon aber scheinen wir im Moment weit entfernt zu sein. Klicks und Quote zählen, an Empörungsspiralen wird gerade bei heiklen komplexen Themen gedreht. Gefragt wären also Brüsseler Angebote für die öffentliche Meinung, etwa ein bekannter und anerkannter öffentlicher europäischer Fernsehsender, der tatsächlich als Informationsmedium genutzt wird, anders als die *Euronews*. Dieses von öffentlichen Rundfunkanstalten aus vielen EU-Ländern gemeinschaftlich 1993 gestartete Projekt – immer noch der einzige Sender für Europa – steht sinnbildlich für die stotternde Entwicklung. Denn nach einem arabischen Intermezzo gehört der Sender heute mehrheitlich einer undurchschaubaren privaten Investmentgesellschaft. Er sendet zwar in zwölf Sprachen, doch bleibt er ein Nischenprodukt. Dabei war es – angesichts der vielen verzerrten Darstellungen in sozialen Medien – nie wichtiger als heute, gesamteuropäische Kontoversen etwa zu Migration, Inflationsbekämpfung, Forschung, Klimapolitik, Impfpolitik, Ukrainekrieg oder Nahost endlich offensiv als europäische Themen zu präsentieren und zu diskutieren. Aus einer Hand, mithilfe einer BBC Europa sozusagen. Ein neuer politischer Anlauf vonseiten der EU wäre lohnend und notwendig, denn die Schaffung eines attraktiven öffentlichen Resonanzraums für die unterschiedlichen Debatten und Konflikte auf EU-Ebene ist zentral für eine europäische Zukunft. Das junge Publikum, das keine analogen Fernsehangebote mehr rezipiert, sollte auf den sozialen Medien offensiv angesprochen werden. Wie wunderbar wäre ein europäischer Bürgerdialog, der genau dazu Empfehlungen erarbeitet!

Kapitel zehn

Zivilgesellschaft als Korrektiv und Zukunftstreiberin

Mein Amt der Staatsrätin trug den Doppeltitel »Zivilgesellschaft und Bürgerbeteiligung«. In Baden-Württemberg ist die Zivilgesellschaft in Form von Verbänden, Vereinen, Initiativen, Selbsthilfegruppen hoch entwickelt. Es gibt hochoffizielle und staatstragende Strukturen wie die sogenannte Blaulichtfamilie, etwa das Rote Kreuz, die Feuerwehr und das Technische Hilfswerk mit jeweils Tausenden von ehrenamtlichen Mitgliedern. Daneben eine große Vielfalt von sozialen Trägern und Verbänden, auch aus dem kirchlichen Bereich, wie die Caritas und die Diakonie. Oder die katholischen und die vielen anderen Frauen im Landesfrauenrat. Es summt und brummt im Land mit Initiativen und Selbsthilfegruppen, Flüchtlingsräten, Pro-Asyl-Gruppen, Migrantenvereinen, Jugendgruppen, Frauenprojekten, Seniorenräten, Theatergruppen oder Fridays for Future. Hunderte von Eine-Welt-Läden existieren selbst in sehr kleinen Ortschaften und verkörpern die Anteilnahme der Menschen am Schicksal des Globalen Südens. Vogelschutz- und Umweltgruppen finden sich überall.

Die Demokratie in Baden-Württemberg ist stark geprägt von all diesen Gruppierungen. Sie sind Ausdruck einer im Vergleich zu anderen Bundesländern besonders lebendigen Mitwirkungskultur und von Widerständigkeit. Auch wenn manche Gruppierung mit ihren Inhalten Kopfschütteln auslöst oder an die

Grenzen des Rechtsstaats geht, ist völlig unbezweifelbar, dass all diese Organisationen eine Funktion für die Demokratie und die Lebensqualität haben und dass sie helfen, Veränderungen in der Gesellschaft anzuzeigen.

Ich habe in meiner Rolle vor allem darauf geachtet, kleine unabhängige Initiativen und Gruppen sichtbar zu machen und mit geringen Geldbeiträgen zu fördern. Dafür hatten wir ja bereits 2012 mit Förderung des Staatsministeriums die »Allianz für Beteiligung« gegründet – es wurden seitdem Hunderte von Projekten mit kleinen Beträgen von bis zu 6000 Euro gefördert, für Beratung und für Sachkosten, nicht aber für feste Stellen. Es war mir daneben auch wichtig, dass »struppige Gruppen«, wie ich sie nenne, respektiert, dass Flüchtlingsräte oder Pro Asyl unterstützt werden, die ja stets eine schwierige Rolle haben und Forderungen stellen, die politisch nicht erfüllt werden (können), die aber aus einem tiefen ethischen Impuls heraus erfolgen. Ihre häufig verpönte »Gesinnungsethik« steht oft im Gegensatz zur pragmatischen »Verantwortungsethik« – aber sie gehört nun einmal zu einem demokratischen Staat.

Besonders am Herzen lagen mir auch immer Organisationen und Projekte, die sich grenzüberschreitend betätigen. So hatte die Initiative »Anstifter« in Stuttgart mit langem Atem dafür gesorgt, dass 2016 im italienischen Dorf Sant'Anna di Stazzema durch eine Spende der Landesregierung zumindest ein bescheidenes Zeichen der Wiedergutmachung gesetzt wurde. Eine eher geringe Spende ermöglichte die Neugestaltung des Kirchplatzes und die längerfristige finanzielle Unterstützung ein Friedenscamp für die Jugend. Das Dorf war 1944 in einem Blutrausch von SS-Panzergrenadieren vollständig zerstört und Hunderte Einwohner ermordet worden, nur wenige überlebten. Wie am Hartmannswillerkopf im Elsass hatte es lange bis zum angemessenen Gedenken gedauert. Erst 60 Jahre danach wurden in Italien die Akten dazu aufgeklappt und einige Prozesse eröffnet. Vor allem aber wurde ein Gerichtsverfahren in

Stuttgart gegen einen Mittäter aus Deutschland beschämend lange verschleppt und schließlich eingestellt. Die »Anstifter« (was für ein treffender Name für eine Gruppierung, die aufrütteln will) kämpften sehr hartnäckig für eine Reaktion der Landesregierung. Ich konnte in Sant'Anna bei einer Gedenkfeier 2016 in Anwesenheit des letzten Überlebenden und des ganzen Dorfes eine Rede halten.

Zahlreiche grenzüberschreitende Initiativen gibt es auch im Bereich der Donauraumstrategie der EU. Neben allen Formen des Regierungsaustauschs zu Fragen der Infrastruktur, der Wirtschaft, des Umweltschutzes, des Verkehrs zeigt sich aber zunehmend, dass die Unterstützung der Zivilgesellschaft in den Balkanländern eine besonders große Rolle spielen muss, um die Demokratie dort zu entwickeln oder zu erhalten.

Reisen bildet

Als besonders schockierend erlebte ich 2017 den zynischen Umgang der ungarischen Regierung mit kritischen Stimmen. Beim EU Participation Day für den Donauraum in Budapest versuchte die dortige Regierung zunächst, das ganze Ereignis einfach zu verhindern. Zivilgesellschaftliches Engagement ist ihr ein Dorn im Auge. Schließlich fand die Konferenz statt, aber unter weitgehendem Boykott des Gastgeberlandes. Der inzwischen leider verstorbene György Konrád, zu Zeiten des Kommunismus ein bekannter Dissident, hielt zum Dinner einen brillanten, ironisch-skeptischen Beitrag zum Thema Bürgerbeteiligung. Im Übrigen wurde viel über Vernetzung und Finanzierung gesprochen. Ich erfuhr durch eine Naturschutz-NGO erstmals vom bedrückenden Ausmaß der illegalen Abholzung in den rumänischen Urwäldern. Damals besuchte ich auch in Budapest die Open Society Foundation, die Stiftung von George Soros, die in Ungarn seit vielen Jahren soziale Projekte unterstützt hatte und nun mit allen Mitteln und Schikanen bekämpft wurde. Entgeistert hörten wir, mit welch für uns unvorstellbaren Methoden die von Soros finanzierte, hoch angesehene Central European University damals aus Budapest nach Wien vertrieben wurde. Viele Professoren wurden im längst gleichgeschalteten öffentlichen Rundfunk als Vaterlandsverräter gebrandmarkt. Täglich kamen Steuerfahnder. Ich begriff zum ersten Mal, wie die staatliche Bekämpfung von NGOs aussieht, die heute in Russland mit letzter Konsequenz betrieben wird. Und ich begriff auch zum ersten Mal, dass in Ungarn, wie in vielen Ländern Osteuropas, der Antisemitismus bis heute schamloser Teil der öffentlichen Kultur ist, gekoppelt mit Verschwörungstheorien zur jüdischen Weltherrschaft und heftiger Kulturkritik an der angeblich dekadenten EU. Im Herbst 2023 waren die Hauptstraßen in Ungarn gesäumt von Großplakaten mit den Konterfeis von Ursula von der Leyen und dem Sohn von George Soros unter dem Motto: „Lasst uns nicht nach ihrer Pfeife tanzen."

Bald darauf hatte ich Gelegenheit, George Soros in Berlin zu treffen, einen sehr gebrechlich wirkenden älteren Herrn, der mich befragte, was er denn mit seiner Stiftung tun könne, um die Demokratie wenigstens in Westeuropa zu festigen. Ich berichtete ihm vom Modell der Bürgerräte, auch grenzüberschreitend. Mit Erfolg, denn seine Stiftung engagiert sich seither dafür, dieses Konzept auf europäischer Ebene umzusetzen.

Die grausame Wiederkehr von Grenzen: der Balkan

Deutsche Bundesländer betreiben keine eigene Außenpolitik. Aber sie pflegen den Austausch, die Kooperation und die Partnerschaft mit anderen Staaten und Regionen, nicht zuletzt aus wirtschaftlichen Gründen. Etliche Unternehmen aus Baden-Württemberg investieren in den Ländern des Balkans. Auch geflüchtete Menschen aus den Regionen, darunter viele deutsche Volkszugehörige, haben diesen Austausch vorangetrieben. Seit Anfang des neuen Jahrtausends haben sich baden-württembergische Landesregierungen um die verstärkte Zusammenarbeit entlang der Donau bemüht, bis nach Kiew und in die Ukraine übrigens. Mehrere Donauraumkonferenzen fanden statt. Auch das hohe Ansehen des Landes in Brüssel führte dazu, dass die EU die Donauraumstrategie beschloss – 2011, in dem Jahr, als die grün-rote Regierungszeit in Stuttgart begann. Ich wurde 2016 damit beauftragt, in diesem Rahmen der Donauraumstrategie die Unterstützung der Zivilgesellschaft in den Ländern des Westbalkans voranzutreiben.

Auch diese Aufgabe geriet zu einem großen Abenteuer und noch einmal zur Begegnung mit der Biografie Fritz Erlers. Denn unsere Familie war 1960 in den Sommerferien nach Jugoslawien gefahren, wo mein Vater die Gelegenheit zu Gesprächen mit Regierungsvertretern nutzen wollte. Jugoslawien unter Tito hatte sich dem Diktat Moskaus entzogen und war politisch blockfrei. Es erlaubte ferner mehr marktwirtschaftliche Elemente als etwa die DDR oder die Sowjetunion. Die Regierung war jedoch politisch autoritär. Die Sozialdemokratie war sich dessen bewusst, aber an Entspannung interessiert. Außerdem hatte Tito mit seinen Partisanen die Nationalsozialisten vertrieben. Für Sozialdemokraten war diese antifaschistische Vergangenheit attraktiv. Ganz im Gegensatz zu Spanien. Dort herrschte noch Franco, der im spanischen Bürgerkrieg mithilfe der Nazis an die Macht gekommen war. Meine Eltern wären unter Franco niemals in den Urlaub nach Spanien gefahren. Fritz Erler trug sein Leben lang gerne eine Baskenmütze, die in den 1930er Jahren ein Zeichen für die Unterstützung der internationalen Brigaden im spanischen Bürgerkrieg war.

Bei unserem Urlaub wurden wir für einige Tage auf die Jacht von Tito eingeladen, der allerdings nicht an Bord war. Wohl aber einige wichtige Funktionäre. Ich war dauernd seekrank. Diese Erinnerung hatte ich lange verdrängt. Sie kehrte zurück, als ich im

April 2018 als Mitglied einer Regierungsdelegation unter Winfried Kretschmann nach Serbien, Kroatien und Bosnien-Herzegowina reiste. Wir konnten an einem Abendessen in sehr kleinem Kreis mit dem serbischen Staatspräsidenten Aleksandar Vučić im früheren Gästehaus von Tito, einem Holzbau im Schweizer Chaletstil hoch über der Stadt teilnehmen. Er zeigte sich sehr belesen und diskutierte angeregt mit Kretschmann über Philosophie und seine unbedingte Entschlossenheit, Serbien in die EU zu führen. Er zeigte dabei das klassische Doppelgesicht vieler Diktatoren. Denn in Wirklichkeit radikalisiert er die serbische Bevölkerung, unterstützt Putin, fälscht Wahlen und unterdrückt die Meinungsfreiheit. Im Herbst 2023 provozierte er Unruhen im serbischen Teil des Kosovo. Das Ziel, diese Teile des Kosovo mit Gewalt nach Serbien zurückzuholen, wurde offiziell nie aufgegeben.

Ich war als Studentin oft mit Freunden in Jugoslawien gewesen und hatte bei Fahrten im Hinterland verwundert entdeckt, dass es dort Moscheen gab. Unvorstellbar aber für uns damals, dass eine im Jahr 1389 verlorene Schlacht auf dem Amselfeld im Kosovo jemals für eine blutige Politik gegenüber Muslimen im Land missbraucht werden könnte. Wenn in Europa solche alten territorialen Konflikte als Kriegsgrund gelten könnten, würde es sich bald wieder in ein einziges Schlachtfeld verwandeln. Denken wir nur daran, dass Viktor Orbán sich immer öfter offiziell mit einer Fahne zeigt, die Ungarn von vor 1918 zeigt – mit großen Teilen des heutigen Rumänien und der Slowakei. Frühere Grenzen verschwinden nicht wirklich. Sie können noch lange politisch emotional reaktiviert werden.

Doch zurück zu meinen Reisen als Staatsrätin auf dem Balkan nach 2016. Für mich waren ein eigenes Besuchsprogramm und Treffen mit Gruppen der Zivilgesellschaft zusammengestellt worden. Bei meinen offiziellen Reisen in die Region begleiteten mich immer etliche Personen und Gruppen, die bereits lange auf dem Balkan aktiv waren, teilweise mit Unterstützung Baden-Württembergs oder der Landesstiftung. Darunter große verdiente professionelle Organisationen, auch aus dem kirchlichen Umfeld, oder die einst von Jürgen Klinsmann mitgegründete Agapedia-Stiftung, die seit 1995 Projekte für Kinder in Not in etlichen Balkanländern umsetzt. Ferner der bekannte Musiker und EU-Abgeordnete Romeo Franz als Vertreter der Roma. Denn das Ziel, die Diskriminierung der mehr als zehn Millionen Roma auf dem Balkan wenn schon nicht zu beenden, dann wenigstens zu mildern, spielt in der Donauraumstrategie eine große Rolle. Vor allem aber nutzte ich meine Reisen auf den Balkan, um kleine unabhängige Frauenprojekte zu besuchen, etwa das Mütterforum und die »Danube-Networkers«, bei denen Frauen mit sehr geringen Zuschüssen des Landes geradezu Unglaubliches vor Ort auf dem Balkan umsetzen.

Ein erster Höhepunkt war die offizielle Eröffnung des Mütterzentrums »Aurora« von Roma für Roma am Stadtrand von Belgrad 2018. Eine etwas surreale Szene spielte sich ab: An einem regnerischen Tag fuhren wir mit unserer Delegation und offiziellen Vertretern, darunter die stellvertretende Ministerpräsidentin Serbiens, in einen ärmlichen Vorort. Der Bus blieb schließlich stecken, wir mussten zu Fuß zu einem kleinen Haus aus nacktem Beton weitergehen. Dort erwartete uns eine Gruppe von Roma-Frauen mit selbst gemachten Häppchen. Das Zentrum war von einer Frau aufgebaut worden, deren Asylantrag in Deutschland abgelehnt worden war. Sie hatte in ihrer Zeit in Deutschland ehrenamtlich im Begegnungscafé des Generationenhauses Stuttgart-Heslach gearbeitet und dieses Konzept nun nach Belgrad mitgenommen. Der internationale Verbund der Mütterzentren unterstützte sie dabei. Die Frauen zeigten uns stolz zwei kleine Räume, die ihnen nun als Treffpunkt dienten. Kinder konnten hier spielen und Hausaufgaben machen, die Frauen kümmerten sich gemeinsam um eine Verbesserung ihrer Situation in der Gesellschaft und boten gesundheitliche, rechtliche und pädagogische Beratung, und die Vernetzung mit weiteren Mütterzentren in Bosnien und Bulgarien wurde betrieben. Die Baden-Württemberg-Stiftung hat dieses Projekt für drei Jahre gefördert. Da die kleinen Summen direkt an die Roma-Frauen flossen, geriet das Geld nicht in die berüchtigten Schleifen der Korruption.

Selten hatten wir die Gelegenheit, so direkt mit dem Alltag von Menschen konfrontiert zu werden und zu erleben, wie auch mit geringen Mitteln Dinge in Bewegung gesetzt werden können. Ziel des Besuchs war, dieses Mütterzentrum in die offiziellen Förderprogramme der Stadt Belgrad aufzunehmen. Das ist inzwischen gelungen.

Besonders berührt hat mich ein Besuch bei den »Danube-Networkers«, die vor allem Seniorinnen bis hin nach Moldawien verknüpfen. Wir besuchten 2018 eines dieser Projekte in einer Schule bei Novi Sad in Serbien, einschließlich gemeinsamen Brotbackens. Während der Coronapandemie setzte diese Initiative sofort auf virtuelle Vernetzung, und es gelang, jeden zweiten Sonntagnachmittag berührende kulturelle Begegnungen mit Liedern und Berichten zu organisieren, mit Liveübersetzung auf Zoom – von Großmüttern in Rumänien, Ungarn und Serbien bis hin zu Teilnehmenden aus Großbritannien. Auch einzelne Männer fanden sich ein. Die Seniorinnen wurden dabei oft von ihren Enkelinnen oder Enkeln technisch unterstützt. Technik war für sie kein Hindernis – viel weniger, als es oft bei älteren Menschen in Deutschland der Fall ist.

Nirgendwo und niemals sonst habe ich ein so starkes positives Gefühl normaler Leute für eine europäische Zukunft erlebt wie mit diesen älteren Frauen, die über wenige materielle Mittel verfügen. Ich musste oft die Tränen zurückhalten. Diese Arbeit wird heute in einem unglaublich großen Kraftakt mit und für ukrainische Geflüchtete fortgesetzt. Leider ist es viel schwerer, für solche kleinen Projekte und Ansätze Fördergelder zu sichern als für Millionenprojekte. Obwohl der Aufwand hier oft einen höheren Ertrag bringt. Ich bin froh, dass ich als Staatsrätin einige Wege öffnen konnte.

Kapitel elf

So sehr unter Druck

Die Demokratie wird derzeit nach einer kurzen Blüte in vielen Regionen der Welt wieder zurückgedrängt – oder sie schafft sich selbst von innen ab. Diese Gefahr besteht auch in Europa. Noch 2011 herrschte weltweit demokratische Aufbruchsstimmung. Auch die Bildung der grün-roten Regierung in Stuttgart und meine Berufung zur Staatsrätin für Bürgerbeteiligung und Zivilgesellschaft waren damals Teil dieser Stimmungslage. Doch der demokratische Aufschwung nach 1989, der einst unumkehrbar schien, droht sich immer mehr in sein Gegenteil zu verkehren. Es gibt zwar Lichtblicke, etwa die Abwahl von Jair Bolsonaro in Brasilien oder die Wahl von Donald Tusk in Polen 2023 nach acht Jahren ultranationaler Regierung. Aber die Eintrübung überwiegt, siehe Argentinien oder die berechtigten Befürchtungen in den USA, Trump könnte wiedergewählt werden. Länder, in denen eine sogenannte toxische Polarisierung stattfindet, in denen jeglicher Respekt für andere Meinungen abstirbt, wo die politischen Lager oder Milieus nicht mehr kooperationsfähig sind, haben in den vergangenen zehn Jahren explosionsartig zugenommen, auch wenn es sich um Demokratien handelt. Angeführt von den USA. Diese schwere Krankheit der politischen Unkultur frisst sich mithilfe der sozialen Medien auch immer weiter nach Europa hinein.

Zum verblassenden Glanz der liberalen Demokratie trägt im Globalen Süden die wachsende Auseinandersetzung mit dem kolonialen Erbe Europas bei. Im Ukrainekrieg wird deutlich: Diese Staaten lehnen sich oftmals zurück. Warum sollten sie sich auf die Seite eines Westens stellen, der in ihren Augen eine Doppelmoral vertritt und einst beispielsweise unter erlogenen Vorwänden in den Irak einmarschierte? Und der historisch eine so schwere Bürde gegenüber diesen Ländern trägt – was sich zunehmend in Forderungen nach Ausgleich für unter dem Kolonialismus begangene Verbrechen, insbesondere die Sklaverei, aber auch die gewaltsame Unterdrückung von Aufständen, festmacht. Daneben werden aus dem Süden Forderungen für Zahlungen der reichen Länder zur Anpassung an den Klimawandel gestellt. Die vielfach erklärte Bereitschaft, den betroffenen Ländern durch massive Investitionen zu helfen, hält sich in der Realität im demokratischen Westen sehr in Grenzen. Die meisten diesbezüglichen Versprechungen werden kühl gebrochen.

Und jetzt auch noch der Gazakrieg, der die Legitimationskrise der liberalen Demokratie in vielen Ländern im Globalen Süden verschärft. Die Verheißungen der Demokratie sind also vielerorts einer merklichen Zurückhaltung gewichen. Zwar gibt es immer wieder verzweifelte Massenproteste in autoritären Staaten, die eine demokratische Regierungsform zum Ziel haben – aber sie werden nur allzu oft niedergemetzelt. Die Kette dieser Niederlagen von todesmutigen Protesten wird immer länger, sie reicht vom Arabischen Frühling über Hongkong und Myanmar bis nach Weißrussland und nach Iran. Von Russland ganz zu schweigen. Wo die Demokratie aber erst einmal von innen oder außen unterhöhlt wurde oder nie entstanden ist, ist sie angesichts der modernen Herrschaftsmittel nicht wiederzuerlangen. Der chinesische digitale Überwachungsstaat lässt Rebellionen alter Art wie Relikte aus fremder Zeit erscheinen.

Herbstblues: Europa so mühsam

Sie haben es sicherlich aus dem Bisherigen herausgelesen. Ich glaube daran, dass Europa gute Chancen hat auf dem Weg zur Willensnation, zu einem staatlichen Gebilde neuer Art, dessen Menschen zwar verschiedenen Ethnien und Nationen angehören, die aber darüber hinaus zusehends ein gemeinsames Nationalgefühl entwickeln, einschließlich Stolz auf dieses Gefüge. Jedoch: Der Weg ist holprig und steil – mit Um- und Holzwegen. Wie unter einem Brennglas zeigten sich im Herbst 2023 die Möglichkeiten gemeinsamen Handelns, aber auch, wie schwierig es ist zusammenzustehen. Nach den Wahlen in Polen ging ein großer Seufzer der Erleichterung durch die EU: Eine Mehrheit der Menschen in Polen lässt sich nicht mehr schrecken von der angeblichen Bedrohung der nationalen Souveränität durch Brüssel, sondern hofft auf eine konstruktive Rolle ihres Landes in der EU. Das wird hoffentlich gelingen.

In Brüssel haben sich Frankreich und Deutschland im vergangenen Herbst mühsam auf eine Reform des Markts für Energiepreise geeinigt – die Fragen sind so komplex, dass die Öffentlichkeit sie kaum nachvollziehen kann. Im Kern ging es darum, ob Frankreich besonders günstige Bedingungen für die Förderung des Ausbaus seiner Atomkraft erhalten soll. Beide Seiten mussten Zugeständnisse machen, und beide Seiten konnten gesichtswahrende Erfolge verkünden – ein typischer EU-Kompromiss. Ob er gelungen ist, sei dahingestellt. Gleichzeitig legte der Überfall der Hamas auf Israel Anfang Oktober 2023 unbarmherzig offen, wie weit Europa von einem gemeinsamen Denken und Handeln in der Außenpolitik entfernt und wie abhängig es militärisch von den USA ist. Denn militärisch kann es in der Region in keinerlei Weise Einfluss nehmen.

Wir sind in mancher Hinsicht wieder oder immer noch dort, wo Europa schon einmal nach dem Zweiten Weltkrieg stand: bei der Frage nach der Sicherheitsarchitektur für den Kontinent. Aber es gibt einen großen Unterschied zu jener Zeit: Die Bevölkerung Europas ist nicht mehr streng in Länder aufgespalten wie noch in den 1950er Jahren. Vielmehr haben sich in den vergangenen Jahrzehnten gerade durch die EU viele gemeinsame Erfahrungen und Einstellungen herausgebildet, über die nationalen Besonderheiten hinweg. Die jeweiligen nationalen Identitäten wurden um eine europäische Dimension erweitert. Über all die kulturellen Subkulturen und zerstrittenen Minderheiten des Kontinents spannt sich allmählich ein gemeinsamer geistiger Horizont. Dies wird sehr deutlich beim Blick auf die EU von außen: In den USA werden wir oft verdächtigt, eine Art Staatssozialismus oder Ökokommunismus zu vertreten, von Russland werden uns Sitten- und Werteverfall, »woke« Tyrannei und Verweichlichung vorgeworfen. Schon 2003, vor 20 Jahren, hatte Jürgen Habermas dies in einem Aufsatz beschrieben, den er gemeinsam mit dem französischen Philosophen Jacques Derrida anlässlich der Invasion der USA in den Irak verfasste.

»In den europäischen Gesellschaften ist die Säkularisierung weit vorangeschritten«, schrieb Habermas damals zur gemeinsamen europäischen Identität in der *FAZ*, »hier betrachten die Bürger Grenzüberschreitungen zwischen Politik und Religion eher mit Argwohn. Europäer haben ein relativ großes Vertrauen in die Organisationsleistungen und Steuerungskapazitäten des Staates, während sie gegenüber der Leistungsfähigkeit des Marktes skeptisch sind. Sie besitzen einen ausgeprägten Sinn für die ‚Dialektik der Aufklärung‘, hegen gegenüber technischen Fortschritten keine ungebrochen optimistischen Erwartungen. Sie haben Präferenzen für die Sicherheitsgarantien des Wohlfahrtsstaates und für solidarische Regelungen. Die Schwelle der Toleranz gegenüber der Ausübung von Gewalt gegen Personen liegt vergleichsweise niedrig. Der Wunsch nach einer multilateralen und rechtlich geregelten internationalen Ordnung verbindet sich mit der Hoffnung auf eine effektive Weltinnenpolitik im Rahmen reformierter Vereinter Nationen.« Kirchenfern also, eher staatsorientiert als wirtschaftsliberal, skeptisch gegenüber dem technischen Fortschritt, auf soziale Gleichheit bedacht, sehr zurückhaltend gegenüber militärischer Gewalt und positiv gegenüber internationalen Organisationen – so beschreibt Habermas die gemeinsame europäische Identität 2003.

Oft wurde argumentiert, Europa komme von der Venus, die Amerikaner dagegen vom Mars. Diese Definition der europäischen Identität wird heute oft kritisch gesehen, so kürzlich vom ukrainischen Autor Volodymyr Yermolenko im britischen *Guardian*. Er wirft Europa vor, es setze in naiver Weise allzu große Hoffnungen auf Dialoge, auf eine regelbasierte Weltinnenpolitik und habe nicht verstanden, dass das Böse nicht mit schönen Worten eingedämmt werden könne. Die Schwäche von UNO und Welthandelsorganisation gibt den Kritikern recht, und die neuen Kriege bedeuten, dass Europa seine militärische Verteidigung ernsthaft angehen muss. Täglich ist zu beobachten, wie schwer sich das politisch umsetzen lässt und wie heftig dabei nationale Interessen einer Kooperation im Weg stehen.

Wehrhaftigkeit war besonders in Deutschland seit dem Ende des Kalten Krieges im grün-linksliberalen Milieu, aber auch in konservativen Kreisen kein ernsthaftes Thema mehr, die Verweigerung des Wehrdienstes war weit verbreitet, inzwischen ist er ganz abgeschafft. Doch heute gilt es, auch im fortschrittlichen Milieu eine neue Akzeptanz für militärische Berufe und die Polizei zu entwickeln. Das leicht Degoutante, das Naserümpfen, das viele akademische Eltern mit diesen Berufen verbinden, hat sich überlebt. Fritz Erler war bei der Gründung der Bundeswehr für eine Wehrpflicht anstelle einer Berufsarmee eingetreten – damit die Armee keinen Staat im Staat bilden konnte. Auch heute sollte sie kein Ort sein, an dem sich nur waffenbegeisterte Menschen tummeln.

Demokratische Staaten führen insgesamt weniger Kriege untereinander und gegen andere als autoritäre Staaten. Gegen nackte militärische Gewalt und Terror, gegen mögliche Cyberangriffe müssen sich aber auch demokratische Gesellschaften offensichtlich militärisch schützen. Auch die friedenswilligen Menschen in Europa müssen diese Dimension ebenso in ihr Selbstverständnis integrieren wie das Bekenntnis zum Wohlfahrtsstaat, zur Gleichstellung der Geschlechter oder zu einer regelbasierten internationalen Ordnung.

Kriegerische Konflikte und politische Entwicklungen in anderen Staaten reichen durch die Migration bis in unsere Gesellschaft hinein. Wie wir gerade anhand der Geschehnisse rund um den Nahostkonflikt, aber auch im Zusammenhang mit dem Abgleiten Russlands und der Türkei in autoritäre Staaten an unseren Schulen beobachten müssen, reicht es nicht, diese Themen in der Schule im Namen der Überparteilichkeit zu beschweigen und zu verdrängen, während Jugendliche mit arabischen, türkischen oder russlanddeutschen Wurzeln in den Pausen aufeinander losgehen und jüdische Kinder Angst haben müssen, sich zu zeigen. Es ist nichts gewonnen, wenn viele mit geballter Faust in der Tasche herumlaufen und das Gefühl haben, sie könnten ihre Meinung nicht äußern. Es braucht Aufklärung und moderierte Gespräche. Lehrerinnen und Lehrer stehen hier plötzlich an einer sehr anspruchsvollen Front, doch sie können die gesellschaftlich notwendige Öffentlichkeit und die Diskussionskultur nicht allein herstellen. Im multinationalen Europa muss der gemeinsame Nenner darin bestehen, die demokratischen und europäischen Werte öffentlich klar zu vertreten, aber auch Meinungsunterschiede zu ertragen und Konflikte zivilisiert anzugehen. Moderierte Zufallsbürgerdialoge sind genau dafür das geeignete Grundmodell. Sie lassen sich an jedes Umfeld anpassen.

Erfundene Communitys: Was ist überhaupt eine Nation?

Der Historiker Benedikt Anderson hatte in seinem Bestseller *Die Erfindung der Nation* in den 1980er Jahren argumentiert, dass alle Nationen letztlich »erfundene Communitys«, dass sie kulturell gesetzt und nicht natürlich gewachsen seien. Dass sie deswegen auch wandelbar seien und sich ändern könnten. Alle Gemeinschaften, die größer als dörfliche sind, seien also letztlich imaginiert, denn niemals würden sich all ihre Mitglieder persönlich kennen.

Nationen können sich historisch sehr verändern, geografisch im Verlauf der Geschichte ganz verschieden aussehen, größer oder kleiner werden, wie wir aus den mächtigen Grenzverschiebungen in Europa seit dem Ersten Weltkrieg wissen. Die Identifikation der Menschen mit diesen Gebilden war und ist unterschiedlich stark: In Kriegen und Konflikten ist sie oft besonders aufgeladen und emotional, weshalb autoritäre Regierungen gern solche Konflikte heraufbeschwören, um ihre Macht zu erhalten. In vielen Studien wird die Identifikation mit den heutigen Staaten und Regionen in Europa unterschiedlich beschrieben. In Bayern ist die Bindung an das Bundesland heute wohl noch am stärksten – noch immer sehen sich dort etwa 25 Prozent der Menschen vorwiegend als Bayern und erst dann als Deutsche oder Europäer. In den anderen Bundesländern liegt dieser Wert meist unter 15 Prozent, ähnlich niedrig wie eine rein europäische Identität.

In den meisten EU-Ländern geben inzwischen mehr als die Hälfte der jüngeren Menschen an, sie hätten eine hybride, also gemischt national-europäische Identität, nicht eine vorwiegend nationale. Als vorwiegend deutsch betrachten sich in Deutschland nur noch knapp 30 Prozent der Jüngeren, in Frankreich sehen sich über 40 Prozent Junge vorwiegend als Franzosen. Doch auch dort ist die hybride Identität inzwischen vorherrschend. Auch Migranten bilden fließende Mischidentitäten aus – allerdings setzt dies eine gesellschaftliche Integration und Teilhabe vor allem über den Arbeitsmarkt voraus. Wo dies nicht gelingt, können die sozialen Grenzen lange weiterbestehen, wie sich an der schwarzen Bevölkerung in den USA zeigt.

In Spanien treibt der Wunsch nach Autonomie für Katalonien, früher auch das Baskenland, nach wie vor Hunderttausende auf die Straßen; in Bosnien-Herzegowina wird der Konflikt zwischen Serben und Bosniaken von serbischer Seite weiter angeheizt, auf Korsika fordern viele weiterhin die Autonomie. Wir können das Thema nationale Identität in milder Form auch an den Nachwehen der deutschen Teilung beobachten, wo in mancher Hinsicht bereits ja zwei Staaten und zwei Nationen entstanden waren, deren Wiedervereinigung in den Köpfen bis heute schwerfällt.

Einen völlig eindeutigen Nationenbegriff gibt es nicht – im Unterschied zu einem Staat. Letztlich aber werden heute folgende Merkmale damit verbunden: 1. ein gemeinsames Gebiet, 2. gemeinsame Gesetze und Institutionen und ein gemeinsamer politischer Wille der Menschen, 3. die politisch-rechtliche Gleichstellung der Angehörigen dieser Nation, auch wenn sie unterschiedliche Sprachen sprechen, und 4. die kulturelle Zusammengehörigkeit durch gemeinsame historische Erinnerungen, Symbole und Traditionen. Und siehe da: Die Europäische Union entspricht dieser Definition bereits in vielerlei Hinsicht – sie mag noch keine voll ausgebildete Nation oder ein gemeinsamer Staat im üblichen Sinn sein, aber sie teilt bereits die meisten Eigenschaften, insbesondere eine wachsende Zahl gemeinsamer Gesetze und Regularien. Die materielle Basis in Form einer sehr umfassenden Gesetzgebung und übergreifender Institutionen ist weit fortgeschritten. Aber es hat auch eine wachsende Angleichung in den Grundeinstellungen und Werten der Bevölkerung gegeben. Meist gilt eine Armee als Lackmustest für die Gründung einer Nation oder eines Staates. Eine gemeinsame europäische Armee liegt noch in weiter Ferne, falls sie überhaupt je zustande kommt. Aber die praktische Integration der Armeen geht auf verschiedenen Wegen voran – wenn auch mit stotterndem Motor.

Nationen entstehen nicht spontan von unten, auch nicht die europäische Nation. Der Anstoß für die Nationalbewegungen des 19. Jahrhunderts kam von Intellektuellen, die sich gegen Herrschaft von außen wehrten, sei es gegen Napoleon in Deutschland oder die Habsburgermonarchie in Ungarn, Tschechien, Polen und auf dem Balkan. In der Folge wurde die Nationalidee von den Massen mit ihrem neuen Stimmrecht aufgegriffen. Die Demokratie und das neue allgemeine Stimmrecht zerschmetterten die übergeordneten Reiche. Die Idee der ethnisch homogenen Nation war die treibende Kraft des demokratischen Aufbruchs in den Nationalstaaten Europas. In ihr aber lag auch bereits der Keim für die Gewaltorgien des 20. Jahrhunderts. Und leider war die Idee der Nation fast überall antisemitisch aufgeladen. Kommunisten, Sozialisten, Sozialdemokraten traten dem mit dem Gedanken des Internationalismus entgegen. Dieser aber war dann doch zu abstrakt, hatte eine zu geringe emotionale Bindewirkung für die Mehrheit, ebenso wie heute die Hoffnung auf eine Weltordnung über die UNO wieder stark an Glanz verloren hat. Für Europa jedenfalls bedeutet das übergeordnete Dach einer gemeinsamen Nation mit genügend Selbstbestimmung für die Einzelstaaten und -regionen einen wirksamen Schutz dagegen, dass Konflikte zwischen den einzelnen Staaten gewalttätig eskalieren. Die EU kann damit auch ein Modell werden für andere historisch konfliktbeladene Regionen, sei es in Nahost, in Afrika oder Lateinamerika.

Ach, Israel

Eine tragische Folge des nationalistischen Antisemitismus bewegt mich in diesen Tagen besonders – und führt mich gedanklich noch einmal zurück zu meinem Vater. Fritz Erler war wie die meisten Sozialdemokraten dem Staat Israel tief verbunden. Er hatte mir einst von einer Israelreise eine wunderschön aufgemachte deutsche Ausgabe von Theodor Herzls Roman *Altneuland* mitgebracht – der sozialistisch eingestellte junge Journalist hatte darin 1902 die Forderung nach einem jüdischen Staat in Palästina erhoben und damit den Zionismus begründet. Nach der antisemitischen Dreyfus-Affäre 1896 in Frankreich mit einem offensichtlichen antisemitischen Fehlurteil kam er verzweifelt zu der Überzeugung, dass die Verfolgung der Juden in Europa niemals aufhören würde und sie deshalb einen eigenen Staat bräuchten. Er sollte leider recht behalten.

Mein Vater besuchte 1961 den ersten Staatschef Israels, David Ben-Gurion, in dessen Kibbuz Sde Boker in der Negev-Wüste. Ben-Gurion war Sozialist und Zionist. Er hatte den tapferen, aber grausamen Unabhängigkeitskrieg der Israelis gegen die Briten angeführt und vertrat die Auffassung, es gebe kein palästinensisches Volk. Fritz Erler und die SPD hatten 1952 im Bundestag die Wiedergutmachungszahlungen von drei Milliarden DM an Israel unterstützt. Adenauer hatte diese Zahlungen nur mithilfe der SPD-Opposition im Bundestag durchsetzen können – fast 90 Prozent der Deutschen waren dagegen.

Mein Vater sprach kurz vor seinem Tod 1967 mit mir über das Schicksal der vertriebenen Palästinenser. Er erklärte mir, die arabischen Staaten hätten keinerlei Anstrengungen unternommen, die Flüchtlinge bei sich aufzunehmen, ihnen die Staatsbürgerschaft zu geben, sie zu integrieren, sondern sie stattdessen als Manövriermasse benutzt, um von ihren eigenen innenpolitischen Problemen abzulenken. Sie hätten außerdem die Anerkennung Israels nicht nur verweigert, sondern von Anfang an konsequent auf die Auslöschung des neuen Staates hingewirkt. Im Rückblick scheint mir: Die Vertreibung der Palästinenser nach dem Unabhängigkeitskrieg 1948 hielt er zwar für unschön, aber unvermeidlich und einfach für eine vollendete Tatsache. Er verglich die

Lage offensichtlich mit Deutschland: Hier waren Millionen Vertriebene nach dem Krieg trotz einer eher unwilligen ansässigen Bevölkerung integriert worden. In jener Epoche waren große und gewaltsame Bevölkerungsverschiebungen teilweise offizielle Politik. So in Europa 1945 nach der Konferenz der Siegermächte von Jalta, die Millionen Deutsche aus den damals deutschen Ostgebieten nach Deutschland sowie Millionen Polen aus der Ukraine in die ehemals deutschen Gebiete zwangsweise umsiedelte. Oder 1947 bei der Trennung Pakistans von Indien, die die blutige Vertreibung von Millionen Muslimen und Hindus in das jeweils andere Land nach sich zog.

Die deutschen Wiedergutmachungszahlungen an Israel waren analog für die Integration der jüdischen Einwanderer dort gedacht. Doch gab es einen entscheidenden Unterschied: Deutschland hatte einen Krieg angefangen und verloren – und die deutschen Vertriebenen wurden nun in Mithaftung genommen. Die arabischen Menschen in Palästina dagegen hatten keinerlei Mitverantwortung für ihr Schicksal. Nach der Gründung Israels 1948 griffen zwar die arabischen Nachbarstaaten Israel an – und verloren den Krieg. Die arabische Bevölkerung auf dem neuen Staatsgebiet von Israel aber hatte dort bis dahin friedlich gelebt – und 700 000 von ihnen mussten nun fliehen, viele von ihnen in den Gazastreifen. Es bildete sich in Deutschland der irrige Mythos, das dortige Land habe irgendwie brach gelegen oder sei gar leer gewesen, und erst die Israelis hätten es mit ihrer erfolgreichen Bewässerung und ihren Orangenhainen zum Blühen gebracht. Auch mein Vater berichtete bewundernd davon – die Vorgeschichte spielte keine Rolle.

Es stimmt, dass die arabischen Staaten sich stets zynisch gegenüber den Palästinensern verhalten haben und die Vernichtung Israels teils bis heute mit Wort und Tat unterstützen. 1967 war Israel dem bevorstehenden Angriff der arabischen Staaten zuvorgekommen und hatte im Sechstagekrieg einen Sieg errungen. Im

Oktober 1973 griffen Ägypten und Syrien zu Jom Kippur Israel überraschend an, erlitten dann aber wieder eine Niederlage. Es stimmt aber auch, dass die Vertreibung der palästinensischen Bevölkerung in Israel nie aufgearbeitet, sondern immer verdrängt wurde. Die »Nakba«, die Katastrophe, wie die Araber sie nennen, wurde aktiv aus dem Gedächtnis getilgt, die früheren arabischen Siedlungsspuren möglichst unsichtbar gemacht, teils durch Aufforstung von Wald.

Mit der dauerhaften Besetzung des Westjordanlands, des Gazastreifens und des Sinai nach dem Sechstagekrieg von 1967 hatte Israel sich ein bis heute unlösbares Problem aufgeladen. Ein Staat, der eine Gruppe von Menschen auf Dauer schwer benachteiligt und unterdrückt, kann langfristig keinen Frieden erlangen, der nicht einer Friedhofsruhe gleicht.

Ben-Gurion hatte dies geahnt und nach 1967 angeboten, die besetzten Gebiete im Austausch gegen die Anerkennung Israels durch die arabischen Staaten zurückzugeben. Diese verweigerten sich jedoch. In den folgenden Jahrzehnten gerieten in Israel die sozialistisch-utopischen Ideen immer stärker in Vergessenheit, die jüdische Orthodoxie erstarkte. Der Friedensprozess von Oslo, der zu Beginn der 1990er Jahre in Gang gekommen war und in dem Israel und die Palästinensische Befreiungsorganisation (PLO) die Roadmap zur Beendigung des Nahostkonflikts und zu einer Zweistaatenlösung entworfen hatten, kam 1995 durch die Ermordung des Architekten des Friedensabkommens, Jitzchak Rabin, durch einen rechtsextremen, religiös-fanatischen Jurastudenten auf einer großen Friedenskundgebung zu einem abrupten Ende. »Ich möchte gerne jedem Einzelnen von euch danken, der heute hierhergekommen ist, um für Frieden zu demonstrieren und gegen Gewalt«, sagt Rabin in seiner letzten Rede. »Der Weg des Friedens ist dem Weg des Krieges vorzuziehen. Ich sage euch dies als jemand, der 27 Jahre lang ein Mann des Militärs war.«

In der Folgezeit nach seiner Ermordung geriet Rabins Erbe aus einer Vielzahl an Gründen unter die Räder. Dazu gehören ein Erstarken der nationalreligiösen und extremistischen Kräfte in Israel und eine immer aggressivere Siedlungspolitik im Westjordanland, die vor allem von den Regierungen unter Benjamin Netanjahu betrieben wurde. Teile der extremen Rechte in Israel fordern schon lange ganz unverblümt die Vertreibung der Palästinenser aus Gaza und dem Westjordanland – der vonseiten militanter Palästinenser gegen das Existenzrecht Israels eingesetzte Spruch »From the River to the Sea/Vom Fluss bis zum Meer« ist letztlich auch ihre Losung. Alle Versuche und Debatten zur Verbesserung der Rechte und Lebensbedingungen der arabischen Bevölkerung wurden zunehmend an den Rand gedrängt.

Ohne eine Politik des Ausgleichs, des Dialogs kann es jedoch langfristig keinen Frieden geben. Immer gab es Menschen wie Daniel Barenboim mit seinem jüdisch-arabischen West-Eastern Divan Orchestra, die sich für eine Versöhnung von Juden und Palästinensern einsetzten. Auch große israelische Autoren wie Amoz Oz oder David Grossmann, der im Libanonkrieg einen Sohn verlor, engagierten sich immer wieder für Frieden und Ausgleich. Ganz zu schweigen von vielen kleinen, aber hoffnungslos isolierten Kooperationsprojekten zwischen Juden und Arabern in der Zivilgesellschaft.

Nicht erst seit dem terroristischen Überfall der Hamas am 7. Oktober 2023, dem mehr als 1200 Menschen in Israel zum Opfer fielen, leide ich mit Israel und wünsche diesem tatsächlich einzig demokratischen und wirtschaftlich erfolgreichen Staat im Nahen Osten von Herzen eine gelingende Zukunft. Mit die größte Tragödie liegt für mich darin, dass viele der Opfer der Hamas-Attacke gerade eher linksorientierte Israelis waren, die in ihren liebevoll gestalteten Kibbuzim am Rand des Gazastreifens versuchten, den Palästinensern zu helfen, beispielsweise durch Krankentransporte. Die Regierung Netanjahu hat genau diese Menschen stets verachtet und ihre Sicherheit nicht gewährleistet – sondern sich stattdessen für die militanten Siedler im Westjordanland eingesetzt. Wo die Zukunft liegt, wissen wir nicht. Wohl aber, dass nationalreligiöser Nationalismus eine Sackgasse ist. In Israel und in Palästina. Mit einer in Teilen extrem religiösen nationalistischen Regierung und großer fortdauernder Ungleichheit der arabischen Bevölkerung kann dort auf Dauer keine Sicherheit entstehen.

Erschüttert bin ich auch darüber, dass in diesen Tagen nicht nur an amerikanischen, sondern auch an deutschen Universitäten wieder Veranstaltungen gesprengt werden, bei denen israelische Stimmen zu Wort kommen sollen. So kürzlich an der Humboldt-Universität zu Berlin, wo eine Richterin des Obersten Gerichtshofs in Israel die Lage im Land darstellen wollte – dort sollen ja die Rechte dieses Gerichtshofs durch die extremistische Regierung beschnitten werden. Die Stimmung erinnert mich an die Zeit des Sechstagekriegs 1967, als der damalige israelische Botschafter Asher Ben-Nathan im Audimax der Universität von München sprechen sollte und meine linken Kommilitonen seinen Auftritt durch Gebrüll verhinderten. Ich versuchte damals, die Sprengung der Veranstaltung zu verhindern, ohne Erfolg. So wie damals scheint es auch heute wieder unmöglich, die Politik Israels scharf zu kritisieren, ohne das Existenzrecht des Landes infrage zu stellen.

Wie Frankreich und Deutschland einst Erbfeinde waren und dies in der EU – hoffentlich für immer – überwunden wurde, so kann vielleicht auch irgendwann ein Staatenbund von Israel und Palästina oder ein anderes gemeinsames Konstrukt, etwa mit Jordanien und Ägypten, ein Modell für den Nahen Osten werden.

Solche Gedanken sind nicht neu. Bereits Hannah Arendt, einst glühende Zionistin, warnte vor einem zionistischen Staat, denn er werde in der Tradition des Nationalismus zu Rassenkonflikten und Kriegen führen. Stattdessen solle über eine gleichberechtigte palästinensisch-jüdische Föderation nachgedacht werden. Ihre

Gedanken stießen in Israel auf heftige Abwehr, viele Freude brachen mit ihr. Heute steht gerade wegen der hoffnungslos scheinenden Realität des Gazakriegs die lange totgesagte Perspektive einer Zweistaatenlösung wieder auf der Tagesordnung. Für ein Umdenken braucht es jedoch unbedingt die konkrete Beteiligung der einfachen Bürgerinnen und Bürger, über die Grenzen hinweg. Gerade nach dem Massaker von 2023 durch die Hamas und dem Tod so vieler Zivilisten, Mütter, Töchter, Schwestern, Väter, Söhne, Brüder, Jungen und Alten.

Barenboim hat am 13. Oktober 2023 einen Aufruf veröffentlicht, in dem es heißt: »Nach dem barbarischen Terror der Hamas und anlässlich des Krieges in Nahost mag es naiv klingen, das ist es aber nicht: Genau jetzt müssen wir alle im anderen den Menschen sehen.« In Israel und Palästina leben die Menschen in engster Nachbarschaft – Frieden kann deshalb nur gemeinsam gestaltet werden. Morgen wird das vielleicht noch nicht möglich sein. Aber hoffentlich übermorgen.

PS: Europa in 100 Jahren – »The Glorious Evolution«

Im Jahre 1688 wurde in England die »Bill of Rights« unterzeichnet – damit wurden die Rechte des Parlaments gegenüber dem Königshaus gesetzlich verankert. Das war die »Glorious Revolution«. Sie wirkt bis heute nach.

Wie wird die EU in 100 Jahren aussehen? So könnte es sein: Die EU wird weiterhin ein Zwischending zwischen Bundesstaat und Staatenbund sein. Sie wird inzwischen eine gemeinsame Verfassung haben. Verteidigung und Außenpolitik sind vereinheitlicht. Es gelten Mehrheitsentscheidungen für alle Themen. Sie hat trotz aller Krisen die liberale Demokratie und den Sozialstaat erhalten und weiterentwickelt. Bürgerinnen und Bürger sind außerhalb der Wahlen überall verbindlich in die politischen Entscheidungen eingebunden, von Kiruna bis Kreta. Viele Millionen Menschen aus Asien und Afrika sind eingewandert, trotz jahrzehntelanger versuchter Abschottung. Die Integration der Zuwanderer ist einigermaßen geglückt. Europa ist eine Mischgesellschaft, aber die Nationen und ihre Sprachen bestehen weiter.

Geografisch umfasst die EU dann auch die Ukraine, Moldawien und den Westbalkan. Vielleicht Georgien. Großbritannien ist wieder eingetreten. Die Türkei ist kein Mitglied, die Schweiz ebenfalls nicht. Die Beziehungen zu Russland sind friedlich, Russland ist inzwischen gemäßigt autoritär. Die EU-Erweiterungen wurden durch die intensive Mitsprache der Bürgerinnen und Bürger aller EU-Nationen erleichtert, durchgesetzt gegen heftige nationalistische Widerstände. Weltweit hat es im 21. Jahrhundert große Krisen und einige blutige Kriege gegeben. Die USA haben sich zeitweise in Isolationismus und brutaler antidemokratischer Politik verloren. Der globale klimaneutrale Umbau von Wirtschaft und Landwirtschaft ist dennoch weitgehend abgeschlossen, die Fossilnationen haben ihre Wirtschaft umgestellt. Doch das kam viel zu spät, um die dramatischen Folgen der Erderwärmung zu verhindern. Sie beherrscht das Leben in 100 Jahren viel mehr als heute.

In der EU stehen große Gebiete unter Naturschutz. Dürre und Hitze haben die Landwirtschaft aus einigen Regionen im Süden vertrieben. Die Gletscher sind abgetaut. Hochwald wächst nur noch ganz im Norden des Kontinents, steigende Meeresspiegel haben viele Ortschaften überflutet. Millionen Menschen mussten wegen des Klimawandels ihre früheren Wohnorte verlassen, besonders im Süden Italiens und Spaniens. Die EU ist wirtschaftlich stabil, aber viel mehr Kapital als 100 Jahre zuvor muss für die Bewältigung und Verhinderung von Klimarisiken wie Überflutungen, Waldbränden und Dürren aufgewendet werden. Und für das Militär. Dafür wurden große gemeinsame Finanzhaushalte geschaffen. Risiko gehört zum Lebensgefühl der Menschen. Religion ist wieder wichtiger geworden.

Die EU ist keine Weltmacht, sondern eine Mittelmacht in einer multipolaren Welt. Sie ist ein historischer Kompromiss zwischen dem konservativen und sozialdemokratischen Erbe, aber auch den grünen Ideen. Europa im Jahr 2124 ist kein Paradies, Kriminalität, Gewalt und Armut sind nicht verschwunden. Die soziale Ungleichheit ist aber deutlich geringer als in den meisten anderen Weltregionen. Konflikte über queere Lebensweisen gehören der Vergangenheit an. Frauen haben so viel Einfluss wie Männer. Das Umfeld Europas hat sich verändert. Die afrikanischen Länder haben nach vielen Jahren von Dürren, Kriegen und Hungersnöten eine funktionierende Wirtschaftsunion aufgebaut, trotz vieler Klimaschäden und Naturkatastrophen. Anstelle von Flüchtlingen aus Afrika gibt es nun einen echten Wirtschafts- und Arbeitskräfteaustausch.

Ist der Islam weniger militant als heute? Ja, denn die Region Nahost ist nach mehreren Kriegen zur Ruhe gekommen, und der

Islam wird nicht mehr durch den Israel-Palästina-Konflikt auf-geputscht. Aufgrund mehrerer Pandemien, Kriege und Klimaka-tastrophen gibt es weiterhin transnationale Strukturen. Doch die meisten Regierungen auf der Welt sind selbstbewusst autoritär oder populistisch postdemokratisch, die liberale Demokratie hat sich nur in einer Minderheit von Staaten behauptet. Die Menschen-rechte gelten nicht universell. Die Bürgerinnen und Bürger der EU sind stolz auf ihre lebendige Demokratie, ihre nachhaltige Wirt-schaft, ihre vielen Kulturen in einer gemeinsamen Nation. Die Vielfalt der Entscheidungswege und die breite Partizipation haben verhindert, dass Europa insgesamt in den Strudel extremer Politik geriet, trotz mancher Wellen in einzelnen Staaten. Europa hat in-sofern eine »Glorious Evolution« erlebt, eine gelungene Evolution als Antwort auf schwere Stürme.

Es sei denn, es wäre alles ganz anders gekommen!

»Immerhin das gute Gefühl, einen letzten Satz gefunden zu haben, wie holprig auch immer die Sätze bis dahin sind. Wenn der letzte Satz steht, kannst du an den Anfang gehen, und mit einem Male fügt sich alles, was nicht zusammenpasste oder ungelenk war, von selbst zueinander.«

Navi Kermani *Das Alphabet bis S*

Danksagung

Dieses Buch wäre nicht entstanden ohne die unermüdliche Ermunterung, die tatkräftige Begleitung, Ordnung und Ergänzung des Manuskripts durch Johanna Henkel-Waidhofer und ihren Mann Rolf. Ich hätte sonst oft aufgegeben, denn meine persönlichen Umstände sind leider nicht günstig für die Schriftstellerei.

Von Herzen danke ich auch meiner langjährigen Kollegin und Freundin Elke Birkheuser – sie diskutierte viele Thesen kritisch mit mir und half, den Text hoffentlich auch für politische Laien verständlich zu machen. Außerdem danke ich Timo Peters aus meiner früheren Stabsstelle am Staatsministerium in Stuttgart für seine sehr überlegten und fachlich versierten Hinweise.

Dieses Buch ist nicht allein »auf meinem Mist« gewachsen. Er ist das Produkt eines langen gemeinsamen Lernprozesses. Ohne Winfried Kretschmann als erstem grünen Regierungschef eines Bundeslands wäre die Politik des Gehörtwerdens nicht entstanden. Ich danke ihm für diese »Erfindung« und für sein Vertrauen in mich bei der Umsetzung. Und ich bin sehr froh, dass er mit Barbara Bosch als früherer Oberbürgermeisterin von Reutlingen eine so durchsetzungsstarke Nachfolgerin benannt hat.

Meine Mitarbeiterinnen und Mitarbeiter der Stabsstelle Bürgerbeteiligung im Staatsministerium haben die Umsetzung mit ihrem Engagement erst möglich gemacht. Leiter Ulrich Arndt spürte mit seinem großen juristischen Wissen neue Wege im Gesetzesdschungel auf. Mit Veronika Kienzle, Timo Peters, Fabian Reidinger, Susan Schäfer, Hannes Wezel und der Assistenz von Katrin Reckmann waren wir ein unglaublich effektives Team. Ohne meine Fahrer hätte ich die vielen Reisen im Land nicht bewältigt. Besonderen Dank deshalb an Armin Bleckmann für seine jahrelange Begleitung.

Für die politische Umsetzung brauchte es geduldige und mutige Partner. Der Kabinettsausschuss zur Bürgerbeteiligung war ein spannender Ort für den Ideenaustausch mit allen Ministerien. Allen, die dort Beteiligungsprojekte vorangebracht haben, danke ich sehr. Besonders den Pionieren der ersten Jahre Franz Untersteller, Manne Lucha und Winne Hermann.

Bärbel Schaefer als Regierungspräsidentin in Freiburg stand mir mit ihren innovativen Vorhaben stets für einen besonders fruchtbaren Austausch zur Verfügung.

Im Landtag hat die grüne Fraktion unsere Arbeit stets unterstützt. Leider ist Uli Sckerl, leidenschaftlicher Demokrat, zu früh verstorben. Landtagspräsidentin Muhterem Aras erkannte früh das Potenzial von Zufallsbürgerdialogen für ein Parlament – eine Pioniertat.

Winfried Schröder, heute Leiter des Büros des Ministerpräsidenten bei der Landesvertretung in Brüssel, half uns durch seine unschätzbaren Kontakte in den europäischen Institutionen, unsere Ideen direkt dort einzubringen. Im EU-Parlament setzte sich der grüne Abgeordnete Daniel Freund mit Verve und erstaunlichem Erfolg für die Bürgerbeteiligung bei der Konferenz für die Zukunft Europas ein – und für die Umsetzung ihrer Ergebnisse.

Im Bereich der Kommunen war Ralf Broß als Oberbürgermeister von Rottweil ein besonders aktiver Partner für die schwierige Beteiligung rund um den Bau einer Justizvollzugsanstalt. Gudrun Heute-Bluhm als Geschäftsführerin des Städtetags half, wichtige Projekte auf den Weg zu bringen. Sie zögerte dabei nie, ihre Einwände zu formulieren. Landauf, landab haben inzwischen Hunderte von Kommunen die Bürgerbeteiligung aktiv weitergetrieben – ihnen allen danke ich.

Der frühere Bundestagspräsident Wolfgang Schäuble, inzwischen leider verstorben, hat die Bürgerräte auf Bundesebene angestoßen. Bärbel Bas als seine Nachfolgerin hat sie erfreulicherweise umgesetzt.

Neben der Politik ist die Wirtschaft ein wichtiger Partner für Beteiligung. Mein großer Dank gilt Peter Steinhagen, damals von

Züblin, und dem VDI, Verband Deutscher Ingenieure, der eine eigene Richtlinie für Bürgerbeteiligung entwickelt hat. Auch der Präsident der Architektenkammer Markus Müller hat viel zur Verbreitung von partizipativen Konzepten beigetragen.

Mein besonderer Dank in der so großen und rührigen Zivilgesellschaft gilt Irene Armbruster von der Bürgerstiftung Stuttgart, Andrea Laux vom Mütterzentren-Netzwerk und Carmen Stadelhofer von den »Danube Networkers« in Ulm, drei Frauen, die auf unterschiedliche Weise mit sehr begrenzten Mitteln immer neue Wege finden, soziales Kapital zu schaffen. Bei ihnen konnte ich immer lernen, den Mut nicht zu verlieren.

Für die breitere Akzeptanz unserer Ansätze spielte die Wissenschaft eine große Rolle – ich danke allen, die an unseren verschiedenen Gremien teilgenommen haben, besonders Professor Frank Brettschneider von der Universität Hohenheim und Frau Professor Angelika Vetter von der Universität Stuttgart. Sie haben zahlreiche Verfahren im Land wissenschaftlich begleitet. Ebenso gilt mein Dank Professor Jan Ziekow, dem Leiter des Deutschen Forschungsinstituts für öffentliche Verwaltung in Speyer.

Ferner war die Bertelsmann Stiftung eine hochwirksame Partnerin. Die gemeinsame Studie »Vielfältige Demokratie« von 2014 war die erste umfassende empirische Untersuchung zu den Wirkungen von Partizipation auf die Demokratie in Deutschland. Die »Allianz für vielfältige Demokratie« war ein wichtiges Instrument für die Vertiefung von Beteiligung im ganzen Land. Inzwischen ist die Stiftung intensiv mit der Verankerung von Partizipation auf europäischer Ebene befasst. Ich danke Professor Robert Vehrkamp, Anna Renkamp, Christina Tilman und Dominik Hierlemann.

Sehr fruchtbar für unsere Arbeit war der manchmal streitbare Ideenaustausch mit den Wissenschaftlern des Zentrums für Demokratie in Aarau und den Vertretern der Kantonsregierung bei unseren gemeinsamen Demokratiekonferenzen. Besonders wertvoll war und ist der lange Atem bei dieser Kooperation.

Von Herzen danke ich auch Claudine Nierth und Roman Huber vom Verein »Mehr Demokratie«. Sie haben durch ihr unglaubliches Engagement die Ausweitung der Zufallsbürgermethode auf ganz Deutschland entscheidend vorangebracht.

Als Letztes danke ich sehr den verschiedenen Moderationsbüros, die in den letzten Jahren die Methoden der Beteiligung sehr erfolgreich immer weiter verbessert haben, lokal, national und europaweit. Ihre Arbeit ist mit entscheidend dafür, ob ein Verfahren gelingt.

Ich könnte noch viele erwähnen, möchte aber mit diesen Beispielen deutlich machen, dass es für alles, was wir anstoßen konnten, den guten Willen anderer braucht. Ich fühle mich auch vielen verbunden, die uns kritisiert haben. Sie haben uns inhaltlich weitergebracht.

Besonders gefreut habe ich mich, dass Oliver Welke, den ich persönlich gar nicht kenne, im Oktober 2023 in der »heute-show« einen ausführlichen und ausnahmsweise nicht hämischen Beitrag über das Bürgerforum »Ernährung« beim Deutschen Bundestag gesendet hat. Es war ein schöner Versuch, das spröde Thema einmal breit sichtbar zu machen. Besonders eng war mein Austausch über meine Amtszeit hinaus mit Jakob Birkenhäger von Ifok und Antoine Vergne von Mission Public. Sie haben mir sehr geholfen, die neuesten Entwicklungen zu verstehen.

Zum Schluss habe ich noch einen großen Wunsch an die Parteien und ihre Abgeordneten, besonders auch die Grünen: Zögern Sie nicht, sich auf Beteiligung einzulassen. Es schützt vor Holzwegen.

Giselas Lesetipps

Anderson, Benedict, *Die Erfindung der Nation*, Frankfurt am Main 2005

Arendt, Hannah, *Elemente und Ursprünge totaler Herrschaft. Antisemitismus, Imperialismus, totale Herrschaft*, München 1986

Assmann, Aleida, *Die Wiedererfindung der Nation. Warum wir sie fürchten und warum wir sie brauchen*, München 2020

Bertelsmann-Stiftung, *Vielfältige Demokratie. Kernergebnisse der Studie »Partizipation im Wandel – Unsere Demokratie zwischen Wählen, Mitmachen und Entscheiden«*, Gütersloh 2014

Diner, Dan, *Ein anderer Krieg. Das jüdische Palästina und der Zweite Weltkrieg. 1935–1942*, München 2021

Erler, Fritz, *Demokratie in Deutschland*, Stuttgart 1965

Erler, Fritz, *Politik für Deutschland – eine Dokumentation*, Stuttgart 1968

Erler, Gisela A., *Schluss mit der Umerziehung! Vom artgerechten Umgang mit den Geschlechtern*, München 2012

Erler, Gisela Anna, *Frauenzimmer. Für eine Politik des Unterschieds*, Berlin 1985

Fücks, Ralf, *Intelligent Wachsen. Die grüne Revolution*, München 2013

Fücks, Ralf/Thomas Schmid (Hrsg.), *Gegenverkehr. Demokratische Öffentlichkeit neu denken*, Tübingen 2018

Garton Ash, Timothy, *Europa. Eine persönliche Geschichte*, München 2023

Geries, Sabri/Eli Lobel, *Die Araber in Israel*, München 1970

Grossman, David, *Was Nina wusste*, München 2019

Habermas, Jürgen, *Ein neuer Strukturwandel der Öffentlichkeit und die deliberative Politik*, Frankfurt am Main 2022

Hauser, Thomas/Daniela Winkler, *Gehört werden. Neue Wege der Bürgerbeteiligung*, Stuttgart 2022

Kiderlen, Elisabeth/Helga Metzner (Hrsg.), *Experiment Bürgerbeteiligung. Das Beispiel Baden-Württemberg*, Heinrich-Böll-Stiftung, Reihe Demokratie Nr. 32, Berlin 2013

Kretschmann, Winfried, *Worauf wir uns verlassen wollen. Für eine neue Idee des Konservativen*, Frankfurt am Main 2018

Magris, Claudio, *Biografie eines Flusses*, Wien 2007

Mazzucato, Mariana, *Mission. Auf dem Weg zu einer neuen Wirtschaft*, Frankfurt am Main/New York 2021

Nanz, Patrizia/Claus Leggewie, *Die Konsultative. Mehr Demokratie durch Bürgerbeteiligung*, Berlin 2016

Nierth, Claudine, *Die Demokratie braucht uns! Für eine Kultur des Miteinander*, München 2021

Nierth, Claudine/Roman Huber, *Die zerrissene Gesellschaft. So überwinden wir gesellschaftliche Spaltung im neuen Krisenzeitalter*, München 2023

Piketty, Thomas, *Das Kapital im 21. Jahrhunderts*, München 2014

Renn, Ortwin, *Das Risikoparadox. Warum wir uns vor dem Falschen fürchten*. Frankfurt am Main 2014

Richter, Hedwig, *Demokratie. Eine deutsche Affäre. Vom 18. Jahrhundert bis zur Gegenwart*, München 2022

Roth, Roland, *Bürgermacht. Eine Streitschrift für mehr Partizipation*, Hamburg 2011

Savoy, Bénédicte, *Afrikas Kampf um seine Kunst. Geschichte einer postkolonialen Niederlage*, München 2021

Schmid, Thomas, *Europa ist tot – es lebe Europa! Eine Weltmacht muss sich neu erfinden*. München 2016

Schooß, Hildegard, *Mütterzentren als Antwort auf Überprofessionalisierung im sozialen Bereich*, in: Teufel, Erwin (Hrsg.), Was hält die moderne Gesellschaft zusammen? Frankfurt am Main 1996

Soell, Hartmut, *Fritz Erler. Eine politische Biografie*, 2 Bde., Bad Godesberg 1976

Teufel, Erwin (Hrsg.), *Was hält die moderne Gesellschaft zusammen?*, Frankfurt am Main 1996

Unfried, Peter, *Wie wird sozial-ökologische Politik mehrheitsfähig? Winfried Kretschmann und die Transformation der Grünen*, in: Fücks, Ralf/Thomas Schmid (Hrsg.), *Gegenverkehr. Demokratische Öffentlichkeit neu denken*, Tübingen 2018

Van Reybrouck, David, *Gegen Wahlen. Warum Abstimmen nicht demokratisch ist*, Göttingen 2016

Vetter, Angelika/Uwe Remer, *Dialogische Bürgerinnen- und Bürgerbeteiligung in Baden-Württemberg*, Wiesbaden 2023

Visotschnig, Erich, *Nicht über unsere Köpfe. Wie ein neues Wahlsystem die Demokratie retten kann*. München 2018

Voßkuhle, Andreas, *Einheit statt Vielfalt. Warum tun wir uns mit föderalen Strukturen und dem Grundsatz der Subsidiarität so schwer?*, in: Fücks, Ralf/Thomas Schmid (Hrsg.), *Gegenverkehr. Demokratische Öffentlichkeit neu denken*, Tübingen 2018

Weblinks zur Beteiligungspraxis

https://beteiligungsportal.baden-wuerttemberg.de

https://www.buergerrat.de

https://www.bertelsmann-stiftung.de

www.servicestelle-buergerbeteiligung.de

https://www.buergerrat.net/de/baden-wuerttemberg/

Glossar

Bürgerrat/Bürgerforum: Zwei Namen für ein Gremium. Die Teilnehmenden werden nach erprobten Verfahren per Los bestimmt und widmen sich konkreten Themen. Sie bekommen Informationen durch Sachverständige und formulieren Empfehlungen. Komplexität ist kein Hinderungsgrund. Bürgerforen haben bewiesen, dass sie entscheidend an der Überwindung schwieriger Konflikte mitwirken können.

Bürgerantrag: Mehrere Bundesländer, darunter Baden-Württemberg, Bayern und Bremen, bieten der jeweiligen Einwohnerschaft die Möglichkeit, sich direkt an ihre Gemeinde zu wenden und sie zu verpflichten, ein Thema öffentlich zu beraten.

Bürgerbegehren/Bürgerentscheid: Es handelt sich um die mächtigsten Instrumente direkter Demokratie auf kommunaler Ebene. Wenn gewisse Quoren und Voraussetzungen erfüllt sind, kann die Bürgerschaft einen Gemeinderat verpflichten, bestimmte Entscheidungen zu treffen oder sogar schon getroffene Beschlüsse zurückzunehmen. Und per Entscheid können Bürger, wenn es die entsprechenden Mehrheiten gibt, eigene Anliegen durchsetzen.

Citizen Assembly: Das durch weitreichende Entscheidungen bekannt gewordene Instrument ist die ursprünglich irische und inzwischen im englischsprachigen Raum eingeführte Version des Bürgerforums.

Dynamic Facilitation/Moderationsbüro: Die Moderationsmethode und erfahrene Fachleute helfen Gruppen und Gremien, zu Ergebnissen zu gelangen. Es hat sich herausgestellt, dass so sehr oft besonders kreative und befriedende Lösungen zu erreichen sind.

EU-Kommission: Das Gremium entspricht der Regierung in einem Staat. Die Mitgliedsstaaten entsenden die einzelnen Kommissare und Kommissarinnen.

EU-Rat: Repräsentiert sind hier die Regierungen der Mitgliedsländer. Für unterschiedliche Fachbereiche sind unterschiedliche Zusammensetzungen möglich, bei jeweils einer Vertretung für jedes Mitgliedsland. Das Gremium besteht also nicht allein aus den Regierungschefs und -chefinnen. Gemeinsam mit dem Parlament, der Bürgerkammer mit ihren direkt gewählten Abgeordneten, wird die Gesetzgebung verantwortet. Er ist nicht zu verwechseln mit dem 1949 gegründeten Europarat, dem – nach dem Ausschluss Russlands – 46 Staaten angehören.

Planungszellen/Deliberative Mini-Publics: Die Theorie, wonach kleine Gruppen für Problemlösungen besonders geeignet sind, wurde schon in den 1970er Jahren an der Universität Wuppertal entwickelt. Sie ist eine der Grundlagen für Bürgerforen und Zufallsauswahl.

Volksantrag: Ein Verfahren, viele Namen: In Baden-Württemberg und Sachsen eröffnet der Volksantrag der Bevölkerung das Recht, Vorschläge ins Parlament einzubringen. In Bremen und Thüringen heißt das Verfahren Bürgerantrag und in Berlin Einwohnerinitiative.

Volksbegehren/Volksabstimmung/Volksentscheid/Plebiszit: Die Bürgerschaft kann, wenn bestimmte Quoren erfüllt sind, Begehren einbringen, die in ein Plebiszit, auch Volksabstimmung oder Entscheid genannt, münden. Ein Beispiel ist die Gründung

eines neuen Bundeslandes, die von zehn Prozent der Wahlberechtigten »in einem zusammenhängenden, abgegrenzten Sied-
lungs- und Wirtschaftsraum, dessen Teile in mehreren Ländern
liegen und der mindestens eine Million Einwohner hat«, verlangt
werden könnte. Genutzt wurde diese Möglichkeit bisher noch nie.

World Café: Nach einer Einführung werden hier Themen in
lockerer Atmosphäre besprochen, in der Regel in Präsenz an
kleinen Tischen und mit vielen auf Zetteln gesammelten Ideen.
Kennzeichnend sind kurze Meinungsäußerungen und dass Zu-
sammenkünfte insgesamt nicht mehr als einige wenige Stunden
dauern.

Personenregister